金融機関のための
マネジメント・
アカウンティング

IFRSとRAFによる統合リスク管理の進化

谷守正行・吉田康英 著

MANAGEMENT ACCOUNTING

同文舘出版

はじめに

　いま日本の金融機関の収益状況は深刻な状況にある。2018年3月期決算では，地域金融機関の約6割強が減益または赤字である。黒字決算の銀行でさえ数年後にポジティブな計画が立てられているところはほとんどない。地域金融機関には打つべき施策が考えられていないことと同じである。

　銀行とはまったく関係のない人でさえ，最近のSuicaやPASMO等の電子マネー，QRコードによるスマホ決済，EC事業者によるネット決済の利便性を経験するにつれて銀行の窓口にはほとんど行かない状態になっている。法人についても，EC業者のデータレンディングによって銀行を介さない貸付業務が中小企業に浸透しはじめており，今後数年間で銀行の支店が激減する可能性は極めて高い。

　このような状況にあって，金融機関ではどのように経営を行っていくべきであろうか。前著（『金融機関のための管理会計マネジメント』［谷守・吉田・小林，2009］）を上梓した当時は，バーゼル規制等国内外の金融規制への対応が各銀行における最優先の経営課題であった。しかし，それからすでに10年近くたったいま，規制対応がマネジメントであるかのような言い方をする金融関係者はほとんどいない。それよりも，いかにして収益を上げるかが金融機関における現状での最大かつ最優先の経営課題となっている。

　たとえば，フィンテックへの対応や経営統合や事業提携に関する話題である。ある意味では，ようやく日本の銀行でも他のサービス業と同じく，顧客を引きつけ，新しく契約や取引を行っていただくための新事業や新サービスの創造（アイデアの創発，イノベーション）が，競争されるようなまさに公正で健全な業界になってきたともいえよう。

　新事業や新サービスを行うにあたっては，これまでの事業のうち今後の成長性が低く，相対的なシェアの低い事業を縮小してその分を新たな事業分野へ戦略的に先行して投資する必要がある。すなわち，事業（部門）別に実績

を管理し，将来への意思決定を行うことになる。そして，その意思決定を効果的に行うためには，事業部門別，商品サービス別，またはサービス別等の新しいマネジメントの切り口の管理会計が求められる。これまでの，過去の財務会計実績である店別日計データに基づく従来の営業店別管理会計では，事業の選択と集中はまったく役に立たないことは明らかである。

そこで，本書ではまずすべての根幹である金融機関の財務会計，具体的には金融機関に固有の財務諸表の特徴および自己資本比率を含む対外公表の経営指標の構造を押さえる。なぜなら，事業戦略の策定，事業の選択と集中，そのための業績評価等の管理会計群は，すべて財務会計を基礎として成り立っているからである。昔から金融機関には絶対的な検証の拠り所とされる財務と管理の一致（いわゆる財管一致）が，今後も大前提となるからである。

したがって，本書の構成は，大きく3部構成とした。各部とも内容は3章で構成されており，それぞれ章ごとに詳細かつ具体的に論を進めている。各部の大まかな主題は，まず第Ⅰ部では，大手企業を中心に相当な勢いで導入が進んでいるIFRS（国際財務報告基準）のうち，金融商品（IFRS9）および公正価値測定（IFRS13）の内容を中心に整理する。次に，第Ⅱ部では金融機関のための管理会計に関する最新の計算技法を整理し，第Ⅲ部では金融機関における管理会計の経営層と営業現場での最新の活用と運用方法をまとめた。

以上の通り，本書は金融機関の財務と管理の会計を理論と実務の両面から検討したものである。本書によって，金融機関で企画や会計実務に関わる方々に少しでも役に立ち，その結果，地域活性化と業績向上に貢献できれば，著者ら二人にとってこれ以上の喜びはない。また，金融機関の会計研究に関する文献は世界的にみても多くはないので，著者らと同様の会計研究者にとって本書が少しでも参考になれば幸甚である。

平成30年白露

著者を代表して

谷守　正行

目次

序章
本書の構成 ──────────────────────────── 1

第Ⅰ部　会計基礎編

第1章
金融機関の財務諸表の構造と経営指標 ─────────── 11

はじめに ………………………………………………………… 11
1．金融機関が展開する業務の概要 ……………………………… 12
　（1）金融機関における2つの主要業務 ………………………… 12
　　　1．バンキング業務の概要　12　／　2．トレーディング業務の概要　12
　　　3．バンキング業務とトレーディング業務の組織分離と勘定区分　13
　（2）金融機関における主な業務運営上のリスク ……………… 13
　（3）金融機関の会計・開示規定 ………………………………… 15
2．金融機関の貸借対照表の構造 ………………………………… 16
　（1）貸借対照表の様式 …………………………………………… 16
　（2）一般事業会社との主な相違点 ……………………………… 19
　　　1．資産の部及び負債の部に流動・固定区分がないこと　19
　　　2．偶発債務（債権）の支払承諾（見返）に貸借対照表能力があること　19
　（3）不良債権の定義及び開示 …………………………………… 20
　　　1．自己査定結果に基づく債権の区分　21
　　　2．金融再生法に基づく開示債権の区分　22
　　　3．銀行法に基づくリスク管理債権の区分　22
3．金融機関の損益計算書の構造 ………………………………… 23
　（1）損益計算書の様式 …………………………………………… 23
　（2）一般事業会社との主な相違点 ……………………………… 26
　　　1．売上総利益及び営業利益の損益区分がないこと　26
　　　2．その他経常収益及びその他経常費用の区分があること　26
　（3）金融機関に固有の利益指標 ………………………………… 26
　　　1．業務粗利益　27　／　2．業務純益　27

3．実質業務純益（一般貸倒引当金繰入前業務純益）　28
　　4．コア業務純益　28
　4．金融機関の財務諸表から派生する主な経営指標 ································ 30
　　（1）金融機関の一般的な経営指標の概要 ································ 30
　　　1．業務粗利益率　30　／　2．総資金利鞘　31　／　3．預貸金利鞘　31
　　（2）バーゼル規制に基づく金融機関の自己資本比率の概要 ············· 32
　　　1．信用リスク・アセット　34　／　2．市場リスク・アセット　36
　　　3．オペレーショナル・リスク・アセット　37
　　　4．2017年バーゼルⅢの最終合意の概要　37
　おわりに ··· 38

第2章
金融商品の会計基準（IFRS9の概要） ─ 39

　はじめに ··· 39
　1．IFRSにおける金融商品会計の体系 ································ 40
　　（1）IFRS9の基本的な枠組み ································ 40
　　　1．事業モデルに基づく金融資産の分類と測定　40
　　　2．予想損失モデルに基づく信用損失の認識及び測定　41
　　　3．リスク管理に基づくヘッジ活動の反映を意図した一般ヘッジ会計　41
　　（2）金融商品に関するIFRS体系（IFRS9と他のIFRSの関係） ········· 42
　2．金融資産及び金融負債の分類と測定 ································ 43
　　（1）IFRS9の取り扱い ································ 43
　　　1．金融資産の分類　43　／　2．金融負債の分類と測定　45
　　　3．公正価値オプション及びその他の包括利益オプションの選択　45
　　　4．組込デリバティブを含む混合契約の取り扱い　46
　　（2）日本基準との主な相違点 ································ 48
　3．金融資産の信用損失（貸倒引当金） ································ 49
　　（1）IFRS9の取り扱い ································ 49
　　　1．信用損失規定の適用範囲　49
　　　2．3段階アプローチによる予想信用損失及び受取利息の算定　50
　　　3．予想信用損失の測定　52

4．予想信用損失における12ヵ月と全期間の関係及び移行時の判断　52
　　　5．信用リスクの著しい増大の判断における実務上の便法　53
　　（2）日本基準との主な相違点……………………………………………54
　4．ヘッジ会計………………………………………………………………54
　　（1）IFRS9の取り扱い……………………………………………………54
　　　1．一般ヘッジ会計におけるヘッジ対象及びヘッジ手段　55
　　　2．一般ヘッジ会計の適格要件　55　／　3．一般ヘッジ会計の種類　56
　　　4．一般ヘッジの基本的な会計処理　57
　　　5．一般ヘッジ会計の中止　60
　　　6．クレジット・デリバティブを用いた信用リスクのヘッジ　60
　　（2）日本基準との主な相違点……………………………………………62
　おわりに………………………………………………………………………62

第3章
会計における公正価値の測定 ─── 63

　はじめに………………………………………………………………………63
　1．公正価値の基本構造と会計における適用領域………………………64
　　（1）公正価値の基本構造…………………………………………………64
　　　1．公正価値の定義　64
　　　2．公正価値測定におけるリスクの反映方法　64
　　（2）金融商品分野における公正価値の適用領域………………………66
　　（3）金融商品以外の分野における公正価値の適用領域………………67
　2．公正価値の主な評価技法及び階層構造………………………………68
　　（1）市場価格と合理的に算定された価額………………………………68
　　（2）主な評価技法の概要…………………………………………………70
　　　1．マーケット・アプローチ　70　／　2．コスト・アプローチ　70
　　　3．インカム・アプローチ　71
　　（3）IFRS13による公正価値の階層構造…………………………………72
　　　1．レベル1インプット　72
　　　2．レベル2インプット　73
　　　3．レベル3インプット　73

3．公正価値の把握が著しく困難な場合の取り扱い……………………… 76
　　（1）IFRSの取り扱い……………………………………………………… 76
　　　1．非上場株式等の公正価値測定の考え方及び主な評価技法　77
　　　2．マーケット・アプローチによる非上場株式等の公正価値測定の例　78
　　（2）日本基準の取り扱い…………………………………………………… 80
　　（3）米国基準の取り扱い…………………………………………………… 81
　おわりに……………………………………………………………………… 82

第Ⅱ部　管理会計理論編

第4章
金融機関の原価計算 ———————————————— 85

　はじめに……………………………………………………………………… 85
　1．銀行原価計算の重要性と問題意識……………………………………… 86
　2．銀行ABC導入当初のケーススタディ………………………………… 89
　3．銀行ABC運用後（2010年前後〜現在）のケーススタディ………… 91
　　（1）その後のX銀行のABC……………………………………………… 91
　　（2）その後の地方銀行のABC…………………………………………… 93
　　（3）銀行ABC運用後（2010年前後〜現在）のケーススタディまとめ…… 94
　4．銀行ABCの課題まとめ………………………………………………… 97
　　（1）運用課題：事務は手間のかかる負担感の高いコストとの意識を与える点… 97
　　（2）構造課題：固定費が変動費的に賦課されることに対する現場での違和感… 97
　　（3）営業課題：顧客との関係性が考慮されない点…………………… 98
　5．いま求められている銀行原価計算の要件……………………………… 99
　　（1）一般的なサービス実務における原価計算の要件………………… 100
　　（2）契約型サービスとは何か…………………………………………… 101
　　（3）契約型サービスの原価計算要件…………………………………… 103
　6．成長戦略に資する銀行原価計算（ポストABC）……………………… 105
　　（1）資産活用アプローチの銀行原価計算……………………………… 106
　　（2）関係性基準の銀行原価計算（RBC）……………………………… 111

1．契約の関係性情報　112　／　2．行動の関係性情報　113
  3．信頼の関係性情報　113
 7．関係性基準原価計算（RBC）の実務検証 ································· 114
  （1）実施内容 ··· 114
  （2）実施結果と考察 ·· 116
 おわりに ·· 118

第5章
金融機関の収益管理 ――――――――――――――――――121

 はじめに ·· 121
 1．金融機関における収益の特徴 ··· 122
 2．資金収益管理の状況と課題 ·· 124
  （1）単一振替金利によるFTP管理の限界と対応策 ······························ 128
  （2）営業店別損益計算を基礎としたFTPの限界と現状 ······················· 131
  （3）期間損益ベースのFTPの限界 ·· 132
 3．アカウントフィー導入方法と課題 ··· 136
  （1）国内銀行におけるアカウントフィー適用の課題 ··························· 136
  （2）サブスクリプションモデルの先行研究 ······································· 137
  （3）サブスクリプションモデルの定義 ··· 138
  （4）サブスクリプションモデルの管理会計的意義 ······························ 140
   1．マーケットインのインセンティブ　140
   2．収益の総合採算化　141　／　3．顧客価値の全体最適化　142
  （5）サブスクリプションモデル適用による簡易シミュレーション ········· 145
   1．顧客の立場での付加価値シミュレーション　146
   2．銀行の立場での収益性シミュレーション　148
   3．シミュレーション結果に基づく考察　151
 おわりに ·· 154

第6章
リスクと資本の管理会計 ─────────────────── 157

- はじめに ……………………………………………………………………… 157
- 1．金融機関の管理会計に及ぼすリスクの影響 …………………………… 159
- 2．信用リスクのコスト化 ………………………………………………… 162
- 3．リスクや資本に対するパフォーマンス指標（RAPM）……………… 166
  - （1）RAROC ……………………………………………………………… 167
  - （2）RARORA …………………………………………………………… 169
  - （3）RAROCとRARORAの比較 ……………………………………… 172
  - （4）規制資本ベースのRAROC ……………………………………… 173
  - （5）EVA ………………………………………………………………… 176
  - （6）総合評価とKPI管理 ……………………………………………… 178
- 4．リスク回避からリスクマネジメントの管理会計 …………………… 180
  - （1）計量化リスクに対する管理会計の課題と対応 ………………… 180
    - 1．リスクアペタイト・フレームワーク（RAF）の取り込み　181
    - 2．IFRS9の予想信用損失（ECL）ベース　183
  - （2）非計量化リスクに対する管理会計の課題と対応 ……………… 184
- おわりに ……………………………………………………………………… 186

第Ⅲ部　管理会計適用編

第7章
グループ事業部門別管理会計 ────────────────── 191

- はじめに ……………………………………………………………………… 191
- 1．金融機関における事業部門別経営適用の経緯と背景 ……………… 192
- 2．金融機関における事業部門別管理会計の適用状況 ………………… 195
  - （1）現状の事業部門別経営単位 ……………………………………… 195
  - （2）現状の事業部門別管理会計の構成内容 ………………………… 198

3．金融機関における事業部門別管理会計の課題 …………………… 201
    （1）事業の選択と集中 ………………………………………………… 202
    （2）事業部門間のシナジー効果の発揮 ……………………………… 206
      1．事業部門間の内部振替価格制度　208
      2．事業部門のカウント・ルール　208
    （3）経営資源の最適配分 ……………………………………………… 210
      1．リスク資本の割当　210 ／ 2．所要事業資本の割当　211
      3．リスク所要資本の割当　213
  4．金融機関におけるグループ・マネジメントへの経緯と背景 ……… 217
    （1）グループ・マネジメント ………………………………………… 219
    （2）グループ事業部門別管理会計 …………………………………… 221
    （3）グループ事業ポートフォリオ管理 ……………………………… 222
  おわりに ……………………………………………………………………… 226

第8章
顧客別管理会計 ——————————————————————229

  はじめに ……………………………………………………………………… 229
  1．顧客別管理会計の特徴と課題 ………………………………………… 230
    （1）与信管理目的の顧客別管理会計の課題 ………………………… 231
    （2）顧客プライシング目的の顧客別管理会計の状況と課題 ……… 233
    （3）マーケティング目的の顧客別管理会計の状況と課題 ………… 234
  2．これからの顧客別管理会計の位置づけ ……………………………… 236
      1．顧客の一部対象問題　238 ／ 2．財務と不一致の問題　239
      3．全店均一単価問題　239
  3．顧客別管理会計の方向性 ……………………………………………… 240
    （1）貸出金利の構成要素 ……………………………………………… 241
    （2）貸出金利設定のための原価企画 ………………………………… 244
      1．複数のガイドライン金利（価格）提示　247
      2．信用格付の多様化　247 ／ 3．統合法による目標金利の策定　248
    （3）顧客本位の顧客別管理会計 ……………………………………… 250

おわりに ……………………………………………………………………… 255

第9章
金融機関における管理会計のITとAIの活用 ─── 257

はじめに ……………………………………………………………………… 257
1．管理会計の備えるべきシステム基盤 ………………………………… 258
　（1）システム基盤第1層 ── マネジメント・アーキテクチャ ……… 259
　（2）システム基盤第2層 ── アプリケーション ……………………… 261
　（3）システム基盤第3層 ── データ基盤 ……………………………… 262
2．AIの進化と特徴 ………………………………………………………… 264
　（1）第1次AIブーム：1956年〜1970年代 …………………………… 264
　（2）第2次AIブーム：1980年代〜1990年初頭 ……………………… 265
　（3）第3次AIブーム：2010年代〜 …………………………………… 266
3．AIによる機能とデータへの影響 ……………………………………… 268
　（1）AIの変遷に対するデータ範囲と判断有無 ……………………… 268
　（2）AIによって可能になる機能 ……………………………………… 269
　（3）AIでは対応困難な創造性 ………………………………………… 270
　（4）AIによって対応困難な戦略性とフィロソフィー ……………… 272
　（5）AIと統計分析との関係 …………………………………………… 274
4．AIの適用可能な管理会計業務 ………………………………………… 275
おわりに ……………………………………………………………………… 279

参考文献　281
索　　引　287

略 語 一 覧 表

略記	欧文	和文
ABC	Activity-Based Costing	活動基準原価計算
AI	artificial intelligence	人工知能
A-IRB	Advanced Internal Ratings-Based Approach	先進的内部格付手法
ALM	Asset-Liability Management	資産・負債総合管理
AMA	Advanced Measurement Approaches	先進的計測手法
ASBJ	Accounting Standards Board of Japan	企業会計基準委員会
BCBS	Basel Committee on Banking Supervision	バーゼル銀行監督委員会
BI	Business Intelligence	ビジネス・インテリジェンス
BIA	Basic Indicator Approach	基礎的手法
BPR	Business Process Re-engineering	ビジネスプロセス・リエンジニアリング
BSC	Balanced Scorecard	バランスト・スコアカード
COSO	Committee of Sponsoring Organizations of the Treadway Commission	トレッドウェイ委員会支援組織委員会
EAD	Exposure at Default	デフォルト時エクスポージャー
ECL	Expected Credit Loss	予想信用損失
EDTF	Enhanced Disclosure Task Force	ディスクロージャー強化タスクフォース
EL	Expected Loss	期待損失額
ERM	Enterprise Risk Management	全社的リスクマネジメント
EVA	Economic Value Added	経済的付加価値
FASB	Financial Accounting Standards Board	財務会計基準審議会
F-IRB	Foundation Internal Ratings-Based Approach	基礎的内部格付手法
FSB	Financial Stability Board	金融安定理事会
FTP	Funds Transfer Pricing	資金収支振替価格制度/スプレッド収益管理
IAS	International Accounting Standards	国際会計基準
IASB	International Accounting Standards Board	国際会計基準審議会
IFRS	International Financial Reporting Standards	国際財務報告基準
IR	Investor Relations	インベスター・リレーションズ
KPI	Key Performance Indicator	重要業績指標
LBD	Line of Business	グループ内の複数会社をまたぐ事業部門
LGD	Loss Given Default	デフォルト時損失率
MBO	Management by Objectives	目標管理
NISA	Nippon Individual Savings Account	少額投資非課税制度
OHR	Over Head Ratio	経費率
PD	Probability of Default	デフォルト確率

PPM	Product Portfolio Management	事業ポートフォリオ管理
RAF	Risk Appetite Framework	リスクアペタイト・フレームワーク
RAPM	Risk-Adjusted Performance Measurement	リスク調整後業績管理
RAROA	Risk Adjusted Return on Asset	資産リスク調整後利益率
RAROC	Risk-Adjusted Return on Capital	資本リスク調整後資本利益率
RARORA	Risk Adjusted Return on Risk-Weighted Asset	リスク資産リスク調整後利益率
RARORAC	Risk-Adjusted Return on Risk-Adjusted Capital	リスク調整後資本リスク資本利益率
RBC	Relationship-Based Costing	顧客関係性に基づく原価計算または関係性基準の原価計算
RBP	Relationship-Based Pricing	関係性に基づく価格設定
RCA	Resource Consumption Accounting	資源消費会計
ROA	Return On Assets	総資産利益率
ROC	Return On Capital	資本利益率
ROE	Return On Equity	自己資本利益率
ROI	Return On Investment	投下資本利益率
RORA	Return on Risk-Weighted Assets	リスク・アセット利益率
RORAC	Return on Risk-Adjusted Capital	リスク調整後資本利益率
RPA	Robotic Process Automation	自動化ロボット
RWA	Risk-Weighted Assets	リスク・アセット
SA	Standard Approach	標準的手法
SDM	Strategic Decision Management	戦略的意思決定手法
SEC	Securities and Exchange Commission	（米国）証券取引委員会
TDABC	Time-driven ABC	時間主導型活動基準原価計算
TSA	The Standardised Approach	粗利益配分手法
UL	Unexpected Loss	非期待損失額
VE	Value Engineering	価値工学式
VPM	Value Portfolio Management	バリュー・ポートフォリオ・マネジメント

序章　本書の構成

　本書の構成は，**図表序-1**のように，大きく3部構成としている。各部とも内容は3章で構成されており，それぞれ章ごとに詳細かつ具体的に論を進めている。

　各部の大まかな主題は，次のとおりである。第Ⅰ部ではマネジメントのための会計情報の基礎である財務諸表を押さえた上で，導入が進んでいるIFRS（国際財務報告基準）のうち，金融機関に及ぼす影響が大きい金融商品（IFRS9）および公正価値測定（IFRS13）の内容を整理する。第Ⅱ部では，従来の統合リスク管理が大きく進化した最新の金融機関の統合管理会計の理

図表序-1　本書の構成

		第Ⅲ部　金融機関の管理会計実務		
第Ⅱ部　金融機関の管理会計理論		第7章 グループ部門別 管理会計	第8章 顧客別 管理会計	第9章 AI・管理会計 システム
	第4章 原価計算			
	第5章 収益管理			
	第6章 リスクと資本			
		第Ⅰ部　金融機関の会計基礎 第1章　金融機関の財務諸表の構造と経営指標 第2章　金融商品の会計基準（IFRS9概要） 第3章　会計における公正価値の測定		

論と技法をまとめる。第Ⅲ部では，最新の金融機関における管理会計の経営層や営業現場での活用方法，データマネジメント，および将来予測や意思決定における統計やAIの役割等の「マネジメントへの管理会計適用実務」をまとめている。以下，各部各章の概要をみてみよう。

第Ⅰ部　会計基礎編

　第Ⅰ部では金融機関経営に必要な財務会計の基礎知識をまとめている。国内外の学生や研究者にとっては，金融機関の財務諸表の特徴及び自己本比率を含む対外公表の経営指標の構造が具体的に理解できる。

　一方，金融機関の経営・管理者階層は，自社の財務・経理の状況をしっかりと理解しておかねばならない。また，金融機関の企画部（とくに主計課）の各担当者は，決算やその他計数実績のとりまとめ，各種当局向けの報告や開示業務，さらには予算や計画策定等のさまざまな会計実務を遂行するにあたって，第Ⅰ部の会計基礎編の内容はまさに「金融機関で働く上での会計のいろは」として完全に理解されていなければならない。

　そのため，第Ⅰ部は研究者向けを優先することなく，実際に経理や財務，企画や予算管理，業績評価や考課を行う実務家においても，すぐに業務上で役立てることができるほか，来るべき国内基準とIFRSのコンバージェンス等の制度対応や，もちろん管理会計の高度化に活かせるようにまとめている。

　各章の内容については以下のとおりである。

第1章　金融機関の財務諸表の構造と経営指標

　まず，第1章では，金融機関の主要業務の内容および当該業務に関連するリスクの観点から，財務諸表の構造と特徴，および財務諸表から派生する主な経営指標が概括されている。資産及び負債の大半が金融商品である金融機関の財務諸表は，金融商品の保有意図やリスク管理の巧拙を反映する観点から，銀行法施行規則にて一般事業会社と異なる様式が定められている。この

様式と金融機関に固有の利益指標の業務粗利益や業務純益を算出する決算状況表の親和性は高く，自己資本比率規制は，財務諸表上の数値が基礎となる等，金融機関の財務諸表は金融規制と密接な関係にある。金融機関の財務諸表は特殊との先入観から，実際は目にしないことも多々あるが，決算発表で公表される主要な経営指標は財務諸表から派生するほか，ディスクロージャー誌の大半は，財務諸表上の数値の説明である。金融機関の各部門（部署）の利益目標等についても，対外公表の業務粗利益や業務純益等と密接な関係にあるため，とりわけ金融機関の経営・管理者階層は，自行の成績表でもある財務諸表の構造や経営指標の正確な理解が求められる。

第2章　金融商品の会計基準（IFRS9の概要）

続く第2章では，「金融商品の会計基準（IFRS9）」について，金融資産および金融負債の分類と測定，信用損失（貸倒引当金）およびヘッジ会計の分野ごとにまとめられている。IFRS9は，従前のIAS39が世界金融危機の際に金融資産の減損処理が「少なすぎて，遅すぎる」，複雑すぎて理解や運用が困難との批判に対応したものである。したがって，IFRS9では，信用損失やヘッジ会計を中心にフォワード・ルッキング指向のリスク管理を取り入れた枠組みになっている。金融規制やリスク管理，管理会計は，財務会計に依拠していることも事実であり，日本基準は企業会計基準委員会にてIFRS9との整合性を視野にいれた見直しの検討が始まる予定であることから，金融機関においては，リスク管理体制も含めて自らの業績に直接的な影響を及ぼす金融商品の会計基準の動向を注視する必要がある。

第3章　会計における公正価値の測定

第I部のまとめとして，第3章では会計における公正価値の測定を採り上げている。金融機関の財務会計および管理会計の双方において，公正価値（fair value）は重要な位置付けにある。公正価値測定の基本構造や見積る際の評価技法等について，国際基準，日本基準および米国基準の取り扱いも含めて概括されている。公正価値による測定対象は，財務会計であれば金融商品分野が中心であるが，今後も増加が予想される金融機関の再編による合併

や経営統合,事業分割等の会計処理はパーチェス法が原則につき,その場合には非金融商品全般も対象となる。自己資本比率に代表されるバーゼル規制や管理会計における定量情報の多くは財務会計に依存するため,金融機関の経営管理に際しては,財務と管理の一致（すなわち,財管一致）の観点からも,会計における公正価値測定に関する正確な知識及び適切な運用が求められる。

第Ⅱ部　管理会計理論編

次に,第Ⅱ部では現在と将来の会計基礎に基づいて算定される金融機関の管理会計の論点と今後のあり方についてまとめている。これまでの金融機関の管理会計は,収益計算,原価計算,そして金融機関特有のリスクと資本の調整計算が総合的に行われる「統合リスク管理」の枠組みが基本であった。統合リスク管理は,従来の収益と原価による伝統的な管理会計の枠組みのなかに,バーゼル規制の指標やその他リスク管理上の指標が取り込まれたという意味で,金融機関のマネジメントにおいて画期的なものであった。現在のところ,ほとんどの金融機関で導入されている。

前著では,この統合リスク管理を金融機関の管理会計に取り込んだ「統合管理会計フレームワーク」が提唱された。しかし,それから10数年以上を経て,統合リスク管理には次の3つの改良すべき問題点があきらかになった。

統合リスク管理の第1の問題点は,リスクに対するスタンスがどちらかといえば「危険を避ける,危険を防止する」方に偏った管理だったことである。それに対して,第Ⅱ部第6章では,統合リスク管理に加えてRAF（リスクアペタイト・フレームワーク）を取り込んだ新時代の統合管理会計フレームワークを提唱した。

第2の問題点は,統合リスク管理は過去の実績を振り返るバックワード・ルッキング型の管理であったことである。金融機関の場合,Fact（事実）である財務会計を基礎として管理会計が構成されるという意味で,財管一致が

基本とされる。従来は会計基礎とされる財務会計が実績の期間損益ベースであることから，どうしてもバックワード・ルッキングの管理にならざるをえなかったといえる。それに対して，第Ⅰ部第2＆3章のとおり今後は財務会計がフォワード・ルッキング指向になることから，金融機関の管理会計においてフィードフォワード型のマネジメント・コントロールが実現できるようになるだろう。

　第3の問題点は，統合リスク管理の名のとおり，リスク影響の高い時代のリスクを中心とした収益性管理であったため，会計上実際に支出される経費（原価）の方の管理が十分ではなかったことである。ほんの数年前までは，信用リスクプレミアム相当のコストや貸倒引当金繰入額等のいわゆる信用コストの方が実際に支出される経費よりも収益性に大きく影響を与えていた。バブル経済崩壊後から2000年代にかけて，銀行収益のほとんどは信用コストで消えていた長く暗い時代であったといえる。ところが，最近では貸倒引当金戻入額の方が発生している状態にあり，信用コストが利益のプラスに貢献している銀行も少なくない。さらに，フィンテック等の新規投資が増加していることも関係して，いまや収益の60～80％以上はリスクコストよりも経費で消えている状態にある。その傾向は当面変わらないだろうといわれている。すなわち，これまでは喫緊の経営課題としてリスク管理が求められたが，いまでは投資と原価の管理の精度を高めて地域経済に貢献する管理会計が必要となっている。

　これらを踏まえ，各章では以下のような内容となっている。

第4章　金融機関の原価計算

　そこで，第4章では新時代の金融機関における原価計算をまとめている。これまでの金融機関の統合管理会計の原価計算ではABC（Activity-Based Costing；活動基準原価計算）が適用されてきたが，最近ではほとんどの金融機関でABCの金融機関経営への有効性に疑問がもたれている。実際のところABCを導入していた銀行のほとんどで，ABCの見直しが検討されており，

その対応のためポストABCが求められている。本章では，これまではあまり顧みられることのなかった金融機関経営へのABCの適用効果を具体的に検証する。その検証結果を基に，ポストABCとして適用が進んでいる資産活用アプローチに基づく関係性基準の原価計算（Relationship-Based Costing；RBC）の理論と効果を検討する。

第5章　金融機関の収益管理

続く第5章では，新時代の金融機関における収益管理の論点と対応策を述べる。2000年前後からスプレッド収益管理（Funds Transfer Pricing；FTP）が銀行収益計算の根幹であった。しかし，超低金利が長く続いたこともあってか，スプレッド収益管理本来の目的がALM管理よりも営業店業績評価に傾注した。そのため，スプレッド収益管理の運用においてさまざまな問題が発生している。とくに，今般のマイナス金利導入はスプレッド収益管理を本来のALM管理目的に戻し，営業店業績評価ではスプレッド収益だけではない別の評価方法（たとえば，脱予算・脱ノルマ評価）が良いのではないかとの問題提起がなされた。また，いかにスプレッド収益管理を細かく行ったとしても，財務上の現実の銀行収益が増えるわけではない。そこで，大手銀行を中心として日本の銀行だけがまだ導入できていないアカウントフィー（口座手数料）や，フィンテックによる新事業など伝統的な資金収益に代わる収益機会が求められている。本章でも，収益管理の観点からそれら新しい収益機会への取り組みの有効性を管理会計的に検討している。

第6章　リスクと資本の管理会計

第6章では，統合リスク管理の枠組みをあらためて整理した上で，新時代のリスクと資本の調整方法を提唱している。とくに，統合リスク管理にRAFを取り込んだ新時代の統合管理会計フレームワークは，日本の経済成長に向けた金融機関マネジメントの根幹をなすものである。リスクは闇雲にすべてを避ける対象ではなく，リスク種別ごとに収益のためにとるべきリスクは計画的にテイクし，経営上避けるべきリスクは当然ながら防止活動を行うことになる。これまで不良債権処理を長く続けてきた日本の銀行では，リ

スクに対するスタンスがどうしてもネガティブにならざるを得ない。しかし，地域そして日本経済と金融機関は共創的関係にあり，地域や顧客のリスクを理解して，それに対して取り組むスタンスにならなければならない。前著の統合リスク管理では，どちらかといえばリスクは避けるとか防止するといったスタンスであったが，本章ではリスク許容量の概念を管理会計に取り入れたRAF＋統合リスク管理を新しく提唱している。

第Ⅲ部　管理会計適用編

続く，第Ⅲ部ではより金融機関側の立場から財務や管理会計のあり方を明らかにしている。各章の内容については以下のとおりである。

第7章　グループ事業部門別管理会計

まず，第7章では金融機関の経営層や，ステークホルダーである株主・投資家，さらには国内外の金融当局にとって，最も重要で注視される「グループ部門別管理会計」の目的，構成内容，運用や適用方法について具体的にまとめた。前著では金融機関単体での部門別管理会計に寄っていたが，本章では銀行同士の経営統合や，銀行・証券会社・リース・カード会社等の複数の金融事業連携やグループ内の分割や整理を踏まえて，より高次元である連結グループ間の部門別管理会計の要件を示している。とくに，フィンテックの躍進によって金融機関は，B to CからB to B to Cのプラットフォーム・ビジネス化へと大きく変化することが予想される。その方向性も踏まえて，「グループ事業ポートフォリオ運営」についても述べている。

第8章　顧客別管理会計

第8章では，営業現場にとって最も重要な顧客別管理会計をまとめてある。前著での顧客別管理会計ではABCに基づいていたが，今後顧客本位の営業をより推進するためにはRBCが有効であることを述べている。それは顧客収益性の納得感が高まるだけでなく，顧客に対して事務や業務処理を提供す

る際の営業担当者のスタンスを180度好転させるものである。すなわち，顧客に対する事務や業務処理はコスト感や負担感を感じるものではなく，実は顧客に満足してもらうための「おもてなし的サービス」である。実際に導入している金融機関では顧客と従業員の両方の満足度がよい方向に高まっていること（win-win関係）を述べる。短期的に取引で収益をあげる方法では，金融機関にとっての価値だけを上げることになる危険性がある。いまの時代は，中長期かつ総合的に顧客にサービスを行うことで，顧客価値が高まり，同時に金融機関の収益が高まるような管理会計が必要である。その枠組みを具体的に説明する。

第9章　金融機関における管理会計のITとAIの活用

　最終の第9章では，金融機関内部で管理会計を構築し運営する側の新時代における効率的，効果的な方法論を述べる。とくに，管理会計において最も重要なデータマネジメントについて経営や業務的にみた課題の整理と解決するための要件をまとめている。さらに，IoTやAIの管理会計への適用による効率化や有効性を整理し，さらに現状の金融機関の管理会計においてAIの適用の課題となる部分を明らかにする。

　以上のとおり，本書は第Ⅰ部から第Ⅲ部に向けて金融機関の会計について制度から実務へ最新理論を展開している。ただし，図表序-1のとおり，各部の構成は観点の違いであり，順序というわけではない。所属等関係するサービス企業の経営状況や，そこで担当する業務内容，所掌範囲，管理階層等に応じで，最適なパート（部や章）から活用可能な構成としている。フィンテック等の新しい金融サービスを検討中もしくは調査中の非金融の企業においては，第Ⅲ部の活用面から参考にされるのが効果的であろう。もちろん，研究者においても研究の対象と目的に応じて，優先的に参考になるパートから読むことができるようにしている。効果的に活用いただければ幸いである。

第 I 部
会計基礎編

第1章 金融機関の財務諸表の構造と経営指標

はじめに

　金融機関は，銀行法第1条において「業務の公共性にかんがみ，信用を維持し，預金者の保護を確保するとともに金融の円滑化を図るため，銀行の業務の健全かつ適切な運営を期し，もって国民経済の健全な発展に資する」ことが目的とされる。具体的には社会的インフラの資金仲介機能及び資金決済機能を担うため，金融機関は公共性の観点から免許事業であり，金融当局（金融庁）の監督下に置かれている。

　財務諸表についても，不特定多数の顧客から預金等で資金を受け入れ，貸出等で運用する金融機関の資産及び負債の大半は金融商品につき，一般事業会社と異なる様式が銀行法施行規則で定められている。金融当局による規制やリスク管理は，財務諸表の数値に基づくことも多いため，その様式は金融規制やリスク管理のあり方と密接な関係にある。

　したがって，本章では金融機関の主要業務の内容及び当該業務に関連するリスクの観点から，財務諸表の構造と特徴，財務諸表から派生する主な経営指標を概括する。

1. 金融機関が展開する業務の概要

（1）金融機関における2つの主要業務

　金融機関は，預金の受け入れ（受信），資金の貸し付け（与信）及び為替取引に加えて投資有価証券等の運用を行うバンキング業務のほか，業法の範囲内で金融商品の売買を行うトレーディング業務を展開している。

1．バンキング業務の概要

　バンキング業務の主たる収益源は，貸出金や投資有価証券等による資金運用及び預金や市場借入等による資金調達からの資金損益であり，それは，金融商品の保有に基づく貨幣の時間価値に加えて，信用リスクや金利リスク等の引受け対価ともいえる。バンキング業務では，資産及び負債の残存期間別にデュレーション・マッチングを行うことで当面の資金損益の安定化を図りつつ，将来の金利予測に基づき，リスク許容枠内で金利や期間のミスマッチを創出して，将来の資金損益の最適化を図ることが一般的である。

　マッチングに際しては，契約上は期限がない要求払預金のうち，実際には長期滞留する部分をコア預金（core deposit）として，リスク管理上は期限がある資金調達として取り扱う。預金や貸出金等の新約や期限前解約から日常的に生じるミスマッチは，必要に応じてデリバティブ等でカバーされる。バンキング業務では，運用及び調達の両サイドを睨んだ運営を要するため，資産・負債総合管理（Asset-Liability Management：ALM）を通じて，資金損益に影響を与える金利リスク・ポジション量の調整が行われる。

2．トレーディング業務の概要

　トレーディング業務の主たる収益源は，金利，通貨，価格等の短期的な変動や市場間の格差に着目した売買益であり，それは，金融商品の公正価値の変動要因である市場リスクの能動的な引受け対価ともいえる。たとえば，不

特定多数の顧客を相手とする公共債等の売買，売買の媒介，取次または代理，売出しを目的とした引受け等の商品有価証券業務が該当する。商品有価証券の取扱量が一定水準を超える場合に銀行法により設置を要する特定取引勘定（一定水準を超えない場合でも，届け出をすれば任意に設置可）では，商品有価証券業務に加えて，業法の範囲内でデリバティブ等を用いたトレーディング業務が行われる。

3．バンキング業務とトレーディング業務の組織分離と勘定区分

　バンキング業務とトレーディング業務は，金融商品の保有意図や引受けリスクの性質が異なること，会計処理が異なる両業務間での金融商品の不当な事後振替えによる利益操作を防止すること等から，これらの業務を取り扱う行内組織は人的構成を含めて分離し，かつ経理上の勘定も区分することが業法で定められている。このため，バンキング勘定とトレーディング勘定と称される。会計処理については，売買目的のトレーディング勘定で記帳される金融商品は，公正価値で評価し，評価差額は純損益に計上（公正価値＆純損益）する一方，それ以外の目的にてバンキング勘定で記帳される金融商品は，償却（取得）原価または公正価値で評価し，評価差額は純資産（連結ベースはその他の包括利益累計額，個別ベースは評価・換算差額等）に計上（公正価値＆その他の包括利益）が原則となる。トレーディング勘定とバンキング勘定の区分は，会計処理だけではなく，後述のリスク管理や自己資本比率規制等とも密接な関連性がある。

（2）金融機関における主な業務運営上のリスク

　バンキング勘定の主な収益源である資金損益は，運用及び調達の両サイドの金利変動や期間のミスマッチに起因する金利リスクに加えて，運用側では貸出先の債務不履行等による貸倒損失，いわゆる信用リスクにさらされている。トレーディング勘定の主たる収益源である売買損益は，市場の価格変動に起因する市場リスクを引受けた結果である。また，これらの業務を支える

事務システムは，万全を期した運用が行われているが，予期しない事故や障害が一定の確率で生じることも事実である。

このように金融機関の業務展開は，収益を生み出すと同時にリスクを伴うものであり，換言するとリスクを負担する対価が収益となる。したがって，金融機関では，自らの体力を勘案して許容できる最大リスク量（許容リスク額）を算定し，その範囲内で目標とする収益に対応するリスク量（目標リスク額）を策定するリスク管理が行われる。**図表1-1**は，金融機関の業務運

図表1-1　金融機関の業務運営に関連する主なリスクの概要

リスクの種類			リスクの概要
信用リスク			信用供与先の財務状況の悪化等により，資産（オフ・バランス資産を含む）の価値が減少ないし消滅し，金融機関が損失を被るリスク
市場リスク			金利，為替，株式等の様々な市場のリスク・ファクターの変動により，資産・負債（オフ・バランスを含む）の価値が変動し，損失を被るリスク
	金利リスク		金利変動に伴って損失を被るリスクであり，資産と負債の金利または期間のミスマッチが存在するなかで金利が変動することにより，利益が低下ないし損失を被るリスク
	為替リスク		外貨建資産・負債について，ネット・ベースで資産超または負債超ポジションが造成されている場合に，為替の価格が当初予定されていた価格と相違することによって損失が発生するリスク
	価格変動リスク		有価証券等の価格の変動に伴って資産価格が減少するリスク
流動性リスク	資金繰りリスク		運用と調達のミスマッチや予期せぬ資金の流出により，必要な資金の確保が困難になる，または通常よりも著しく高い金利での資金調達を余儀なくされることにより損失を被るリスク
	市場流動性リスク		市場の混乱等によって市場において取引ができないか，通常よりも著しく不利な価格での取引を余儀なくされることにより損失を被るリスク
オペレーショナル・リスク			金融機関の業務の過程，役職員の活動またはシステムが不適切であること，または外生的な事象により損失を被るリスク
	事務リスク		役職員が正確な事務を怠る，あるいは事故・不正を起こすことにより金融機関が損失を被るリスク
	システムリスク		コンピュータシステムのダウンまたは誤作動等，システムの不備等に伴い，金融機関が損失を被るリスク

出所：金融庁［2003］をもとに筆者作成。

営に関連する主なリスクをまとめたものである。

　これらのリスク管理の巧拙は，金融機関の経営に大きな影響を与えるため，金融規制の対象となる場合がある。たとえば，後述の自己資本比率規制では，信用リスク，市場リスク及びオペレーショナル・リスクを対象にしている。バーゼル規制にて金融当局のモニタリング対象となるアウトライヤー基準はバンキング勘定の金利リスク，流動性規制の流動性カバレッジ比率や安定調達比率は，資金繰りリスクを対象にしている。財務会計においても，国際財務報告基準第9号（IFRS9）の予想信用損失（Expected Credit Loss：ECL）の認識及び測定は自社の信用リスク管理，ヘッジ会計のヘッジの有効性評価は自社のリスク管理に基づく実際のヘッジ比率を基礎とするほか，流動性リスクの開示が求められる（詳しくは第Ⅰ部第2章を参照）。このように，金融機関における業務運営上のリスクは，金融規制や財務会計と密接な関連性がある。

（3）金融機関の会計・開示規定

　金融機関のうち，銀行は銀行法によって株式会社となるため，一般事業会社と同様に会社法が適用され，上場等をしていれば金融商品取引法が適用される。なお，銀行は公共性が高いことから，特別法である銀行法によって一般事業会社と異なる取り扱いになる場合がある。会計基準についても，原則は一般事業会社と同様に，企業会計基準委員会（Accounting Standards Board of Japan：ASBJ）等が定めた取り扱いに準拠して財務諸表を作成するが，金融機関に固有部分は銀行法や全国銀行協会通達，日本公認会計士協会の業種別委員会報告等に依拠することになる。開示についても，一般事業会社と同様に，会社法や金融商品取引法に準拠した事業報告や有価証券報告書等を作成・開示するほか，公共的な性格から銀行法に基づいて，貸借対照表等の公告，業務及び財産の状況に関する説明書類，いわゆるディスクロージャー誌の作成かつ公衆の縦覧が義務付けられる。ディスクロージャー誌の記載項目は，銀行法施行規則及び同規則別表にて詳細に規定されている。

図表1-2　金融機関の開示法制及び開示の媒体

根拠法制等	開示の媒体
会社法	計算書類の公告（第440条），計算書類の備置き及び閲覧等（第442条）
金融商品取引法	有価証券届出書，有価証券報告書，確認書，内部統制報告書，四半期報告書，臨時報告書
銀行法	中間・年度貸借対照表等の公告（第20条），中間・年度ディスクロージャー誌（第21条）
証券取引所上場規定	連結決算短信，決算短信，その他の適時開示（ファイリング制度）
根拠なし	四半期ディスクロージャー誌，アニュアルレポート（海外投資家に対する年次報告），事業のご報告，PR活動，IR（インベスター・リレーションズ）活動

出所：銀行経理問題研究会編［2016］。

　金融機関の開示法制及び開示の媒体は，**図表1-2**のとおりである。

　有価証券報告書やディスクロージャー誌等の記載項目は，銀行法に基づいて金融当局に提出する決算状況表やリスク管理資料等の項目と重複するものも多いため，金融規制やリスク管理上の情報が開示されていることになる。なお，銀行持株会社の財務諸表については，連結ベースは概ね銀行と同様であるが，個別ベースは銀行法施行規則の適用を受けないため，会社計算規則や財務諸表等規則に基づき，一般事業会社と同じ様式となる。

2．金融機関の貸借対照表の構造

（1）貸借対照表の様式

　金融機関の貸借対照表の様式は，銀行法施行規則や全銀協通達「金融機関における決算経理要領等について」に定めるところによる。**図表1-3**は，金融機関の貸借対照表の様式（特定取引勘定設置銀行の年度・個別ベース）である。以下，本文中の「※」は**図表1-3**による。特定取引資産（※A）及び特定取引負債（※B）は，前述のトレーディング勘定に該当し，売買目的の商品有価証券及びデリバティブ等が記帳され，会計処理は「公正価値＆純損益」となる。これ以外のバンキング勘定の会計処理は，デリバティブを

図表1-3　金融機関の貸借対照表の様式（特定取引勘定設置銀行の年度・個別ベース）
第　期末（　年　月　日現在）貸借対照表

科目	金額	科目	金額
（資産の部）		（負債の部）	
現金預け金		預金	
現金		当座預金	
預け金		普通預金	
コールローン		貯蓄預金	
買現先勘定		通知預金	
債券貸借取引支払保証金		定期預金	
買入手形		定期積金	
買入金銭債権		その他の預金	
※A 特定取引資産		譲渡性預金	
商品有価証券		コールマネー	
商品有価証券派生商品		売現先勘定	
特定取引有価証券		債券貸借取引受入担保金	
特定取引有価証券派生商品		売渡手形	
特定金融派生商品		コマーシャル・ペーパー	
その他の特定取引資産		特定取引負債	※B
※D 金銭の信託		売付商品債券	
※C 有価証券		商品有価証券派生商品	
国債		特定取引売付債券	
地方債		特定取引有価証券派生商品	
短期社債		特定金融派生商品	
社債		その他の特定取引負債	
株式		借用金	
その他の証券		再割引手形	
貸出金		借入金	
割引手形		外国為替	※F
手形貸付		外国他店預り	
証書貸付		外国他店借	
当座貸越		売渡外国為替	
※E 外国為替		未払外国為替	
外国他店預け		短期社債	
外国他店貸		社債	
買入外国為替		新株予約権付社債	
取立外国為替		その他負債	
その他資産		未決済為替借	
未決済為替貸		未払法人税等	
前払費用		未払費用	
未収収益		前受収益	
先物取引差入証拠金		従業員預り金	
先物取引差金勘定		給付補塡備金	
保管有価証券等		先物取引受入証拠金	
金融派生商品		先物取引差金勘定	
金融商品等差入担保金		借入商品債券	
社債発行費		借入特定取引有価証券	
リース投資資産		借入有価証券	
その他の資産		売付債券	
有形固定資産		金融派生商品	
建物		金融商品等受入担保金	
土地		リース債務	
リース勘定		資産除去債務	

	建設仮勘定			その他の負債	
	その他の有形固定資産			賞与引当金	
	無形固定資産			役員賞与引当金	
	ソフトウェア			退職給付引当金	
	のれん			役員退職慰労引当金	
	リース資産			特別法上の引当金	
	その他の無形固定資産			金融商品取引責任準備金	
	前払年金費用			繰延税金負債	
	繰延税金資産			再評価に係る繰延税金負債	
	再評価に係る繰延税金資産			支払承諾	※G
※H	支払承諾見返			負債の部合計	
	貸倒引当金	△		（純資産の部）	
				資本金	
				新株式申込証拠金	
				資本剰余金	
				資本準備金	
				その他資本剰余金	
				利益剰余金	
				利益準備金	
				その他利益剰余金	
				○○積立金	
				繰越利益剰余金	
				自己株式	△
				自己株式申込証拠金	
				株主資本合計	
				その他有価証券評価差額金	
				繰延ヘッジ損益	
				土地再評価差額金	
				評価・換算差額等合計	
				新株予約権	
				純資産の部合計	
	資産の部合計			負債及び純資産の部合計	

出所：銀行法施行規則別紙様式第3号の2。

除いて「取得（償却）原価」または「公正価値＆その他の包括利益」が原則となる。なお，その他の包括利益には，その他有価証券評価差額金や繰延ヘッジ損益等が含まれ，連結ベースではその他の包括利益累計額，個別ベースでは評価・換算差額等に計上される。

有価証券（※C）は，売買目的以外の目的で保有する債券や株式が記帳され，会計処理は，満期保有目的の債券は「取得（償却）原価」，それ以外の目的の債券や株式は「公正価値＆その他の包括利益」となる（公正価値の測

定が著しく困難と認められる場合を除く)。

　金銭の信託(※D)は，信託構成物ごとに金融商品の会計基準に基づく評価額の合計額が貸借対照表価額となる。信託構成物が有価証券の場合は，信託契約単位ごとの目的(売買，満期保有，その他)に応じて評価する。なお，信託構成物の帳簿価額は，他の信託契約や直接保有する同一資産の帳簿価額と分離(簿価通算しない)されるため，純投資の際に用いられる場合がある。

　外国為替(※E，※F)は，主にコルレス(資金決済契約先)銀行間の海外送金や顧客の輸出入取引の資金決済に係る債権・債務等が記帳される。本来であれば，内容に応じて貸出金や借用金，未収金や未払金等に区分できるが，かつて外国為替自体が規制されていた当時の勘定区分や名称が現在でも踏襲されている。なお，外国為替以外の外貨建取引(外貨貸出や外貨預金等)は，円貨換算の上，それぞれの取引に応じた科目で記帳される。

　これら以外でも，金融機関の貸借対照表の科目は多岐にわたるが，それは取り扱う金融取引自体が複雑なためであり，金融取引以外の取引の会計処理や科目名称は基本的に一般事業会社と同じである。

(2)一般事業会社との主な相違点

　金融機関の貸借対照表について，一般事業会社と比較した場合の主な相違点は次のとおりである。

1．資産の部及び負債の部に流動・固定区分がないこと

　バンキング業務の貸出金及び預金等の新約や期限前解約は，顧客側の都合で日常的に発生すること，期限のない要求払預金も実際は長期滞留(コア預金)部分があること等が理由である。

2．偶発債務(債権)の支払承諾(見返)に貸借対照表能力があること

　一般事業会社による債務保証は偶発債務であり，主たる債務者の弁済能力の欠如が明らかになった場合は，債務保証損失引当金が負債として計上され

るが、それまでは貸借対照表に債務保証額を注記するだけにとどまる。これに対して、金融機関は債務保証自体が与信業務であり、対価の保証料はバンキング業務の収益源となる。したがって、金融機関の貸借対照表では、債務保証額を支払承諾（※G）、同額を対照勘定の支払承諾見返（※H）として、資産及び負債に両建計上される。

（3）不良債権の定義及び開示

金融機関の貸借対照表の注記及び開示事項は、銀行法施行規則、会社法及び金融商品取引法等で規定されるが、利害関係者の最大の関心事の1つに不良債権情報がある。金融機関の不良債権情報は、財務諸表の注記やディスクロージャー誌等においてさまざまな基準で開示されており、金融機関の業務運営上で最も重要とされる信用リスクを分析する際の情報源となる。図表1-4は、金融機関の不良債権情報における自己査定結果、金融再生法に基づく

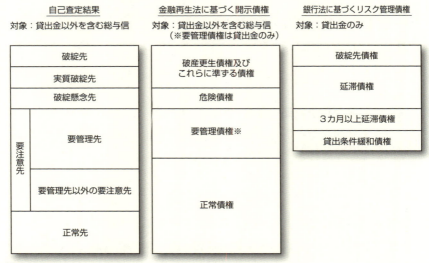

図表1-4　銀行業の不良債権情報における3つの開示の関連性

出所：筆者作成。

開示債権及び銀行法に基づくリスク管理債権の3つの開示の関連性を示したものである。なお，自己査定結果及び金融再生法に基づく開示債権の対象は総与信（＝貸出金＋支払承諾見返＋自行保証付私募債＋外国為替＋貸出金に準ずる仮払金＋未収利息）に対して，銀行法に基づくリスク管理債権の対象は貸出金のみである。

1．自己査定結果に基づく債権の区分

銀行によっては，貸出金等の償却・引当を行う際の自己査定で用いる債務者区分に応じて，対象与信額を集計・開示している。したがって，この区分は償却・貸倒引当金の会計処理と密接な関係にあるが，自己査定結果に基づく不良債権情報の開示自体は，各銀行の任意である。自己査定における債務者の定義は，次のとおりである。

破綻先		法的・形式的な経営破綻の事実が発生，たとえば破産，清算，会社整理，会社更生，民事再生，手形交換所の取引停止処分等に陥っている債務者。
実質破綻先		法的・形式的な経営破綻の事実は未発生だが，大幅な債務超過等の深刻な経営難にて，再建の見通しがない状況と認められるなどの実質的に経営破綻に陥っている債務者。
破綻懸念先		経営破綻ではないが，経営難の状態にて経営改善計画の進捗が芳しくなく，経営破綻に陥る可能性が大きい債務者。
要注意先		金利減免・棚上げ中の債務者，元金または利息の支払いが事実上延滞の債務者，業況が低調または不安定で財務内容に問題がある債務者等，今後の管理に注意を要する債務者。
	要管理先債権	要注意債権のうち，元金または利息の支払いが3カ月以上延滞の債権，及び経済的困窮に陥った債務者の再建・支援のために貸出条件を緩和した債権。
正常先		業況が良好であり，かつ財務内容にも特段の問題がないと認められる債務者。

2．金融再生法に基づく開示債権の区分

　バブル経済崩壊にて毀損した，金融機能の再生のための緊急措置を目的とする金融再生法にて開示を要するものであり，次に示す債務者の状況に応じて対象与信額を集計・開示することが規定されている。

破産更生債権及びこれらに準ずる債権	破産，更生，再生手続開始の申立て等の事由により経営破綻に陥っている債務者に対する債権及びこれらに準ずる債権。
危険債権	債務者が経営破綻の状況には至っていないが，財政状態及び経営成績が悪化し，契約に従った債権の元本の回収及び利息の受取りができない可能性が高い債権。
要管理債権	3ヵ月以上延滞債権及び貸出条件緩和債権に該当する貸出金。
正常債権	債務者の財政状態及び経営成績にとくに問題がない債権であり，上記の3つの債権以外の債権。

3．銀行法に基づくリスク管理債権の区分

　米国SECの開示基準並みの情報提供を目指して，銀行法施行規則にて開示を要するものであり，集計・開示の区分は次のとおりである。担保や債務者の状態を実質的に判断して分類する自己査定の区分と異なり，リスク管理債権の区分は貸付先の返済状況という外形的な基準による点に特徴がある。

破綻先債権	元本または利息の支払いの遅延が相当期間継続していることその他の理由により，元本または利息の取立て，または弁済の見込みがないものとして未収利息を計上しなかった貸出金（未収利息不計上貸出金）のうち，次のいずれかに該当する債務者に対する貸出金。 (1) 更生手続開始の申立てがあった債務者，(2) 再生手続開始の申立てがあった債務者，(3) 破産手続開始の申立てがあった債務者，(4) 特別清算開始の申立てがあった債務者，(5) 手形交換所等による取引停止処分を受けた債務者。
延滞債権	未収利息不計上貸出金のうち，次の２つを除いた貸出金 (1) 破綻先債権に該当する貸出金，(2) 債務者の経営再建または支援を図ることを目的として利息の支払いを猶予した貸出金。
３ヵ月以上延滞債権	元本または利息の支払いが約定支払日の翌日から３ヵ月以上遅延している貸出金で，破綻先債権及び延滞債権に該当しない貸出金。
貸出条件緩和債権	債務者の経営再建・支援を図ることを目的として，金利の減免，利息の支払猶予，元本の返済猶予，債権放棄その他債務者に有利となる取り決めを行った貸出金で破綻先債権，延滞債権及び３ヵ月以上延滞債権に該当しない貸出金。

3．金融機関の損益計算書の構造

（１）損益計算書の様式

　金融機関の損益計算書の様式は，銀行法施行規則や全銀協通達「金融機関における決算経理要領等について」に定めるところによる。**図表1-5**は，金融機関の損益計算書の様式（特定取引勘定設置銀行の年度・個別ベース）である。以下，本文内の「※」は**図表1-5**による。

　「公正価値＆純損益」となるトレーディング業務（商品有価証券を含む特定取引）の損益は，特定取引収益（※１）及び特定取引費用（※２）に計上される。バンキング業務の主な収益源の資金損益は，貸出金や有価証券等の受取利息・配当金が資金運用収益（※３），預金や市場借入等の支払利息が資金調達費用（※４）に計上される。非金利収益である手数料ビジネスの成果（為替手数料，債務保証料やファイナンス組成手数料，M＆A手数料，

社債受託手数料等)は役務取引等収益(※5),自らの業務に関連して支払ったサービスの対価(銀行間の為替手数料,信用保険料等)は役務取引等費用(※6)に計上される。その他業務収益(※7)及びその他業務費用(※8)は,外国為替売買損益のほか,バンキング勘定で保有する有価証券のう

図表1-5 金融機関の損益計算書の様式(特定取引勘定設置銀行の年度・個別ベース)

第　期(　　年　　月　　日から　　年　　月　　日まで)損益計算書

科目	金額
経常収益	
資金運用収益	※3
貸出金利息	
有価証券利息配当金	
コールローン利息	
買現先利息	
債券貸借取引受入利息	
買入手形利息	
預け金利息	
金利スワップ受入利息	
その他の受入利息	
役務取引等収益	※5
受入為替手数料	
その他の役務収益	
特定取引収益	※1
商品有価証券収益	
特定取引有価証券収益	
特定金融派生商品収益	
その他の特定取引収益	
その他業務収益	※7
外国為替売買益	
国債等債券売却益	※14
国債等債券償還益	※15
金融派生商品収益	
その他の業務収益	
その他経常収益	※9
貸倒引当金戻入益	
償却債権取立益	
株式等売却益	
金銭の信託運用益	※11
その他の経常収益	
経常費用	
資金調達費用	※4
預金利息	
譲渡性預金利息	
コールマネー利息	
売現先利息	
債券貸借取引支払利息	
売渡手形利息	
コマーシャル・ペーパー利息	
借用金利息	

短期社債利息	
社債利息	
新株予約権付社債利息	
金利スワップ支払利息	
その他の支払利息	
役務取引等費用	※6
支払為替手数料	
その他の役務費用	
特定取引費用	※2
商品有価証券費用	
特定取引有価証券費用	
特定金融派生商品費用	
その他の特定取引費用	
その他業務費用	※8
外国為替売買損	
国債等債券売却損	※16
国債等債券償還損	※17
国債等債券償却	※18
社債発行費償却	
金融派生商品費用	
その他の業務費用	
営業経費	※13
その他経常費用	※10
貸倒引当金繰入額	※12
貸出金償却	
株式等売却損	
株式等償却	
金銭の信託運用損	※19
その他の経常費用	
経常利益	
特別利益	
固定資産処分益	
負ののれん発生益	
金融商品取引責任準備金取崩額	
その他の特別利益	
特別損失	
固定資産処分損	
減損損失	
金融商品取引責任準備金繰入額	
その他の特別損失	
税引前当期純利益	
法人税，住民税及び事業税	
法人税等調整額	
法人税等合計	
当期純利益	

出所：銀行法施行規則別紙様式第3号の2。

ち債券の売買等損益，ヘッジ以外の金利系デリバティブ損益等が計上される。その他経常収益（※9）及びその他経常費用（※10）は，バンキング勘定で保有する有価証券のうち株式の売買等損益（エクイティ系デリバティブ損益

を含む），金銭の信託運用損益，土地建物賃貸料等の金融機関の付随業務の成果や貸出金償却・引当，不良債権の処分損益等が計上される。

（2）一般事業会社との主な相違点

金融機関の損益計算書について，一般事業会社と比較した場合の主な相違点は次のとおりである。

1．売上総利益及び営業利益の損益区分がないこと

前述の貸借対照表の流動・固定区分とも関係するが，売上総利益及び営業利益の損益区分は，一般事業会社の主要業務の営業循環過程（仕入⇒在庫⇒販売⇒回収等）が前提にある。これに対して，金融機関の主要業務は資金媒介や為替取引等であり，一般事業会社の営業循環過程と異なるため，売上総利益や営業利益に代えて，主要業務の内訳ごとに収益及び費用を表示している。

2．その他経常収益及びその他経常費用の区分があること

営業利益に代わる金融機関に固有の利益指標の業務純益は，金融機関の主要業務の損益のみが計上される。そのためにはバンキング勘定で保有する有価証券の売買等損益について，主要業務に該当する債券取引に係る部分のみを業務純益に計上する必要がある。したがって，主要業務に係る損益は，その他業務収益及びその他業務費用に表示し，それ以外の損益（株式の売買等損益及び金銭の信託運用損益のほか，償却債権取立益等の臨時損益を含む）は，その他経常収益及びその他経常費用に表示する。なお，その他経常収益及びその他経常費用は，決算状況表の科目である臨時収益及び臨時費用を読み替えたものにつき，金融規制上の区分といえる。

（3）金融機関に固有の利益指標

一般事業会社の利益指標である売上総利益や営業利益に代わるものとして，

金融機関では，業務粗利益，業務純益，実質業務純益及びコア業務純益等がある。業務粗利益及び業務純益は，かつては金融当局に提出する決算状況表上の利益指標であったが，現在ではディスクロージャー誌等を通じて広く開示されている。以下，本文や算式中の「※」は**図表1-5**による。

1．業務粗利益

業務粗利益の算式は次のとおりであり，バンキング業務における資金運用及び調達からの資金損益，手数料サービスからの役務取引等損益，トレーディング業務からの特定取引損益及びバンキング勘定で保有する債券の売買等損益を含むその他業務損益の4つから構成される。

業務粗利益＝資金運用収益（※3）－
　　　　　（資金調達費用（※4）－金銭の信託運用見合費用）　資金損益
　　　　＋役務取引等収益（※5）－役務取引等費用（※6）　役務取引等損益
　　　　＋特定取引収益（※1）－特定取引費用（※2）　特定取引損益
　　　　＋その他業務収益（※7）－その他業務費用（※8）　その他業務損益

算式中の金銭の信託運用見合費用は，金銭の信託運用損益（※11，※19）が業務粗利益の対象外につき，当該運用資産に係る資金調達コストをみなし計算した額（決算状況表上の数値につき，一般的には開示されない）である。

2．業務純益

業務純益の算式は次のとおりであり，業務粗利益から貸倒引当金繰入額（※12）のうち個別評価分及び特定海外債権引当勘定分を除いた一般貸倒引当金繰入額，営業経費（※13）のうち臨時処理分（決算状況表上の数値につき，一般的には開示されない）を除いた経費を控除したものである。

業務純益＝業務粗利益－一般貸倒引当金繰入額－経費（臨時処理分を除く）

業務粗利益から，臨時処理分を除いた経費及び資金運用に伴って発生する信用リスク見合いの一般貸倒引当金繰入額を控除した業務純益は，銀行の主要業務に係る経費控除後利益として，業績評価における基本的な利益指標とされる。

3．実質業務純益（一般貸倒引当金繰入前業務純益）

実質業務純益の算式は次のとおりであり，業務粗利益から経費（臨時処理分を除く）のみを控除したものにつき，一般貸倒引当金繰入前業務純益とも称される。

実質業務純益＝業務粗利益－経費（臨時処理分を除く）

銀行の業績評価指標として業務純益が導入されたのは1989年度（それ以前は営業純益）であるが，その後の自己査定導入等によって一般貸倒引当金の計上基準が変更された結果，一般貸倒引当金繰入額は年度によって大幅に変動するようになり，業務純益の変動幅も大きくなった。したがって，業務純益から一般貸倒引当金繰入額の影響を除いた実質業務純益は，安定性のある経費控除後利益として，業務純益を補う利益指標といえる。

4．コア業務純益

コア業務純益の算式は次のとおりであり，実質業務純益からその他業務損益に含まれる国債等債券5勘定尻（＝国債等債券売却益（※14）＋国債等債券償還益（※15）－国債等債券売却損（※16）－国債等債券償還損（※17）－国債等債券償却（※18））を控除したものである。

コア業務純益＝実質業務純益－国債等債券5勘定尻
**　　　　　　＝業務粗利益－経費（臨時処理分を除く）－国債等債券5勘定尻**

国債等債券5勘定尻は，バンキング勘定で保有する債券の売買等損益であるが，金利リスクを中心とした市場リスクの影響から大幅に変動することも多い。したがって，前述の一般貸倒引当金繰入額と同様の理由に基づき，実質業務純益から国債等債券5勘定尻の影響を除いたコア業務純益は，さらに安定性が高い経費控除後利益といえる。

　なお，これらの利益指標のほかにも，金融機関の再編や持株会社化に伴い，子会社配当も控除した修正コア業務純益やグループ内の銀行単体の業務純益に連結子会社の損益や持分法の投資損益等を適宜加えた連結業務純益を公表する銀行もある。**図表1-6**は，銀行業に固有の利益指標間の関係性を示したものである。

図表1-6　銀行業に固有の利益指標の関係性

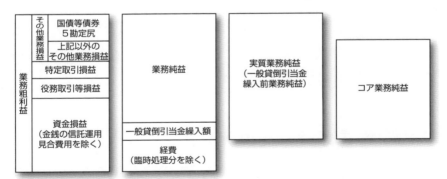

※：資金損益中の金銭の信託運用見合費用及び経費中の臨時処理分は，決算状況表上の計数につき，一般的には開示されない。
出所：筆者作成。

4. 金融機関の財務諸表から派生する主な経営指標

（1）金融機関の一般的な経営指標の概要

　金融機関の経営指標はさまざまであるが，ここでは有価証券報告書や決算短信，ディスクロージャー誌等で開示される一般的な経営指標を概括する。なお，開示される経営指標によっては，全店ベースのほかに，国内業務部門または国際業務部門別に示される場合があるが，決算状況表における各業務部門の定義は次のとおりである。

国内業務部門＝本邦店の円建諸取引（円建貿易手形及び円建対非居住者諸取引を除く）等
国際業務部門＝本邦店の外貨建諸取引，円建貿易手形及び円建対非居住者諸取引，特別国際金融取引勘定及び海外店取引等

1．業務粗利益率

　業務粗利益率の算式は次のとおりであり，業務粗利益を資金運用勘定の平均残高で除した後，100を乗じて％表示したものである。

$$業務粗利益率 = \frac{業務粗利益}{資金運用勘定平均残高} \times 100$$

　資金運用勘定は，決算状況表上の項目であり，バンキング勘定の資産項目から，金銭の信託資産，無利息の運用資産（現金，無利息分の預け金，動産不動産，その他資産等）及び支払承諾見返等を控除した残高である。有利息運用の金銭の信託資産を控除する理由は，当該資産からの損益が業務粗利益に含まれないためである。業務粗利益率は，経費控除前利益に対応する有利息運用資産ベースの資産利益率（ROA）といえる。

2．総資金利鞘

総資金利鞘の算式は次のとおりであり，資金運用利回と資金調達原価の差額である。

総資金利鞘＝資金運用利回－資金調達原価

$$資金運用利回＝\frac{資金運用収益}{資金運用勘定平均残高}×100$$

資金調達原価＝((資金調達費用－金銭の信託運用見合費用)＋債券費等＋(経費－特定取引に係る経費))／資金調達勘定平均残高×100

資金運用利回は資金運用勘定平均残高に対応する資金運用収益をもとに算出する一方，資金調達原価は資金調達勘定平均残高に対応する資金調達費用（金銭の信託運用見合費用を除く）に経費（特定取引に係る経費を除く）及び債券費等を加えた額をもとに算出する。資金調達勘定は，決算状況表上の項目であり，負債項目から，金銭の信託見合調達額，無利息の調達負債（その他負債，引当金等）及び支払承諾等を控除した残高である。

資金調達原価に含まれる経費は，資金収支と関連がない経費も含まれるほか，特定取引に係る経費は，当該取引部門の行員数に基づく按分値である。また，資金運用利回と資金調達原価の分母は異なり，純資産等の無利息の資金調達による利鞘への寄与は反映されない。したがって，資金損益を構成する有利息運用及び有利息調達からの総資金利鞘は重要な経営指標であるが，実際に利用する場合はこれらの点を考慮する必要がある。

3．預貸金利鞘

預貸金利鞘の算式は次のとおりであり，貸出金利回と預金債券等原価の差額である。

預貸金利鞘＝貸出金利回－預金債券等原価

$$貸出金利回 = \frac{貸出金収入}{貸出金平均残高} \times 100 \quad 貸出金のうち，金融機関貸付金を除く$$

$$預金債券等原価 = \frac{預金・譲渡性預金利息等＋債券利息等＋債券費等＋（経費－特定取引に係る経費）}{預金債券等平均残高} \times 100$$

　貸出金利回は貸出金平均残高に対応する貸出金収入をもとに算出する一方，預金債券等原価は預金債券等（預金，譲渡性預金及び債券の合計）の平均残高に対応する預金利息，債券利息及び債券費等に経費（特定取引に係る経費を除く）を加えた額をもとに算出する。預貸金利鞘はバンキング業務の主軸である貸出（運用）業務及び預金（調達）業務のスプレッドを示す経営指標であるが，預金債券等原価には預貸金業務と関連がない経費も含まれる等，実際に利用する場合は前述の総資金利鞘と同様な点を考慮する必要がある。なお，銀行によっては，預貸金利鞘に含まれる経費部分を除いた預貸金レート（利回）差を開示している。

$$預貸金レート（利回）差 = 貸出金利回 － 預金債券等利回$$

$$預金債券等利回 = \frac{預金・譲渡性預金利息等＋債券利息等}{預金債券等平均残高} \times 100$$

（2）バーゼル規制に基づく金融機関の自己資本比率の概要

　金融機関の最も重要な経営指標の1つに，自己資本比率がある。財務の健全性や安全性を示す代表的な指標の自己資本比率は，一般事業会社でもよく用いられるが，金融機関ではバーゼル規制上の自己資本比率が重視される。バーゼル規制は，各国の金融当局・中央銀行の集まりであるバーゼル銀行監督委員会（BCBS）が国際的に活動する銀行の競争条件を平等化する観点から，1998年に制定したバーゼルⅠに端を発する。その後，バーゼルⅡ，バーゼル2.5を経て，現在ではバーゼルⅢになっている。なお，バーゼル規制自体は法的根拠がないため，適用に際しては国内での法整備が必要となるほか，

主に国内で活動する銀行も同様の枠組みで健全性の監視を行うが、国際的に活動する銀行とは異なる要求水準とする場合がある。日本では、銀行法第14条の2を根拠として、バーゼルⅢの自己資本比率規制が適用される（バーゼルⅢは、自己資本比率規制以外にレバレッジ比率規制や流動性規制等を含む包括的な規制であるが、ここでは自己資本比率規制に絞って概括する）。自己資本比率規制は、海外支店または海外現地法人等の海外営業拠点を有する銀行（及びその持株会社）を対象とした国際統一基準と、海外営業拠点を有しない銀行（及びその持株会社）を対象とした国内基準がある。国際統一基準は、いわゆるバーゼルⅢを適用する一方、国内基準はバーゼルⅢを踏まえつつ、日本国内の地域経済の影響や業態の特性等を勘案して、一定の修正が加えられている。バーゼルⅢによる自己資本比率の基本算式は、次のとおりである（分母の各々のリスクの概要は、**図表1-1**を参照）。

$$\frac{自己資本}{リスク・アセット（信用リスク＋市場リスク＋オペレーショナル・リスク）} \geqq 一定比率$$

　自己資本比率規制の一定比率は、国際統一基準であれば原則として8％以上（後述のように自己資本の構成階層に応じた最低所定比率があるほか、資本バッファー規制の対象となる場合あり）、国内基準であれば4％以上となる。これらの比率は銀行法第26条の早期是正措置と連動しており、所定の比率を下回った場合、金融当局は当該銀行に対して経営改善計画や資本増強計画の提出・実行、配当・役員賞与の抑制・禁止、大幅な業務縮小、合併、業務の停止（一部または全部）を命令できる。自己資本比率の算式中の分子の自己資本の構成階層は、国際統一基準と国内基準で異なり、国際統一基準は構成階層別に最低所定比率を定めるほか、システミック・リスク対策として、国際的なシステム上で重要な銀行（G-SIBs）として認定された場合は、バーゼルⅢの最低水準を上回る追加的資本賦課が求められる。また、国際統一基準行を対象に早期是正措置が拡張され、資本バッファー規制に伴う社外流出制

図表1-7　自己資本比率の基本算式中の分子及び最低所定比率

	国際統一基準	国内基準
自己資本	普通株等Tier1（普通株式や内部留保等），その他Tier1（優先株式等），Tier2（劣後債，一般貸倒引当金等）の3つの階層から構成。その他有価証券評価差額金は，普通株等Tier1に含まれる。	普通株式や内部留保等，強制転換条項付優先株式や一般貸倒引当金等によるコア資本の1つの階層のみ。その他有価証券評価差額金は，コア資本の額に算入しない。
最低所定比率	3つの階層の合計ベースで8％，Tier1（普通株等＋その他）で6％，普通株等Tier1のみで4.5％以上（※）。	コア資本のみで4％以上（内部格付手法を採用する場合は普通株等Tier1のみで4.5％以上）。

※資本バッファー規制に基づき，①資本保全バッファー，②カウンターシクリカル・バッファー，③G-SIBsバッファー，④D-SIBsバッファー毎に普通株等Tier1の上乗せが求められる場合がある。
出所：筆者作成。

限措置が導入されている。**図表1-7**は，自己資本比率の基本算式中の分子及び最低所定比率について，国際統一基準及び国内基準の取り扱いを概括したものである。

　自己資本比率の基本算式中の分母（リスク・アセット）の取り扱いについては，一部の取り扱いを除いて，基本的には国際統一基準及び国内基準とも共通のルールが適用される。

1．信用リスク・アセット

　信用リスク・アセットの計測は，標準的手法（SA），基礎的内部格付手法（F-IRB）及び先進的内部格付手法（A-IRB）の3つから選択できるが，標準的手法以外の手法の適用は，金融当局の承認が必要となる。

1）標準的手法の概要

　外部格付を用いてリスク・アセットを算出する方法であり，基本的な算出構造は次のとおりである。たとえば，日本政府の格付が「AAA～AA」ならば，日本国債のリスク・ウェイトはゼロになるため，リスク・アセット額もゼロになる。これに対して，法人向けエクスポージャーのリスク・ウェイトは，法人の格付に応じて異なるため（20％～150％），同じ貸出額でもリス

ク・アセット額は異なることになる。

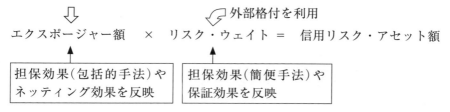

2）内部格付手法の概要

　自行による格付付与及びデフォルト確率等の推計からの非期待損失額をベースに所要自己資本額（及び信用リスク・アセット額）を算出する手法であり，基本的な算出構造は**図表1-8**のとおりである。

　内部格付手法は，エクスポージャーの種類（大規模事業法人，それ以外の事業法人，リテール，株式等）ごとにパラメータを算出し，金融当局設定のリスク・ウェイト関数に入力することで，信用リスク・アセット額を算出す

図表1-8　内部格付手法による信用リスク・アセットの基本算式

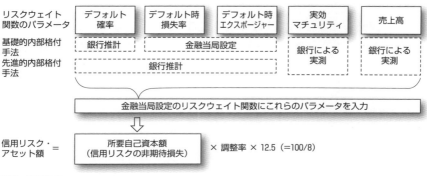

出所：筆者作成。

る。基礎的内部格付手法と先進的内部格付手法の違いは，銀行推定のパラメータの範囲であり，基礎的内部格付手法の場合はデフォルト確率（PD）のみ，先進的内部格付手法の場合は，デフォルト確率に加えてデフォルト時損失率（LGD）及びデフォルト時エクスポージャー（EAD）が銀行推計になる。

2．市場リスク・アセット

　市場リスクは，市場リスク相当額と同額以上の自己資本の保有が義務付けられており，個別リスク（個別商品の価格が市場全体の価格変動と異なる動きをするリスク）と一般市場リスク（金利，為替等のリスク・カテゴリーごとの市場全体の価格変動に起因するリスク）に分けて計算される。算出に際しては，標準的方式または内部モデル方式の2つから選択できるが，内部モデル方式の適用は，金融当局の承認が必要となる。

1）標準的方式

　トレーディング勘定等のポジション（公正価値ベース）を金融当局が定めた一定の算式に代入して，市場リスク相当額を算出する。この方式では，金利，為替等のリスク・カテゴリーごとに算出した市場リスク相当額及びオプション取引に係る市場リスク相当額を合算することで，全体の市場リスク相当額が求められる。

2）内部モデル方式

　個別リスク及び一般市場リスクのそれぞれについて，バリュー・アット・リスク（VaR，信頼区間：片側99％，期間：10営業日以上）とストレスVaR（重大な金融ストレス期，たとえば世界金機危機に係る2007年から2008年にかけての12カ月のヒストリカル・データを用いて算出）の合計額をもって，市場リスク相当額とする。

　自己資本比率の計算においては，標準的方式または内部モデル方式で算出された市場リスク相当額に12.5（＝100/8）を乗じた額を市場リスク・アセットとして分母に計上する。なお，市場リスクの計測については，VaRのテイルリスクを捕捉するため，2016年のトレーディング勘定の抜本的見直し

の最終合意において，期待ショートフォール（Expected Shortfall：一定の信頼区間を超えた場合の損失額の期待値）を用いた方式に切り替えることが決定している。各国にて切り替えに必要な法整備を行い，2019年末から適用開始の予定であったが，後述の2017年バーゼルⅢの最終合意において，2022年から適用に延期されている。

3．オペレーショナル・リスク・アセット

オペレーショナル・リスク・アセットの計測は，財務会計上の利益を基準に算出する方法（基礎的手法（BIA）及び粗利益配分手法（TSA））と過去の損失実績データ等をもとに計測する手法（先進的計測手法（AMA））から選択できる。財務会計上の利益を基準に算出する方法は，「所要自己資本額＝粗利益（基礎的手法は銀行全体，粗利益配分手法は業務区分毎）×所定の掛目」の枠組みを用いる。過去の損失実績データ等をもとに計測する先進的計測手法は，銀行の内部モデル（信頼区間：片側99.9％，期間：1年）を用いて所要自己資本額を算出する。なお，粗利益配分手法及び先進的計測手法の適用は，金融当局の承認が必要となる。自己資本比率の計算においては，いずれの手法も算出した所要自己資本額に12.5（＝100/8）を乗じた額をオペレーショナル・リスク・アセットとして分母に計上する。

4．2017年バーゼルⅢの最終合意の概要

バーゼルⅢの合意文書は2010年に公表されたが，同時点での保留事項はその後も審議が続けられ，2017年12月に最終合意に至っている。自己資本比率に関する主な最終合意事項は，次のとおりである。

これらのバーゼルⅢの最終合意の内容は，国内での法整備を通じて，自己資本比率規制（国際統一基準及び国内基準）に反映されるため，今後の法整備の動向を睨んだ対応が求められる。

信用リスク	・標準的手法のリスクウェイトの見直し。 ・株式について，内部格付手法を廃止（標準的手法のみを適用）。 ・一部のエクスポージャーについて，先進的内部格付手法を廃止（基礎的内部格付手法または標準的手法を適用）。
オペレーショナル・リスク	先進的計測手法を廃止，基礎的手法と粗利益配分法を統合した新たな枠組みによる標準的手法（所要自己資本額＝業務規模×損失実績）に一本化。
資本フロア	各種の内部モデル手法で算出されるリスク・アセット額は，全体としてバーゼルⅢの標準的手法で算出したリスク・アセット額の72.5%を下限とする総アウトプット・フロアの導入（標準的手法でのリスク・アセット額の開示も必要）。

おわりに

　資産及び負債の大半が金融商品である金融機関の財務諸表は，金融商品の保有意図やリスク管理の巧拙を反映する観点から，銀行法施行規則にて一般事業会社と異なる様式が定められている。この様式と金融機関に固有の利益指標の業務粗利益や業務純益を算出する決算状況表の親和性は高く，自己資本比率規制は，財務諸表上の数値が基礎となる等，金融機関の財務諸表は金融規制と密接な関係にある。金融機関の財務諸表は特殊との先入観から，実際は目にしないことも多々あるが，決算発表で公表される経営指標の多くは財務諸表から派生するほか，ディスクロージャー誌の大半は，財務諸表上の数値の説明である。金融機関の各部門（部署）の利益目標等についても，対外公表の業務粗利益や業務純益等と密接な関係にあるため，とりわけ金融機関の経営・管理者階層は，財務諸表の構造及び経営指標の正確な理解が求められる。

第2章 金融商品の会計基準（IFRS9の概要）

はじめに

　金融商品は一般事業会社も保有するが，それ自体がビジネスである金融機関の保有量は桁違いであり，その運用・調達の巧拙は，金融商品の会計基準を通じて財務諸表に反映される。金融商品会計の日本基準は，企業会計基準委員会による企業会計基準第10号「金融商品に関する会計基準」が主軸であり，金融機関も一部の取引を除いて，一般事業会社と同様に同基準に準拠して財務諸表を作成する。金融商品会計の国際基準は，国際会計基準審議会（IASB）によるIFRS9である。日本基準と国際基準は異なる点もあるが，今後も経済活動の国際化が続くこと等を勘案すると，近い将来に予想される日本基準の見直し作業では，国際基準との整合性を意識せざるをえない。また，海外営業拠点を多く有するほど，経営管理の観点からは同一の基準が求められるが，その場合は普及度合いから国際基準が最有力候補となる。したがって，本章ではIFRS9による金融資産及び金融負債の分類と測定，金融資産の信用損失及び一般ヘッジ会計の基本的な取り扱いを概括の上，日本基準との主な相違点を指摘する。

1. IFRSにおける金融商品会計の体系

(1) IFRS9の基本的な枠組み

　IFRS9は，それまでの国際会計基準 (IAS) 39に代わる新たな金融商品の会計基準である。金融商品に関する国際財務報告基準 (IFRS) 体系の主軸であるIFRS9の基本的な枠組みは，次のとおりである。

1. 事業モデルに基づく金融資産の分類と測定

　IFRS9では，原則として事業モデル (business model) の目的に応じて金融資産を分類の上，事業モデルごとに会計処理を定めている。ここでの事業モデルは，次の3つに区分される。
　①契約上の元利金取立てを通じたキャッシュ・フローの回収を事業目的として，金融資産を保有する事業モデル（元利金取立モデル）。
　②契約上の元利金取立て及び売却の両方を通じたキャッシュ・フローの回収を事業目的として，金融資産を保有する事業モデル（元利金取立・売却一体化モデル）。
　③これら2つに該当しない残余の（たとえば，主に売却を通じたキャッシュ・フローの回収を事業目的として，金融資産を保有する）事業モデル。
　なお，元利金取立モデル及び元利金取立・売却一体化モデルに分類される金融資産は，後述のように一定の要件を充たす必要がある。会計処理については，事業モデルに応じて「償却原価」，公正価値で評価し，評価差額はその他の包括利益に計上（公正価値＆その他の包括利益），または公正価値で評価し，評価差額は純損益に計上（公正価値＆純損益）となる。

　金融資産の分類は当初認識時に行われ，その後の分類変更は事業モデル自体に変更がある場合を除いて認められない。金融負債は，デリバティブ等を除いて「償却原価」が基本となる。なお，IFRS9では，事業モデルに基づく分類のほかに，一定の要件を充たす場合には株式等の資本性金融商品の会計

処理を「公正価値&その他の包括利益（ただし，組替調整は禁止）」とする選択（その他の包括利益オプション），会計上のミスマッチを解消する目的から金融資産または金融負債の会計処理を「公正価値&純損益（またはその他の包括利益）」とする選択（公正価値オプション）を認めている。

2．予想損失モデルに基づく信用損失の認識及び測定

　IFRS9では，元利金取立モデル及び元利金取立・売却一体化モデルに分類される金融資産の貸倒見積高（損失評価引当金）について，予想損失モデル（expected loss model）を採用している。具体的には，取得（または組成）時に信用減損がある金融資産を除き，金融資産の信用リスクが当初認識以降に著しく増大している場合は全（残存）期間の予想信用損失，著しく増大していない場合は12ヵ月の予想信用損失を純損益に計上する。なお，予想信用損失の見積りに際しては，将来予測的な情報を反映するため，過去の事象及び現在の状況だけでなく，将来の経済状況も織り込む必要がある。

3．リスク管理に基づくヘッジ活動の反映を意図した一般ヘッジ会計

　IFRS9では，リスク管理に基づくヘッジ活動をできる限り反映するため，一般ヘッジ会計はヘッジ要件を中心に弾力的な取り扱いになっている。たとえば，デリバティブを含む合計エクスポージャーや純額（ネット）ポジションを適格なヘッジ対象とする取り扱い，非デリバティブの金融資産や金融負債を適格なヘッジ手段とする取り扱いは，金融商品のリスク管理の実態を反映したものである。また，ヘッジの有効性要件について，IFRS9ではIAS39が採用する80～125％テスト（ヘッジ対象とヘッジ手段の相関関係が80～125％の範囲内ならヘッジは有効と判断，以下同じ）を廃止，実際のリスク管理で使用するヘッジ比率に委ねるほか，ヘッジ比率に歪みが生じてもリスク管理目的が不変であれば，ヘッジ会計を中止とせず，バランス再調整を要する等の取り扱いは，いわゆる細則遵守主義から原則準拠主義への転換といえる。

(2) 金融商品に関するIFRS体系（IFRS9と他のIFRSの関係）

IFRS9は，金融商品に関する包括的な会計基準であるが，全般的な表示及び開示は他のIFRSによる。IAS32は金融商品の表示に関する会計基準であり，金融商品の発行体側における負債と資本の表示，関連する利息や配当金等の分類，金融資産及び金融負債の相殺表示の規定等を取り扱っている。なお，IFRS9の適用範囲にも関係する金融商品，金融資産，金融負債及び資本性金融商品等の定義は，IAS32を参照する形になっている。IFRS7は金融商品の開示に関する会計基準であり，利用者が財政状態及び経営成績に影響を及ぼす金融商品の重要性の評価に役立つ開示項目，たとえば金融リスクに係る定性及び定量情報，変則的な金融資産の譲渡に関する補足情報等の開示を取り扱っている。

金融商品に関するIFRS体系は，認識及び測定（減損，ヘッジ会計を含む）分野のIFRS9，表示分野のIAS32，開示分野のIFRS7の3つを中核とするが，金融商品は公正価値で評価することが多いため，公正価値の測定及び開示の

図表2-1　金融商品に関するIFRS体系

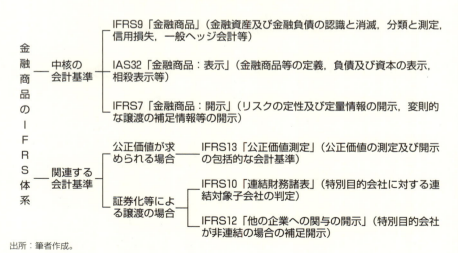

出所：筆者作成。

包括的な会計基準のIFRS13（詳しくは第Ⅰ部第3章を参照）とも密接な関係にある。また，金融商品の用途の1つに資金調達を目的とする証券（流動）化があるが，その際には特別目的会社を設立し，同社に金融資産を譲渡の上，それを裏付けに証券を発行することが多い。この場合の金融資産の譲渡処理はIFRS9が適用されるが，対象資産を取得した特別目的会社の連結財務諸表上の取り扱い，たとえば連結対象子会社の判定はIFRS10が適用される。なお，特別目的会社が非連結と判定されても，IFRS12にて譲渡人による継続的関与やリスク負担の内容等の開示が求められる場合がある。

図表2-1は，IFRS9を主軸とする金融商品に関するIFRS体系を示したものである

2．金融資産及び金融負債の分類と測定

(1) IFRS9の取り扱い

1．金融資産の分類

前述のようにIFRS9による金融資産の会計処理は，公正価値オプションまたはその他の包括利益オプションを選択する場合を除き，①金融資産を管理する事業モデル及び②金融資産の契約上のキャッシュ・フロー特性の2つの分類規準に基づいて，「償却原価」，「公正価値＆その他の包括利益」または「公正価値＆純損益」のいずれかになる。

1）第1の分類規準としての金融資産を管理する事業モデル

IFRS9における事業モデルは，経営者が決定した事業目的を達成するために合同で管理する金融資産の集合単位であり，個々の取引単位ではない。事業モデルは運用実態という外部から観測可能な事実に基づくため，企業が採用する運用方針や経営階層への業績報告，リスク管理の方法等から客観的に判断される。IFRS9では，金融資産に係る投下資本の回収（利益獲得）方法が元利金取立てまたは売却のいずれであることに着目し，元利金取立モデルは「償却原価」，元利金取立・売却一体化モデルは「公正価値＆その他の包

括利益」，これら以外の事業モデル（たとえば売却モデル）は「公正価値＆純損益」とする会計処理を定めている。

なお，元利金取立モデル及び元利金取立・売却一体化モデルの事業目的である元利金取立ては，対象金融資産の契約期間を通じた保有が前提となるが，IFRS9は当該モデルの事業目的に矛盾しない範囲での売却（たとえば，予期しない資金調達のために行う金額的な重要性がある売却，経常性はあるが金額的な重要性がない売却等）を認めている。したがって，元利金取立モデル及び元利金取立・売却一体化モデルに分類された金融資産を途中売却した場合でも，事業目的から逸脱していない売却と立証できれば，事業モデル自体が否定されることはない。

2）第2の分類規準としての契約上のキャッシュ・フロー特性

元利金取立モデル及び元利金取立・売却一体化モデルは，いずれも事業目的に元利金取立てを含むため，分類される金融資産は当該目的に適合した契約上のキャッシュ・フロー特性を有することが求められる。具体的には，キャッシュ・フローは契約に基づく元本及び利息のみであり，利息の要素は特定期間の元本残高に対応する貨幣の時間価値，信用リスク，利鞘等で構成される金融資産に限られる。したがって，契約上の元本や利息がない株式等の資本性金融商品やデリバティブ，元利金支払額の指標に株価や商品価格を適用したり，高いレバレッジを付与することで，通常の貨幣の時間価値やリス

図表2-2　2つの分類規準に基づくIFRS9の金融資産の会計処理

事業モデル（第1の分類基準）	元利金取立モデル	元利金取立・売却一体化モデル	その他の事業モデル
契約上のCF特性（第2の分類基準）	対象金融資産のキャッシュ・フローは契約に基づく元本及び利息のみであること。利息の要素は通常の貨幣の時間価値とリスク等に限られること。		
会計処理	償却原価	公正価値＆その他の包括利益	公正価値＆純損益

出所：筆者作成。

クに基づくキャッシュ・フローと異なる金融資産は，該当しないことになる。
図表2-2は，2つの分類規準に基づくIFRS9の金融資産の会計処理をまとめたものである。

2．金融負債の分類と測定

金融負債は，「公正価値&純損益」となるデリバティブに係る金融負債等の一部の例外を除いて，「償却原価」が基本となる。なお，当初認識時に所定の要件を充たす金融負債は，後述の公正価値オプションを選択できる。

3．公正価値オプション及びその他の包括利益オプションの選択

IFRS9による金融資産の会計処理は，原則として前述の事業モデル及び契約上のキャッシュ・フロー特性の2つの分類規準に基づく一方，所定の要件を充たす金融資産及び金融負債には公正価値オプション，株式等の資本性金融商品にはその他の包括利益オプションを選択できる。

1）公正価値オプションの概要

IFRS9は，原則的な会計処理を適用することで発生する会計上のミスマッチを解消する目的であれば，対象の金融資産及び金融負債に公正価値オプションを選択できる。たとえば，経済実態上はリスクが相殺関係にある金融商品同士の会計処理について，一方は「公正価値&純損益」，他方は「償却原価（または「公正価値&その他の包括利益」）」とした場合は，会計上のミスマッチが生じる。公正価値オプションは，金融商品同士の測定属性や損益区分の整合性を図ることで会計上のミスマッチの解消を目指すものであり，事業モデルに関係なく，選択した金融資産は「公正価値&純損益」となる。この場合の金融負債も公正価値測定となるが，公正価値の変動額のうち，債務（発行）者である企業自らの信用リスクに起因する部分はその他の包括利益とし，それ以外の部分は純損益に表示する。なお，その他の包括利益に表示すると，逆に会計上のミスマッチとなる場合は純損益に表示する。公正価値オプションの選択は，対象金融資産または金融負債の当初認識時のみであり，

事後の取消は不能である。

２）その他の包括利益オプションの概要

株式等の資本性金融商品の会計処理は，契約上のキャッシュ・フロー特性の要件を充たさないため，事業モデルに関係なく「公正価値＆純損益」となるが，当初認識時に公正価値の変動をその他の包括利益に表示するその他の包括利益オプションの選択もできる。対象は営業取引の維持や拡大を保有目的とする株式等が想定されるが，IFRS9では保有目的を会計基準で定める代わりに，その他の包括利益オプションを選択した場合には追加的な開示（選択した対象及び理由，決算日時点の公正価値及び期間中の受取配当金，売却等の処分理由及び処分損益等）を求めている。その他の包括利益オプションの選択は，当初認識時のみで事後の取消は不能であり，適用は個々の資本性金融商品単位となる。受取配当金は純損益に計上する一方，公正価値の変動によるその他の包括利益は組替調整の対象外につき，その他の包括利益オプションを選択した株式から売買損益や減損損失が生じても，純損益には計上されない。

４．組込デリバティブを含む混合契約の取り扱い

非デリバティブの主（host）契約にデリバティブ（embedded derivative，組込デリバティブ）を組み込んだ混合契約について，IFRS9では主契約が金融資産の場合とそれ以外（金融負債または非金融商品）の場合に大別して会計処理を定めている。

１）主契約が金融資産である複合金融資産の会計処理

金銭債権や有価証券等の金融資産を主契約とする複合金融資産は，その構成要素である主契約と組込デリバティブを分離せず，一体とみなして分類及び測定を行う。したがって，組込デリバティブの影響でレバレッジ性が高い場合には，分類規準である契約上のキャッシュ・フロー特性の関係から，「公正価値＆純損益」となる可能性がある。

2）主契約が金融商品以外の複合商品または複合金融負債の会計処理

主契約が棚卸資産等の非金融商品である複合商品または金銭債務等の金融負債である複合金融負債は，次の３つの要件をすべて充たす場合に主契約と組込デリバティブに分離の上，個々に応じた会計処理となる。充たさない場合は，分離せずに一体とみなした会計処理となる。

① 主契約と組込デリバティブの経済的特徴及びリスクに密接な関連性がないこと。
② 組込デリバティブを単独でみた場合，デリバティブの定義を充たすこと。
③ 当該複合商品または複合金融負債は，「公正価値＆純損益」の適用対象ではないこと。

分離処理の有無の判定は取得（発生）時に行われ，契約上のキャッシュ・フローの著しい修正となる変更がない限り，それ以降の分離処理は禁止され

図表2-3　金融資産の分類と測定の決定プロセス

```
┌─────────────────────────┐
│ IFRS9適用対象の金融資産 │
└─────────────────────────┘
          ↓
┌─────────────────────┐      ┌─────────────────────────────┐
│契約上のキャッシュ・　│ NO   │その他の包括利益オプションを選│ YES
│フロー特性の要件を充た├─────→│択した資本性金融商品か？　　　├────→
│しているか？　　　　　│      └─────────────────────────────┘
└─────────────────────┘                    │NO
          │YES                              ↓
          ↓                      ┌─────────────────────┐
┌─────────────────────┐          │契約上の元利金の取立て│
│契約上の元利金の取立て│ NO       │及び売却の両方を通じた│
│を通じたキャッシュ・　├─────────→│キャッシュ・フロー回収│
│フロー回収を目的とする│          │を目的とする元利金取立│
│元利金取立モデルによる│   NO     │・売却一体化モデルに　│
│保有か？　　　　　　　│          │よる保有か？　　　　　│
└─────────────────────┘          └─────────────────────┘
          │YES                              │YES
          ↓                                 ↓
┌─────────────────────┐   YES    ┌─────────────────────┐
│公正価値オプションを　├─────────→│公正価値オプションを　│
│選択したか？　　　　　│          │選択したか？　　　　　│
└─────────────────────┘          └─────────────────────┘
          │NO                               │NO
          ↓                                 ↓
    ┌──────────┐   ┌──────────┐   ┌──────────────┐   ┌──────────────┐
    │ 償却原価 │   │公正価値＆│   │公正価値＆その│   │公正価値＆その│
    │          │   │純損益　　│   │他の包括利益　│   │他の包括利益　│
    │          │   │          │   │（組替調整あり）│ │（組替調整なし）│
    └──────────┘   └──────────┘   └──────────────┘   └──────────────┘
```

出所：筆者作成。

る。**図表2-3**は，これまでに概括したIFRS9の金融資産の分類及び測定の基本的な決定プロセスをまとめたものである。

（2）日本基準との主な相違点

金融資産の会計処理が「償却原価」，「公正価値＆その他の包括利益」，「公

図表2-4　金融資産の分類と測定に関するIFRS9と日本基準間の主な相違点

		IFRS9	日本基準
分類の対象範囲		原則としてすべての金融資産。	原則として有価証券のみ。
分類の規準		集合単位での事業モデル及個別単位での契約上のキャッシュ・フロー特性。	個別単位での経営者の保有意図に基づく指定（満期保有目的は債券のみ）。
「償却原価」分類の途中売却等		事業モデルの事業目的に矛盾しない範囲内であれば許容。	正当な理由がない場合は，「償却原価」分類の残り全てを他の分類に振替，かつ一定期間の「償却原価」分類の使用を禁止。
株式等	会計処理	原則は「公正価値＆純損益」であるが，「公正価値＆その他の包括利益」となるその他の包括利益オプションも選択可。	売買目的であれば「公正価値＆純損益」，それ以外は「公正価値＆その他の包括利益」となる（市場価格がない場合を除く）。
	その他の包括利益の組替調整	禁止のため，売買損益や減損損失は純損益に計上されない。	強制のため，売買損益や減損損失は純損益に計上される（その他の包括利益から純損益に組替）。
	市場価格がない場合	例外なく，何らかの方法で公正価値の見積りを要する。	取得原価（ただし，減損処理の対象）。
複合金融資産		組込デリバティブも含めて，一体として分類かつ測定。	所定の要件を充たす場合は，組込デリバティブと主契約を分離処理。
公正価値オプション		会計上のミスマッチの解消を目的として，所定の要件を充たす場合は選択可。	認められていない。

出所：筆者作成。

正価値＆純損益」の3つになる基本的な枠組みは，IFRS9及び日本基準とも同じであるが，日本基準では認められない公正価値オプションがIFRS9にはあるほか，株式等の資本性金融商品を中心に，会計処理が異なる点に注意を要する。**図表2-4**は，金融資産の分類と測定に関するIFRS9と日本基準間の主な相違点をまとめたものである。

3．金融資産の信用損失（貸倒引当金）

（1）IFRS9の取り扱い

　IFRS9における金融資産の信用損失規定は，世界金融危機の際に「少なすぎて，遅すぎる（too little too late）」の批判に対応するため，フォワード・ルッキング指向の予想損失モデルを採用している。また，従前のIAS39の減損規定は金融資産の種類に応じて異なり，複雑すぎて適用や理解が困難との指摘から統一化が図られている。

1．信用損失規定の適用範囲

　IFRS9の信用損失規定の適用対象となる金融商品は次のとおりであり，信用リスクの相対的な変化に応じて12ヵ月または全期間の予想信用損失を測定の上，費用として純損益に計上する。
　①「償却原価」となる元利金取立モデルに分類される金融資産
　②「公正価値＆その他の包括利益」となる元利金取立・売却一体化モデルに分類される金融資産
　③ローン・コミットメント及び金融保証契約（「公正価値＆純損益」となる場合を除く）
　④IFRS15に基づく営業債権及び契約債権
　⑤IFRS16に基づくリース債権
　なお，IFRS9にて分類対象となる金融資産は，貸付金等の金銭債権だけではなく，公社債等の債券も含まれるが，いずれも同じ信用損失規定が適用さ

れる。

2．3段階アプローチによる予想信用損失及び受取利息の算定

　IFRS9の信用損失規定では，取得（創出）時に信用減損がある金融資産を除いて，決算日時点での金融資産の信用リスクが当初認識以降に著しく増大している場合は全（残存）期間の予想信用損失に等しい額の損失評価引当金の計上，著しく増大していない場合は12ヵ月の予想信用損失に等しい額の損失評価引当金の計上が求められる。純損益に計上される予想信用損失の相手勘定は損失評価引当金であるが，「公正価値＆その他の包括利益」となる元利金取立・売却一体化モデルに分類される金融資産（債券等）の相手勘定はその他の包括利益となる。この取り扱いは，評価勘定である損失評価引当金とした場合，対象金融資産の貸借対照表価額が公正価値と異なることを防ぐためである。受取利息の算定も，信用リスクの変化に応じて異なる取り扱いとなる。IFRS9の信用損失規定の原則的な取り扱いである3段階（ステージ）アプローチの各段階の会計処理は，次のとおりである。

　段階1：当初認識（取得または創出）のすべての金融資産が対象（当初認識時に信用減損がある場合を除く）であり，12ヵ月の予想信用損失を費用計上する。受取利息は，総帳簿価額（損失評価引当金は控除せず）に利息（実効金利）法を適用して算定する。

　段階2：当初認識以降に信用リスクが著しく増大し，かつ決算日現在の信用リスクは低くないと判断されるが，信用減損の客観的な証拠はない金融資産が対象であり，全期間の予想信用損失を費用計上する。受取利息の算定は，段階1と同じである。

　段階3：段階2の判断に加えて，信用減損の客観的な証拠がある金融資産が対象であり，全期間の予想信用損失を費用計上する。受取利息は，損失評価引当金を控除した純帳簿価額に利息（実効金利）法を適用して算定する。

　この3段階の区分は，決算日ごとに信用リスクの変化及び信用減損の客観

図表2-5　IFRS9の3段階アプローチの枠組み

当初認識（取得・創出）以降の信用リスクの増大 →

段階（stage）1	段階（stage）2	段階（stage）3
当初認識されたすべての適用対象の金融資産。（当初認識時に信用減損がある場合を除く）	当初認識以降に信用リスクが著しく増大，かつ決算日現在の信用リスクは低くないが，信用減損の客観的な証拠がない金融資産。	段階2の判断に加えて，信用減損の客観的な証拠がある金融資産。

損失評価引当金の金額

12ヵ月の予想信用損失額	全期間（残存期間）の予想信用損失額

受取利息の算定

総帳簿価額（損失評価引当金は控除せず）× 実効金利	純帳簿価額（総帳簿価額－損失評価引当金）× 実効金利

出所：筆者作成。

的な証拠の有無に応じて見直す必要がある。たとえば，前期には全期間の損失評価引当金を要した金融資産の信用リスクが今期になって減少し，当初認識以降の著しい増大に該当しなくなった場合は，段階1に移行して12ヵ月の損失評価引当金となる。**図表2-5**は，IFRS9の信用損失規定の原則的な取り扱いである3段階アプローチの枠組みを示したものである。なお，一定の要件を充たす営業債権（売掛金等），契約債権及びリース債権は，原則的な取り扱いである3段階アプローチではなく，常に全期間の予想信用損失に等しい損失評価引当金を計上する簡便的な取り扱いを会計方針として選択できる。

3．予想信用損失の測定

予想信用損失とは，予想回収キャッシュ・フローが契約上の元利金合計を下回る場合の差額（不足部分）を当初認識時の実効金利で割り引いた金額について，債務不履行（デフォルト）リスクをもとにウェイト付けした加重平均の期待値である。IFRS9は予想信用損失の具体的な測定方法を定める代わりに，次の3つの基本原則を示している。

①生じ得る一定の範囲で確率加重した偏りがない金額であること。
②貨幣の時間価値を考慮すること。
③過度なコストや負担を要しない範囲において，決算日時点で利用可能な過去の事象，現在の状況及び将来の経済状況の予測について，合理的で裏付けがある情報を用いること。

この基本原則を充たす測定方法としては，シナリオ分析に基づくキャッシュ・フロー見積法が想定されるが，貸倒率法等の他の方法でも，この基本原則を充たしていれば認められる。

4．予想信用損失における12ヵ月と全期間の関係及び移行時の判断

予想信用損失の測定において，段階1の場合は12ヵ月，段階2及び段階3の場合は全期間となる。全期間の予想信用損失は，対象金融資産の全期間（契約または残存期間）を通じて債務不履行が生じた場合の信用損失について，債務不履行リスク（発生確率）で加重した期待値である。12ヵ月の予想信用損失は，全期間の予想信用損失の一部であり，債務不履行が決算日後12ヵ月（残存期間が12ヵ月未満の場合は，これより短い期間）に発生した場合に生じる全期間の回収不足額をその債務不履行の発生確率で加重した期待値である。したがって，12ヵ月の予想信用損失は，今後12ヵ月に予想される回収不足額ではなく，今後12ヵ月に債務不履行になると予測される金融資産から生じる全期間の信用損失でもない点に注意を要する。

12ヵ月となる段階1から全期間となる段階2（または段階3）に移行する場合の要件である当初認識以降の信用リスクの著しい増大は，予想信用損失

の金額ではなく，債務不履行リスクの変化に着目する。なお，債務不履行事象は金融資産の種類や契約内容に応じて異なるため，IFRS9では自社の信用リスク管理をもとに債務不履行の定義を設定し，実際に適用することを求めている。ただし，恣意性を排除するため，債務不履行は90日超延滞時点よりも後に発生することはないとの反証可能な推定規定を設けている。

5．信用リスクの著しい増大の判断における実務上の便法

IFRS9では，当初認識以降の信用リスクの著しい増大の判断に際して，実務上の事務負担等を勘案して，次の2つの便法の適用を認めている。

1）信用リスクの著しい増大の判断時における30日超延滞基準

IFRS9は，信用リスクの著しい増大の評価方法に関係なく，契約上の支払期日から30日超延滞がある場合は，当初認識以降の信用リスクの著しい増大に該当する反証可能な推定規定を設けている。この30日超延滞基準は，信用リスクの著しい増大の有無の判断に際して，延滞情報以外に必要な情報が過度なコストや負担なしに入手困難な場合を想定した実務上の便法である。したがって，30日超延滞基準の適用は，延滞以外に必要な情報を過度なコストや負担なしに入手困難な場合に限られる。

2）信用リスク水準の判断時における投資適格の信用格付

IFRS9は，決算日時点で対象金融資産の信用リスク水準が低いと判断した場合，信用リスクの著しい増大はないとする推定規定を設けている。信用リスク水準が低いとされる目安について，IFRS9は国際的に認知された信用格付での投資適格（investment grade）を例示している。この推定規定を適用した場合，決算日時点の対象金融資産の信用格付が投資適格の範囲内であれば，信用リスクの著しい増大には該当せず，段階1にとどまることになる。したがって，決算日時点の信用格付が投資適格の範囲内の金融資産は，当初認識以降の信用リスクの著しい増大の有無の判断作業が不要になる点で実務上の便法となる。

（2）日本基準との主な相違点

IFRS9の信用損失規定は，日本基準の貸倒見積高（貸倒引当金）規定に相当するが，両者間の主な相違点は**図表2-6**のとおりである。

図表2-6 信用損失規定に関するIFRS9と日本基準間の主な相違点

	IFRS9	日本基準
信用損失規定の適用範囲	元利金取立モデル及び元利金取立・売却一体化モデルに分類の金融資産（したがって，債券を含む）。	基本的には貸出金等の金銭債権を想定（有価証券の減損は公正価値に基づくため，信用損失以外の要因を含む）。
前提となる減損モデル	予想損失モデルであり，信用損失の発生可能性が乏しい場合でも期待値として反映。	過去の貸倒実績率等に基づくが，外部環境等の変化にて決算日の信用リスクと著しく異なる場合は補正を要する。なお，期待値に限らず，最頻値も認められる。
信用損失の認識及び測定	当初認識時は12ヵ月，当初認識以降に信用リスクが著しく増大した場合（決算日現在の信用リスクが低い場合を除く）は，全期間の予想信用損失を計上。	明確な基準はない。なお，金融機関の場合，正常先債権及びその他の要注意先債権は12ヵ月，要管理先債権は平均残存期間または3年間の予想信用損失率とする実務指針あり。
信用リスクの把握	当初認識時から決算日までの信用リスク水準の変化をもとに判断（相対的アプローチ）。	決算日時点の信用リスク水準をもとに判断（絶対的アプローチ）。
信用損失の分類・測定単位	個々の金融資産毎に分類して測定。	債務者区分や信用保全等の関係から，債務者毎に分類して測定が一般的である。

出所：筆者作成。

4．ヘッジ会計

（1）IFRS9の取り扱い

IFRS9は，ヘッジ会計の目的について「企業が純損益（株式等の資本性金

融商品にその他の包括利益オプションを適用する場合は，その他の包括利益）に影響を与える可能性がある特定のリスク・エクスポージャーを管理するため，金融商品を用いて行うリスク管理活動の効果を財務諸表上で表示すること」と定めている。具体的には，リスクを有するヘッジ対象と当該リスクを軽減（緩和）するヘッジ手段から構成されるヘッジ関係を指定し，当該ヘッジ関係が所定の要件（ヘッジの適格性や有効性等）を充たす限り，ヘッジ対象またはヘッジ手段から生じる損益に例外的な措置を認めるものである。なお，一般ヘッジ会計におけるヘッジ関係は，ヘッジ対象とヘッジ手段が1対1対応のひも付けが前提となるが，金融機関ではヘッジ対象（貸出金や預金等）が日常的に変動するため，リスク管理はALMによる動的なマクロ（ポートフォリオ）ヘッジが用いられる。この点について，IFRS9では一般ヘッジ会計のみを規定し，論点が多いマクロヘッジ会計は，新たにプロジェクトを立ち上げて，引き続き検討中の状況にある。したがって，以下ではIFRS9による一般ヘッジ会計を概括する。

1．一般ヘッジ会計におけるヘッジ対象及びヘッジ手段

　ヘッジ対象は，貸借対照表上で認識された資産及び負債，在外営業活動体への純投資，未認識の確定契約（コミットメント・ライン等）及び実行可能性が極めて高い（probable）予定取引のうち，公正価値またはキャッシュ・フローの変動リスクを負っており，かつヘッジ対象として指定したものが該当する。ヘッジ手段は，ヘッジ対象の公正価値またはキャッシュ・フローの変動による損益影響を相殺（軽減）する効果がある金融商品のうち，ヘッジ手段として指定したものが該当する。ヘッジ手段として適格な金融商品は，デリバティブ（売建オプションを除く）に加えて，「公正価値＆純損益」となる非デリバティブの金融資産及び金融負債となる。

2．一般ヘッジ会計の適格要件

　一般ヘッジ会計は例外的な措置であるため，その適用に際しては，次に掲

げる要件をすべて充たす必要がある。
- ①ヘッジ関係は，適格なヘッジ対象及び適格なヘッジ手段同士のみで構成されていること。
- ②ヘッジ開始時にヘッジ関係を指定の上，企業が採用するリスク管理戦略及びリスク管理目的との関連性を文書化すること。文書化の項目には，ヘッジ対象及びヘッジ手段の識別，ヘッジ対象リスクの性質，ヘッジの有効性評価方法，ヘッジの非有効部分の分析方法やヘッジ比率の決定方法等が含まれる。
- ③ヘッジ関係は，次の3つの有効性要件をすべて充たすこと。
  - ●ヘッジ対象とヘッジ手段間には，公正価値またはキャッシュ・フローの変動による損益影響の相殺を裏づける経済的な関係があること。
  - ●信用リスクがヘッジの経済的な関係に著しい影響を及ぼさないこと。
  - ●ヘッジ関係で指定するヘッジ比率は，実際のヘッジ対象の量と実際に使用するヘッジ手段の量に基づくこと。

ヘッジの有効性評価は，ヘッジ開始時から継続的に行うが，少なくとも決算日ごとまたはヘッジの有効性に影響を及ぼす重大な状況の変化があったときのいずれか早い時期に行う必要がある。なお，ヘッジの有効性評価は，将来的な視点から行うものであり，過去に遡及することはない。IFRS9の一般ヘッジ会計では，ヘッジの有効性評価方法を明示しておらず，IAS39のような数値基準（80～125％テスト）もない。したがって，企業は自らのリスク管理に即したヘッジの有効性評価方法を適用することになる。

3．一般ヘッジ会計の種類

IFRS9は，ヘッジ対象リスクの種類に基づき，次の3つの一般ヘッジを定めている。

1）公正価値ヘッジ

公正価値ヘッジは，ヘッジ対象である認識済みの資産または負債，未認識の確定約定取引について，指定したリスクに起因して純損益に影響を与える

公正価値の増減をリスク・エクスポージャーとして把握し，ヘッジ手段を通じて相殺・緩和するヘッジ取引が該当する。たとえば，ヘッジ対象の固定金利貸付金の金利変動による公正価値の増減をリスク・エクスポージャーとして，変動金利受取・固定金利支払の金利スワップをヘッジ手段とすれば，金利上昇（下落）時のヘッジ対象の公正価値の下落（上昇）は，ヘッジ手段の公正価値の上昇（下落）で相殺・緩和される。なお，ヘッジ対象がその他の包括利益オプションを選択した株式等の資本性金融商品の場合は，その他の包括利益の増減がリスク・エクスポージャーとなる。

2）キャッシュ・フロー・ヘッジ

キャッシュ・フロー・ヘッジは，ヘッジ対象である認識済みの資産または負債，実行可能性が極めて高い予定取引について，指定したリスクに起因して純損益に影響を与えるキャッシュ・フローの変動をリスク・エクスポージャーとして把握し，ヘッジ手段を通じて相殺・緩和するヘッジ取引が該当する。たとえば，ヘッジ対象の変動金利借入金の金利変動による支払利息額の増減をリスク・エクスポージャーとして，変動金利受取・固定金利支払の金利スワップをヘッジ手段とすれば，金利上昇（下落）時のヘッジ対象の支払利息額の増加（減少）は，ヘッジ手段からの受取利息額の増加（減少）で相殺・緩和される。

3）在外営業活動体に対する純投資ヘッジ

在外営業活動体に対する純投資ヘッジは，在外子会社等への外貨建て純投資から生じる為替換算差額（為替換算調整勘定に相当）の増減をリスク・エクスポージャーとして把握し，ヘッジ手段を通じて相殺・緩和するヘッジ取引が該当する。これは，IAS21にて規定されたヘッジであり，ヘッジ手段はデリバティブ以外の外貨建金銭債権（債務）も認められる。

4．一般ヘッジの基本的な会計処理

IFRS9は，前述した一般ヘッジの種類ごとに会計処理を定めている。なお，在外営業活動体に対する純投資ヘッジの会計処理は，キャッシュ・フロー・

ヘッジと類似していることから一括して説明する。

1）公正価値ヘッジの会計処理
　①ヘッジ手段（デリバティブ等）は，「公正価値＆純損益」とする。
　②ヘッジ対象の公正価値の増減のうち，ヘッジ指定したリスクに起因する部分は簿価修正を通じて純損益に計上する。なお，ヘッジ対象が金融商品の場合の簿価修正額は，償却原価法の適用対象となる。

　この会計処理によって，ヘッジの有効部分は純損益のなかで相殺され，非有効（未相殺残額）部分は純損益に計上される。なお，ヘッジ対象がその他の包括利益オプションを選択した株式等の資本性金融商品の場合は，ヘッジ手段の公正価値の増減をその他の包括利益に計上するため，非有効部分は，その他の包括利益に含まれる。

公正価値ヘッジの仕訳例

　固定利付金融資産の金利リスクに起因する公正価値の増減について，金利先物取引（売建）をヘッジ手段とする公正価値ヘッジを行った。ヘッジ開始から決算日まで，ヘッジ対象（ヘッジ開始時の帳簿価額は110）の公正価値は13の減少（金利リスクに起因する部分は－20，それ以外の部分は＋7），ヘッジ手段の公正価値（評価益）は18の増加とする。
（決算日の仕訳）
ヘッジ対象：（借）ヘッジ損失（P/L）　　　20　（貸）ヘッジ対象資産　　20
⇒ヘッジ対象リスクに起因する公正価値の増減部分のみを簿価修正（本例でのヘッジ対象の修正後簿価は90（＝110－20））
ヘッジ手段：（借）ヘッジ手段資産　　　　18　（貸）ヘッジ利得（P/L）18
⇒ヘッジの非有効部分は，純損益に計上（本例では2）。

2）キャッシュ・フロー・ヘッジの会計処理
　①ヘッジ手段（デリバティブ等）は公正価値で評価の上，評価差額のうち，ヘッジの有効部分はその他の包括利益，非有効部分は純損益に計上する。
　②ヘッジの有効部分は，次のいずれか少ない方（絶対額）とする。

- ヘッジ開始後にヘッジ手段から生じた累積損益額
- ヘッジ開始後に生じたヘッジ対象に係る将来キャッシュ・フローの公正価値（現在価値）の累積増減額

　ヘッジ対象の帳簿価額は，そのまま（無修正）となる。なお，その他の包括利益に計上したヘッジの有効部分の会計処理は，ヘッジ対象の種類に応じて次のように異なる。

- ヘッジ対象が予定取引であり，当該取引の実行から非金融資産または非金融負債を認識する場合は，その他の包括利益累計額をヘッジ対象の当初帳簿価額に加減（ベーシス・アジャストメント）する。
- それ以外の場合には，ヘッジ対象から生じるキャッシュ・フローが純損益に計上される時点（たとえば利息計上時または処分時）に合わせて，その他の包括利益累計額から純損益に振り替える。

キャッシュ・フロー・ヘッジの仕訳例

　変動利付金融負債（元本100）の支払利息に係るキャッシュ・フローの増減について，変動金利受取・固定金利（5％）支払の金利スワップ（名目想定元本額は100，変動金利指標はヘッジ対象と同じ）をヘッジ手段とするキャッシュ・フロー・ヘッジを行った。決算日におけるヘッジ手段の公正価値（評価益）は12であり，うち2はオーバーヘッジにて非有効とする。
（期中の利払時の仕訳―変動金利は6％とする）
ヘッジ対象：（借）支払利息（変動）　　　　6　（貸）現　金　　　　　　　6
ヘッジ手段：（借）支払利息（固定）　　　　5　（貸）受取利息（変動）　　6
　　　　　　（借）現　金　　　　　　　　　1
⇒ヘッジ対象の支払利息は，ヘッジ手段の受取利息に係るキャッシュ・フローにて相殺。
（決算日の仕訳）
ヘッジ対象：仕訳無し
ヘッジ手段：（借）ヘッジ手段資産　　　　　12　（貸）その他の包括利益　10
　　　　　　　　　　　　　　　　　　　　　　　（貸）純損益　　　　　　2

5．一般ヘッジ会計の中止

　IFRS9は，指定したヘッジ関係の全部または一部について，一般ヘッジ会計の適格要件が未充足となった場合にのみ，将来に向かってヘッジ会計の適用が中止される。したがって，一般ヘッジ会計の適格要件を充足している限り，企業の任意による一般ヘッジ会計の中止は認められない。ヘッジ比率が原因でヘッジの有効性要件が未充足となった場合，当該ヘッジ関係に対するリスク管理目的に変更がなければ，再びヘッジの有効性要件の充足に向けてバランス再調整を行うことが求められる。

　バランス再調整とは，ヘッジの有効性要件であるヘッジ比率を維持する目的で，実際に使用するヘッジ対象またはヘッジ手段の指定量を調整（変更）する行為である。なお，ヘッジ比率を維持すること自体がヘッジの非有効部分の原因であれば，当該ヘッジ比率を変更する行為も，バランス再調整に該当する。

6．クレジット・デリバティブを用いた信用リスクのヘッジ

　IFRS9は，金融商品の信用リスクを管理する目的でクレジット・デリバティブを使用する場合，次の2つの要件をすべて充たすことを条件に，クレジット・デリバティブ及び指定した対象金融商品の会計処理を「公正価値＆純損益」にすることを認めている。なお，対象金融商品は貸出金や債券のほか，ローン・コミットメント等も含まれる。

　①信用リスク・エクスポージャーの相手（債務者や発行者等）とクレジット・デリバティブの参照先企業が一致すること。
　②信用リスク・エクスポージャー及びクレジット・デリバティブの引き渡し対象である金融商品の優先順位が一致すること。

　指定した金融商品の会計処理が「公正価値＆純損益」になること，指定と同時に文書化が必要であり，任意の中止は認められない点は公正価値オプションと同じであるが，公正価値オプションの指定は当初認識時のみに対して，この場合の指定は当初認識後（対象金融商品の帳簿価額と指定時の公正

価値が異なる場合の差額は，純損益に計上）も認められる点が異なる。

図表2-7　一般ヘッジ会計に関するIFRS9と日本基準間の主な相違点

	IFRS9	日本基準
ヘッジの有効性評価	数値基準はなく，実際のヘッジ比率や経済的関係に基づき，将来的な視点から行う（事後確認による過去への遡及は不要）。	ヘッジ開始時及びその後も含めて，数値基準（80～125％テスト）による有効性の事前及び事後評価が必要となる。
グループ（包括）ヘッジ	個々のヘッジ対象が適格であり，実際のリスク管理で対象とするグループ単位であれば許容。	個々のヘッジ対象が共通のリスクにさらされ，相場変動に対して同様に反応（上下10％の範囲内）する場合に許容。
ヘッジ比率が原因でヘッジの有効性に問題が生じた場合の取り扱い	リスク管理目的が不変の場合は，有効性を維持するためにヘッジ対象やヘッジ手段の量等を調整するバランス再調整が必要（バランス再調整を省略したヘッジ会計の中止は認められない）。	バランス再調整という概念はなく，ヘッジ開始後に有効性要件が未充足となった場合は，ヘッジ会計の中止となる（事後の調整もヘッジ会計の中止に該当）。
一般ヘッジの会計処理	ヘッジの種類（公正価値ヘッジとキャッシュ・フロー・ヘッジ）に応じて会計処理が異なるが，いずれもヘッジの非有効部分は純損益に計上（キャッシュ・フロー・ヘッジのアンダーヘッジ部分を除く）。	ヘッジの種類に関係なく，ヘッジ手段の評価差額の全額を純資産に繰延計上する繰延ヘッジが原則となる。なお，ヘッジ対象がその他有価証券の場合，その評価差額を「公正価値＆純損益」とする時価ヘッジも例外的に認められる。
一般ヘッジの特例（例外）処理	特例処理を認める規定はない（したがって，全てのヘッジ取引は例外なく，同じ会計処理となる）。	所定の要件を充たす場合，通常の会計処理と異なる金利スワップの特例処理や為替予約等の振当処理が認められる。
信用リスク・エクスポージャーの信用リスクのヘッジ	所定の要件を充たすヘッジ対象の金融商品は，クレジット・デリバティブとともに「公正価値＆純損益」とする。	指定によって会計処理が「公正価値＆純損益」となる取り扱い自体が認められていない。

出所：筆者作成。

(2) 日本基準との主な相違点

図表2-7は，一般ヘッジ会計に関するIFRS9と日本基準間の主な相違点をまとめたものである。なお，IASBで検討中のマクロヘッジの会計処理の目途が付くまで，一般ヘッジの会計処理は，IFRS9の規定または従前のIAS39の規定のいずれかを選択できる暫定措置がとられている。

おわりに

金融商品が貸借対照表上の資産及び負債の大半を占める金融機関にとって，金融商品の会計基準は業績評価の物差しの役割を果たすことになる。IFRS9は，従前のIAS39が世界金融危機の際に金融資産の減損処理が「少なすぎて，遅すぎる」，複雑すぎて理解や運用が困難との批判に対応したものである。したがって，IFRS9では，信用損失やヘッジ会計を中心にフォワード・ルッキング指向のリスク管理を取り入れた枠組みになっている。金融規制やリスク管理，管理会計の目的は，必ずしも財務会計の目的と同じとは限らないが，金融規制やリスク管理で用いる計数の多くは，財務会計に依拠していることも事実である。日本基準については，ASBJにおいてIFRS9との整合性を視野にいれた見直しの検討が始まる予定である（※）。金融機関においては，自らの業績やリスク管理体制に直接的な影響を及ぼす金融商品の会計基準の動向を注視する必要がある。

※ ASBJは，2016年8月に公表した中期運営方針においてIFRS9と日本基準間の整合性を図る必要性を認識した上で，実務上の懸念の把握等をした後に，日本基準の改訂に向けた検討に着手するか否かの検討を行うとしている。この方針にしたがい，ASBJはIFRS9と日本基準間の整合性を図った場合の実務上の懸念等を把握するため，2018年8月に意見募集文書「金融商品に関する会計基準の改正についての意見の募集」を公表している。

第3章 会計における公正価値の測定

はじめに

　金融機関の財務会計及び管理会計の双方において，公正価値（fair value）は重要な位置付けにある。財務会計では，トレーディング勘定のすべての金融商品，バンキング勘定のその他有価証券やデリバティブ等は，公正価値測定が原則となる。満期保有目的の債券は償却原価であるが，注記にて公正価値情報が求められる。管理会計では，財務会計に呼応して公正価値ベースの収益管理の導入が検討されるほか，自己資本比率規制の関係からは，市場リスクのVaR管理やオフバランス取引の信用リスク計測，バンキング勘定の金利リスクに係るアウトライヤー基準等において，公正価値情報が必須である。

　対象物に活発な市場が存在する場合の公正価値測定は容易であるが，市場がないか，市場があっても活発でない場合は，公正価値を見積る必要がある。見積りに際しては，適用する評価技法やインプット・データ等に応じて，公正価値の精度が異なる。本章では，会計における公正価値の基本構造や見積る際の評価技法，インプット・データの性質に基づく階層構造の考え方，公正価値の把握が困難な場合の取り扱い等を概括する。

1．公正価値の基本構造と会計における適用領域

（1）公正価値の基本構造

1．公正価値の定義

　IFRS13「公正価値測定」は，公正価値について「測定日時点での市場参加者間の秩序ある取引において，資産を売却するために受け取るであろう価格，または負債を移転するために支払うであろう価格」と定義している。この定義に基づく公正価値の特徴としては，①市場ベースの測定値であり，企業に固有の測定値ではないこと，②市場参加者間の秩序ある取引が前提であること，③出口価格であることがあげられる。具体的には，対象物の取引量及び取引水準が最大の市場において，十分な知識を有して自発的に取引に参加する者同士で成立する取引価格が公正価値である。したがって，強制清算や投げ売り等の強制された取引価格は，公正価値に該当しない。

　市場がない場合の公正価値は見積りによるが，その場合は市場参加者の視点からインプット・データを収集し，後述の評価技法を用いて測定する。なお，評価技法にかかわらず，企業に固有の要素，たとえば特定の企業のみに有効であり，通常の市場参加者は利用できない要素（特別なノウハウや技術，市場での通常の取引単位を超える大量保有等）を反映した測定値は，公正価値に該当しない。

2．公正価値測定におけるリスクの反映方法

　公正価値測定に際しては，市場参加者なら値付け（pricing）時に織り込むリスクを反映する必要がある。市場参加者は，取引対象から生じる将来キャッシュ・フローの不確実性，すなわちリスクの引受けに見合う対価であるリスク・プレミアムも勘案して取引価格を決定する。したがって，公正価値には，市場参加者の視点からのリスクの反映が求められる。仮に将来キャッシュ・フローを金利で割り引いた現在価値を公正価値とする場合，リスクの

反映方法は，割引率調整法と期待現在価値法に大別される。

割引率調整法は，割引率にリスクを反映する方法であり，具体的には市場利回りを参照することになる。市場利回りには，市場参加者が求めるリスク・プレミアムが反映されるため，将来キャッシュ・フローは契約額を含む最も発生確率が高い最頻値となる。期待現在価値法は，将来キャッシュ・フローにリスクを反映する方法であり，具体的には想定されるシナリオごとに発生確率を乗じた将来キャッシュ・フローの期待値となる。リスクはシナリオごとの発生確率を通じて反映されるため，割引率はリスクを含まない（リスク・フリー）金利となる。

いずれの方法も，リスクの二重計算とならない配慮が求められる。**図表3-1**は，割引率調整法と期待現在価値法の概要をまとめたものである。

図表3-1　割引率調整法と期待現在価値法の概要

	割引率調整法	期待現在価値法
将来CF	最も発生確率が高い将来キャッシュ・フローの最頻値。	想定されるシナリオ毎に発生確率を乗じた将来キャッシュ・フローの期待値。
割引金利	リスクを反映した金利（リスク・フリー金利＋リスク・プレミアム）。	将来CFに反映済みのリスクを除いた金利（リスク・フリー金利等）。
計算例	1年後に発生する将来CF：最頻値1,120，期待値1,100 リスク・フリー金利10%，リスク・プレミアム2% 現在価値1,000 ＝ $\dfrac{最頻値1,120}{(1+0.1+0.02)}$	現在価値1,000 ＝ $\dfrac{期待値1,100}{(1+0.1)}$
見積り時の留意点	活発な市場において，対象（類似）物の金利（価格）が観察可能なことが必要。	将来CFの発生額及び発生時期を含むシナリオとシナリオ毎の発生確率の見積りが必要。

出所：筆者作成。

（2）金融商品分野における公正価値の適用領域

　日本基準による金融商品会計において，公正価値測定となる主な金融商品は，次のとおりである。

　①売買目的で保有（トレーディング勘定）するすべての金融商品
　②売買目的以外で保有（バンキング勘定）する金融商品のうち，
　　● その他有価証券（公正価値の把握が極めて困難と認められる場合を除く）
　　● スワップ，先物（先渡）取引，オプション取引等のデリバティブ（金利スワップの特例処理を除く），分離処理後の組込デリバティブ
　　● 組込デリバティブのリスクが現物の金融資産または金融負債に及ぶ複合金融商品のうち，組込デリバティブを合理的に分離かつ測定できないもの等

　償却（取得）原価となる満期保有目的の債券，債権及び債務等についても，注記にて公正価値の開示が求められる。

　なお，貸倒懸念債権（金融機関では要注意先債権及び破綻懸念先債権の一部が該当）の貸倒見積高（貸倒引当金）の算定方法にキャッシュ・フロー見積法を用いた場合の対象債権の貸借対照表価額（＝帳簿価額―貸倒引当金）は，公正価値に該当しない。キャッシュ・フロー見積法では，対象債権からの予想回収キャッシュ・フローを当初認識（取引当初）時の約定金利で割り引いた金額と同債権の帳簿価額の差額を貸倒引当金とする。当初認識後の債務者の信用リスクの変動は，予想回収キャッシュ・フローに反映されるが，割引率は当初認識時の約定金利につき，その後の金利リスクの変動は反映されない。公正価値は，測定時点の市場取引価格を想定するため，金利リスクも同時点の市場実勢を反映する必要がある。したがって，当初認識時の約定金利にて割引計算した値は，決算日時点の公正価値ではない。決算日時点の市場金利を割引率とした場合は公正価値となるが，キャッシュ・フロー見積法は，信用リスクの変動のみを反映する観点から当初認識時の約定金利を用いている。

　同様に利息法による償却原価は，将来キャッシュ・フローを実効利子率で

割り引いた割引計算値であり，公正価値には該当しない。

利息法による償却原価の算定事例

約定金利5％（利払いは年1回），期間4年，償還元本1,000の利付資産を920で取得

$$920 = \frac{50}{(1+r)} + \frac{50}{(1+r)^2} + \frac{50}{(1+r)^3} + \frac{1,050}{(1+r)^4}$$

r（実効利子率）≒7.38％

　償却原価の算定事例から分かるように，償却原価法は発生額及び発生時期を固定した将来キャッシュ・フローと当初支出（収入）額の差額（利息相当額）について，実効利子率を用いて規則的に期間配分する手法である。貨幣の時間価値を考慮するために割引計算を行うが，計算要素に係るリスクの変動は反映されない。したがって，割引計算値がすべて公正価値に該当するわけではない点に注意を要する。

（3）金融商品以外の分野における公正価値の適用領域

　金融商品分野以外でも，公正価値の適用領域は増加傾向にある。**図表3-2**は，日本基準による金融商品以外の分野において，公正価値測定となる主な適用領域をまとめたものであり，一般事業会社と同様に金融機関の財務諸表にも反映される。

　なお，退職給付会計の退職給付債務は，予想退職率や昇給率等を反映した将来キャッシュ・フロー（将来の退職金及び退職年金）を安全性の高い債券利回りで割引計算した値であり，対象企業の信用リスクを反映していないため，公正価値には該当しない。また，資産除去債務会計の資産除去債務についても，その割引率は退職給付債務と同様に対象企業の信用リスクを反映しない無リスク金利であるため，公正価値には該当しない。

　このように金融商品以外の分野でも，公正価値の適用領域は拡大傾向にあ

図表3-2　金融商品以外の分野における公正価値の主な適用領域

適用領域	公正価値が用いられる局面
固定資産の減損会計	減損損失の測定時における回収可能価額の1つである正味売却価額は，公正価値（時価）から処分費用見込額を控除して算定。
ストック・オプション会計	対象期間に費用配分される金額（株式報酬）は，従業員等への付与日現在のストック・オプションの公正価値（公正な評価額）を基礎に算定。
退職給付会計	退職給付に係る年金資産の額は，公正価値（時価）にて算定。
棚卸資産会計	通常の販売目的の場合の収益性の低下による簿価切下額は，公正価値（市場価格）から処分費用見込額を控除した正味売却価額を基礎に算定。トレーディング目的の棚卸資産の貸借対照表価額は，公正価値（市場価格）にて算定。
賃貸等不動産の時価等の開示	賃貸等不動産を保有している場合は，期末の公正価値（時価）及びその算定方法を注記。
企業結合会計	被取得企業または取得した事業の取得原価は，原則として取得の対価（支払対価）となる財の企業結合日における公正価値（時価）にて算定。

出所：筆者作成。

るが，公正価値に該当しない割引計算値もあるため，各々の会計基準の目的を理解する必要がある。

2．公正価値の主な評価技法及び階層構造

(1) 市場価格と合理的に算定された価額

　日本基準における公正価値について，企業会計基準第10号「金融商品に関する会計基準」は，「時価とは公正な評価額をいい，市場において形成される取引価格，気配値または指標その他の相場（以下「市場価格」という。）に基づく価格をいう。市場価格がない場合には合理的に算定された価額を公

正な評価額とする」と定義している。したがって，日本基準の公正価値は，市場価格を上位，合理的に算定された価額を下位とする2段階の階層構造となる。**図表3-3**は，有価証券に付すべき時価，すなわち公正価値における日本公認会計士協会会計制度委員会報告第14号「金融商品会計に関する実務指針」の取り扱いを示したものである。

なお，合理的に算定された価額には，後述の評価技法を用いて経営者が合理的に見積もった価額も含まれる。デリバティブについても，先物取引や上場オプション等の上場取引は市場価格に基づく価額，それ以外の取引は，市

図表3-3　有価証券の公正価値の階層構造

有価証券の種類	市場価格に基づく価額	合理的に算定された価額
株式 (1) 上場株式 (2) 店頭登録株式 (3) 非公開株式	取引所の終値，気配値 業界団体公表の基準価格 ブローカーやシステム上の売買価格，店頭気配値	― ― ―
債券 (1) 上場債券 (2) 非上場債券	取引所の終値，気配値または店頭気配値 次のいずれか ①業界団体公表の売買参考統計値 ②ブローカーまたはシステム上の売買価格，店頭気配値	― 次のいずれか ①比準方式等により算定した価格 ②ブローカーから入手する評価価格 ③情報ベンダーから入手する評価価格
投資信託	取引所の終値，気配値または業界団体が公表する基準価格	次のいずれか ①投資信託委託会社が公表する基準価格 ②ブローカーから入手する評価価格 ③情報ベンダーから入手する評価価格

出所：日本公認会計士協会（最終改正2015）「金融商品会計に関する実務指針」第267項。

場参加者の視点から合理的に算定された価額が公正価値となる。

（2）主な評価技法の概要

市場価格がない場合の公正価値は，何らかの評価技法を用いて合理的に見積もる必要がある。IFRS13は，市場参加者が広く用いる評価技法として，マーケット・アプローチ，コスト・アプローチ及びインカム・アプローチの3つを示している。各々のアプローチの概要は，次のとおりである。

1．マーケット・アプローチ

マーケット・アプローチは，同一または比較可能な（類似の）資産（負債）の市場価格，または市場価格と関連性がある情報を用いる評価技法の総称であり，適用例には次のようなものがある。

　①測定対象と同一の資産（負債）の市場価格　　　　　＝公正価値
　②測定対象と類似の資産（負債）の市場価格±調整値　＝公正価値
　③比較会社評価倍率×測定対象の対応指標±調整値　　＝公正価値
　④マトリックス・プライシング指標×測定対象の対応指標±調整値
　　　　　　　　　　　　　　　　　　　　　　　　　　＝公正価値

比較会社評価倍率の適用例としては，市場価格がある比較会社の株価純資産倍率（たとえば1.3倍）に測定対象の非上場会社の対応指標である1株当り純資産（100円）を乗じて，公正価値（130円＝1.3倍×100円）とする。マトリックス・プライシング指標の適用例としては，市場価格がある債券の残存期間，約定金利及び信用格付等を指標に公正価値の理論値を導出するマトリックスを作成の上，測定対象の非上場債券の対応指標をマトリックスに当てはめて公正価値とする。

2．コスト・アプローチ

コスト・アプローチは，資産の用役能力を再調達するならば現在必要とされる金額，すなわち再調達原価を求める評価技法の総称である。市場参加者

である売手が資産の売却で受け取る金額は，同じく市場参加者の買手が支払う同等の代替資産の購入価額または再構築コストに陳腐化（機能，物理または経済的要因等）を考慮した金額が基礎となる。この考え方は，市場参加者である買手は，当該資産の用役能力の再調達額を超過する金額を支払うことはないとの経済原理に基づく。コスト・アプローチは，複数の資産や負債を組み合わせた有形資産の公正価値の見積りのほか，金融商品でもデリバティブの再構築価額や修正純資産方式による非上場株式の公正価値の見積りに際して援用される。

3．インカム・アプローチ

インカム・アプローチは，資産（負債）から生じる一連の将来キャッシュ・フローを現在価値に変換する評価技法の総称である。**図表3-4**は，IFRS13で例示されたインカム・アプローチに基づく評価技法を概括したものである。

オプション価格算定法及び複数期間超過収益法は，いずれも現在価値法の延長線上にある評価技法である。IFRS13は，現在価値の算出に必要な要素として，①一連の将来キャッシュ・フローの見積り（発生額及び発生時期），

図表3-4　インカム・アプローチにおける評価技法の例

評価技法の名称	評価技法の概要
（割引）現在価値法	対象物の各期間の将来キャッシュ・フローを適切な金利で割り引いた現在価値を公正価値とする方法の総称。算出過程でリスクを反映する方法に前述の割引率調整法及び期待現在価値法がある。
オプション価格算定モデル	時間価値及び本源価値の両方を反映したオプション性の将来キャッシュ・フローの現在価値を公正価値とする方法の総称。ブラック＝ショールズ式や二項モデル等が該当する。
複数期間超過収益法	対象物の各期間の超過収益（＝将来得られる実際収益－期待収益）の現在価値を公正価値とする方法の総称。主に無形資産の評価に使用される。

出所：筆者作成。

②固有の不確実性による将来キャッシュ・フローの発生額及び発生時期の変動可能性，③貨幣の時間価値，④将来キャッシュ・フローに固有の不確実性を引受ける対価（リスク・プレミアム），⑤市場参加者が考慮に入れる他の要素，⑥対象が負債の場合は当該負債の不履行リスク（債務者自身の信用リスクを含む）を示している。公正価値を現在価値法にて見積る場合，これらの要素は，市場からの情報のみを反映し，保有者に固有の要素は排除する必要がある。したがって，同じ現在価値法でも，固定資産の減損損失の測定時における回収可能価額の1つである使用価値は，保有者に固有の要素（固定資産の現在の使用状況や使用計画等）を反映するため，公正価値には該当しない。

（3）IFRS13による公正価値の階層構造

前述のように，日本基準における公正価値は，市場価格を上位，合理的に算定された価額を下位とする2段階の階層構造である。これに対して，IFRS13は，公正価値測定に用いるインプット，すなわち市場参加者が資産（負債）の値付け時に用いる仮定に基づいて3段階の階層構造を採用している。インプットは，市場参加者が入手可能な市場データを基礎とする観測可能（observable）インプットと市場データが入手困難につき，市場参加者ならば用いるであろう利用可能な最善の情報である観測不能（unobservable）インプットの2つに大別される。

公正価値測定に際して，IFRS13は測定対象と関連性がある観測可能インプットの使用を最大限とし，観測不能インプットの使用は最小限にする優先順位を定めている。インプットは，次の3つのレベルに区分されるが，レベル1及びレベル2は観測可能インプット，レベル3は観測不能インプットに相当する。

1．レベル1インプット

企業が測定日時点で取引に参加可能な同一の資産（負債）の活発な市場で

の相場価格が該当する。レベル1インプットは，最も信頼性が高い公正価値の証拠につき，最優先かつ無修正による使用が求められる。

2．レベル2インプット

直接または間接的な観察可能インプットのうち，レベル1以外のインプットが該当する。レベル2インプットの具体例は，次のとおりである。
①類似の資産（負債）の活発な市場における相場価格。
②同一または類似の資産（負債）の不活発な市場における相場価格。
③測定対象の資産（負債）の相場価格以外の観察可能インプット（たとえば観察可能な市場金利の裏付けがあるイールド・カーブ上の金利，オプションの市場価格に内在するインプライド・ボラティリティ，市場金利に内在する信用リスク・プレミアム等）。
④相関関係等を通じて，観察可能な市場データから算出されるインプット（たとえば比較会社評価倍率等）。

3．レベル3インプット

市場で観察不能なインプットであり，その使用は測定日時点で対象資産（負債）に観察可能インプットがない場合に限られる。たとえば，観察可能な市場データの裏付けがないイールド・カーブ上の長期金利，保有者の自己データに基づく財務予測から展開した将来キャッシュ・フローは，レベル3インプットに該当する。ただし，この場合でも市場ベースの公正価値概念は同じにつき，市場参加者が値付けの際に用いる仮定を反映する必要がある。したがって，レベル3インプットの使用に際しては，保有者の自己データを始点にできるが，合理的に入手可能な市場参加者の仮定を反映の上，他の市場参加者ならば別のデータを使用したり，他の市場参加者ならば利用不能な保有者に固有の要素が含まれる場合には，自己データの修正が必要になる。

IFRS13は，公正価値測定に用いるインプットについて，使用時の優先順位を定めるほか，階層構造に基づくインプット別の公正価値の開示を求めて

いる。IFRS13の開示項目は多岐にわたるが，**図表3-5**は特徴的な開示項目の1つである「3つのインプット区分に応じた公正価値の階層別開示」の記載例である。公正価値測定に際して，レベル2インプットに修正を加える必要があり，当該修正に観察不能インプットを用いる場合，それが公正価値の全体に与える影響の重要性によってはレベル3に区分される。なお，IFRS13の公正価値の階層構造は，あくまでもインプットの性質に基づくものであり，公正価値測定に用いる評価技法は関係がないことに注意を要する。

観測不能インプットのレベル3インプットを用いた公正価値は，測定者の

図表3-5　3つのインプット区分に応じた公正価値の階層別開示の例

項　目	決算日 X1年12月31日	決算日現在の公正価値測定		
		活発な市場における同一資産の相場価格 （レベル1）	重要な他の観測可能インプット （レベル2）	重要な観測不能インプット （レベル3）
経常的な公正価値測定				
売買目的の株式				
不動産業	60	42	18	
石油・ガス産業	25	25		
合　計	85	67	18	
債　券				
住宅ローン担保証券	90		30	60
社債	45	25	20	
合　計	135	25	50	60
デリバティブ				
金利系	55		55	
商品先物	35	35		
合　計	90	35	55	
投資不動産				
商業用（北米）	15			15
商業用（欧州）	25			25
合　計	40			40
経常的な公正価値合計	350	127	123	100

出所：IFRS13（設例15）を参考に筆者作成。

主観の介入度合が高くなるため,会計情報としての信頼性に問題が生じる。この問題に対処するため,IFRS13はレベル3インプットを用いた公正価値

図表3-6 重要な観測不能インプットを用いた公正価値測定に関する定量的情報の開示の例

(単位:百万円)

項目	X9/12/31 公正価値	評価技法	観測不能なインプット	範囲(加重平均)
持分証券	53	割引キャッシュ・フロー	加重平均資本コスト	7%〜16% (12.1%)
			長期収益成長率	2%〜5% (4.2%)
			長期税引前営業利益	3%〜20% (10.3%)
			市場性欠如の割引	5%〜20% (17%)
			支配プレミアム	10%〜30% (20%)
		類似会社の市場価格	EBITDA倍率	10〜13 (11.3)
			収益倍率	1.5〜2.0 (1.7)
			市場性欠如の割引	5%〜20% (17%)
			支配プレミアム	10%〜30% (20%)
債券:				
住宅ローン担保証券	125	割引キャッシュ・フロー	定常的な早期返済率	3.5%〜5.5% (4.5%)
			貸倒確率	5%〜50% (10%)
			損失強度	40%〜100% (60%)
商業不動産ローン担保証券	50	割引キャッシュ・フロー	定常的な早期返済率	3%〜5% (4.1%)
			貸倒確率	2%〜25% (5%)
			損失強度	10%〜50% (20%)
債務担保証券	35	合意価格	提示された相場	20〜45
			比較可能性調整(%)	-10%〜+15% (+5%)
デリバティブ:				
信用契約	38	オプション・モデル	信用ボラティリティの年換算	10%〜20%
			相手方の信用リスク	0.5%〜3.5%
			自己の信用リスク	0.3%〜2.0%
投資不動産:				
商業用アジア	31	割引キャッシュ・フロー	長期営業利益率	18%〜32% (20%)
			還元利回り	0.08〜0.12 (0.10)
		市場比較アプローチ	平方メートル当りの価格 (米ドル)	$3,000〜$7,000 ($4,500)
商業用ヨーロッパ	27	割引キャッシュ・フロー	長期営業利益率	15%〜25% (18%)
			還元利回り	0.06〜0.10 (0.80)
		市場比較アプローチ	平方メートル当りの価格 (ユーロ)	€4,000〜€12,000 (€8,500)

出所:IFRS13(設例17)を参考に筆者作成。

について，測定プロセスの説明や感応度分析（定性及び定量）等の追加的な開示を求めている。公正価値測定にレベル３インプットを用いた場合のIFRS13による追加的な開示項目は多岐にわたるが，**図表３-６**は特徴的な開示項目の１つである「重要な観測不能インプットを用いた公正価値測定に関する定量的情報の開示」の記載例である。

3. 公正価値の把握が著しく困難な場合の取り扱い

(1) IFRSの取り扱い

　IFRS13は，金融商品及び非金融商品に共通する公正価値測定及び開示の包括的な基準であり，何を公正価値で測定するかは，個々のIFRSに基づくことになる。金融商品の会計基準であるIFRS9では，償却原価となる事業（元利金取立）モデル以外で保有する金融資産は，すべて公正価値測定となる（詳しくは第Ⅰ部第２章を参照）。株式等の資本性金融商品は，そのキャッシュ・フロー特性から償却（取得）原価にならないため，市場価格がない非上場株式等を含めてすべて公正価値測定となる。測定に際してレベル３インプットが主体となる非上場株式等にも，公正価値測定を求める理由について，IFRS9は次の３つをあげている。

　①取得原価では，会計情報として目的適合性がないこと。
　②取得原価とした場合に必要となる減損規定が不要になること。
　③測定に必要な情報は，基本的な株主権の行使で入手可能であること。

　従前のIAS39は，活発な市場における相場価格がなく，信頼性をもって公正価値測定ができない株式等の資本性金融商品は，公正価値測定の例外として取得原価（ただし，減損処理の対象）であったため，例外なく公正価値測定とするIFRS9の取り扱いは大きな変更といえる。IASBは非上場株式等の公正価値測定に対する懸念に対処するため，IFRS財団スタッフに教育マテリアルの作成を依頼し，同財団は2012年12月に教育マテリアル「IFRS9の範囲内の相場価格のない資本性金融商品の公正価値測定（公正価値教育マテリ

アル)」を公表している。公正価値教育マテリアルは，IASBの承認を受けていないことから強制力はないが，非金融商品も対象とするIFRS13と異なり，非上場株式等に的を絞った内容になっている。公正価値教育マテリアルは，公正価値の測定プロセス，代表的な評価技法及び適用時に想定される一般的な誤り等を含むガイダンス及び25の設例から構成されているが，ここでは非上場株式等の公正価値測定の考え方及び評価技法の適用について，事例を含めて概括する。

1．非上場株式等の公正価値測定の考え方及び主な評価技法

公正価値教育マテリアルは，非上場株式等の公正価値の見積りには重大な判断を伴い，選択した評価技法によって算出値も異なる可能性が高いことを指摘の上，合理的と思われる複数の評価技法を適用した結果から最も適切な算出値を公正価値にすることを求めている。なお，評価技法を選択する際に考慮する事項として，①評価に際して利用可能な情報，②市場の状況（強気または弱気等），③投資期間，④投資先のライフサイクル，⑤投資先が属す

図表3-7　公正価値教育マテリアルによる非上場株式等の評価技法の例示

測定アプローチ	アプローチの適用場面	対応する評価技法の例
マーケット・アプローチ	投資先と比較可能な同業他社，対象取引に関する詳細な情報がある場合。	・同一または類似の金融商品の取引価格を始点に調整 ・比較会社評価倍率を始点に調整
インカム・アプローチ	投資先のキャッシュ・フローに特徴があるか，予想キャッシュ・フローの流列情報がある場合。	・割引キャッシュ・フロー方式 ・配当割引モデル，ゴードン成長モデル ・資本化モデル
コスト・アプローチ（他のアプローチとの組み合わせを含む）	投資先の価値の発生源が資産保有の場合，発展段階の初期にて財務履歴情報が限定的な場合。	・修正純資産方式

出所：筆者作成。

る業種の状況及び事業内容等をあげている。**図表3-7**は，公正価値教育マテリアルによる非上場株式等の公正価値の測定アプローチをまとめたものである。修正純資産方式は，マーケット・アプローチとインカム・アプローチの組み合わせ適用となる場合もあるが，基本的にはコスト・アプローチ系列に属する。

公正価値測定に際しては，複数の評価技法を検討の上，それらの適用の結果の比較及び評価範囲の重なり度合や異なる理由等を考慮し，一定の範囲内から，公正価値を最も適切に表した金額を選択する。

2．マーケット・アプローチによる非上場株式等の公正価値測定の例

ここでは，マーケット・アプローチ系列の比較会社評価倍率を始点に調整する方法を用いた非上場株式等の公正価値測定について，公正価値教育マテリアルの設例をもとに説明する。同方法による公正価値測定は，次のステップに沿って行われる。

ステップ1：比較可能な対象会社の選定。
ステップ2：投資先企業の価値評価に最も関連性がある業績指標を選択し，当該指標に対応する比較対象会社の評価倍率を算出。
ステップ3：投資先企業の業績指標に比較対象会社の評価倍率を適用して，投資先企業の株主価値を算出。
ステップ4：必要に応じて算出した株主価値を調整（流動性割引，少数株主割引等）の上，投資先企業株式の公正価値を算出。

非上場のA社株式（所有率5％）の公正価値について，このステップに沿った見積りの過程は次のとおりである。なお，A社の利払い前・税引前・減価償却等前利益（Earnings before Interest, Taxes, Depreciation and Amortization, EBITDA）は100（正常化後），負債の公正価値は350とする。

ステップ1：A社と同様の事業内容で営業を展開する比較可能な上場会社6

　　　　社（C1社，C2社，C3社，C4社，C5社，C6社）を選定。
ステップ２：A社と比較可能な６社では，資本構成や償却方針が異なるため，それらに影響を受けないEBITDAを業績指標に選択。
　　　　次いで当該業績指標に対応する比較可能な対象会社の評価倍率（＝市場価格／EBITDA）を算出。

　　　　比較可能会社　　C1社　　C2社　　C3社　　C4社　　C5社　　C6社
　　　　評価倍率　　　　4.5倍　8.0倍　8.5倍　15.0倍　9.0倍　8.5倍

　　　　更に分析を進めた結果，事業リスク，成長率及びキャッシュ・フロー生成能力の特性が類似するC2社，C3社，C5社，C6社の４社の評価倍率の平均値8.5倍（＝（8.0倍＋8.5倍＋9.0倍＋8.5倍）／4）を適切な比較対象会社の評価倍率とする。
ステップ３：A社のEBITDAに比較対象会社の評価倍率を適用して企業価値850（＝100×8.5倍）を求め，負債の公正価値350を控除して株主価値500（＝850－350）を算出。
ステップ４：比較対象会社の評価倍率は，支配プレミアムを含まない上場会社の市場価格に基づくこと，測定対象のA社株式の所有率から支配は想定していないことから，少数株主割引は調整不要とする。測定対象のA社は非上場にて流動性に欠けるため，上場会社の市場価格に基づく評価倍率を用いて算出した株主価値から，流動性不足を考慮した割引調整を行う。市場分析の結果から，非上場による流動性割引は30％とする。

　　　　A社の株主価値　　　　　500　調整前
　　　　少数株主割引　　　　　　　－
　　　　流動性割引　　　　　△　150　（＝500×30％）
　　　　A社の株主価値　　　　　350　調整後
　　　　A社株式の公正価値　　　17.5　（＝350×所有率５％）

（2）日本基準の取り扱い

　日本基準の公正価値の階層構造は，市場価格に基づく価額と合理的に算定された価額の2段階につき，3段階の階層構造であるIFRS13とは異なる。また，IFRS13では，3つのインプット区分に応じた公正価値の階層別開示のほかに，主観的な見積り要素が多いレベル3インプットを用いた公正価値測定には追加的な開示が求められる。これに対して，日本基準では，市場価格に基づく価額と合理的に算定された価額の階層別開示や合理的に算定された価額に対する追加的な開示は求められていない。

　日本基準において，満期保有目的の債券及び子会社・関連会社株式以外の有価証券の貸借対照表価額は公正価値が原則であるが，公正価値の把握が極めて困難と認められる場合の貸借対照表価額の取り扱いは次のとおりである。

有価証券の種類	貸借対照表価額の取り扱い
社債その他の債券	債権の貸借対照表価額に準じるため，取得（償却）原価から貸倒引当金を控除した金額とする。
上記以外の有価証券（株式等）	取得原価となる。ただし，発行会社の財政状態の悪化にて実質価額が著しく下落した場合は減額する。

　日本基準では，貸借対照表価額が公正価値以外の金融商品についても，注記事項において公正価値の開示が求められる。この場合でも，公正価値の把握が極めて困難と認められるならば，開示対象から除外される。日本基準では，株式に付すべき時価，すなわち公正価値は市場価格に限定し，合理的に算定された価額は対象外としている。したがって，市場価格がない非上場株式等は，何らかの方法で見積りが可能であっても，開示も含めて公正価値測定が禁止されている。この点は，非上場株式等にも例外なく公正価値測定を求めるIFRS9と異なる取り扱いになる。

(3) 米国基準の取り扱い

　米国基準においても，IFRS13と同様に公正価値測定に用いるインプットについて，使用時の優先順位を定めるほか，3つのインプット区分に応じた公正価値の階層別開示を求めている。レベル3インプットを用いた公正価値測定は，追加的な開示を要する点も同じである。なお，米国基準は，2016年1月に金融資産及び金融負債の分類と測定に関する規定を改訂している。公正価値測定が困難な非上場株式等について，改訂前の米国基準は日本基準と同様に公正価値測定の対象外としていた。具体的には，公正価値測定が困難な非上場株式等の貸借対照表価額は，投資先の純資産を基礎とする実務的な例外規定（純資産価格法）を設け，当該規定が適用できない場合は取得原価（ただし，減損処理の対象）としていた。この点について，改訂後の米国基準では，公正価値測定が困難な非上場株式等の貸借対照表価額の算定に純資産価格法の適用ができない場合，観測可能価格を用いた方法（観測可能価格法）の選択を許容している（ただし，減損が認められる場合は，公正価値測定が必要となる）。観測可能価格法とは，測定対象の非上場株式等の帳簿価額（減損損失がある場合は当該金額を控除後）を基礎として，同一または類似の金融資産の秩序ある取引からの観測可能価格がある場合は，当該価格を参考に帳簿価額の修正を行うものである。観察可能価格は，直近の売買価格や増資による発行価額等が該当する。非上場株式等に観測可能価格法を適用した場合の貸借対照表価額（＝取得原価―減損損失±観測可能価格を参考にした加減額）は，厳密な意味での公正価値には該当しないが，減損損失のみを考慮する取得原価ベースでもない。IFRS9では，非上場株式等にも例外なく経常的に公正価値測定を求めるため，実際の運用時には信頼性の問題が生じる。日本基準では，非上場株式等は減損処理対象の取得原価とし，公正価値の見積りを禁止することで信頼性の問題に対処する一方，評価増は一切考慮しない非対称な取り扱いとなる。米国基準の観測可能価格法は，検証可能な観察可能価格の範囲内でマーケット・アプローチを援用するものであり，経常的な貸借対照表価額の測定における信頼性の問題に対処しながら評価増

も考慮する便法といえる。

おわりに

　本章では，財務会計及び管理会計の双方で重要性が高い公正価値測定の基本構造や見積る際の評価技法等について，国際基準，日本基準及び米国基準の取り扱いも含めて概括した。なお，国際基準と米国基準は実質的に同じ内容であるため，ASBJは金融商品の公正価値測定及び開示に係る日本基準と国際的な基準との整合性を図る取組み（現行の2段階を見直し，レベル1からレベル3のインプットによる3段階の階層構造に基づく測定及び開示に変更）に着手している。公正価値による測定対象は，財務会計であれば金融商品分野が中心であるが，今後も増加が予想される金融機関の再編による合併や経営統合，事業分割等の会計処理はパーチェス法が原則につき，その場合には非金融商品全般も対象となる。自己資本比率に代表されるバーゼル規制や管理会計における定量情報の多くは財務会計に依存するため，金融機関の管理会計やリスク管理に際しては，財管一致の観点からも，財務会計による公正価値測定の正確な知識及び適切な運用が求められる。

第 II 部
管理会計理論編

第4章 金融機関の原価計算

はじめに

　1997〜98年に北海道拓殖銀行，日本長期信用銀行，日本債券信用銀行が相次いで破たんする未曾有の危機のなかで，各銀行は藁にもすがる思いで活動基準原価計算（Activity-Based Costing：ABC）を導入した。2000年前後には大手銀行のほとんどがABCを導入し，2000年代後半には中小規模の地域金融機関において導入が進んでいった。

　ところが，最近になって，銀行のABCは事務効率化には機能したものの，直接的な経費削減や収益の向上には適合してこなかったのではないかといわれるようになってきた。2000年代の国内の銀行のほとんどが最優先の経営課題とした不良債権処理のための費用の選択と集中に対しては，一定の効果があったといえる。しかしながら，その後の世界的な金融緩和によって投資効率を上げながら広く収益を上げることが求められてくると，ABCはその手間や時間などの運用コストに対して投資の意思決定や財務上の経費削減に十分な効果は得られていない状況である。

　さらに，収益を上げるためには戦略的に魅力ある顧客サービスを数多く提供しなければならないが，ABCでは事務量が多くなるとコストが増える計算構造である。そのため，逆にサービスを縮小させるインセンティブが与えられてしまう危険性がある。とくに銀行に求められるフィデューシャリー・デューティー（顧客本位経営）とは真逆の企業論理でサービスが提供される

ことにつながりかねない。

そこで本章では、最初に銀行原価計算の基本的な要件をまとめ、それに対して導入されたABCの効果と課題を検討することで、ABCを適合すべき目的や業務を明確にする。次に、顧客に対するサービスの提供回数（操業度）が"コストを負担させるドライバー"と考えるのではなく、"顧客満足度を上げるためのドライバー"となるような原価計算の要件について、他のサービス業や欧米のリテール銀行を参考に検討してポストABCと位置づけられる銀行原価計算の要件をまとめる。

その結果、ABCの費用消費アプローチに対して、「資産活用アプローチの原価計算」とする要件が求められることを述べる。さらに、資産活用アプローチの顧客別原価計算は「（顧客）関係性基準の原価計算」として、既存のABCが改良されたり見直されたりしてすでに構築されており、実際に銀行の経営や審査の場面で活用されている。最後に、その事例を検討してみよう。

1. 銀行原価計算の重要性と問題意識

本章では、銀行原価計算の"真の実態と課題"、ならびに"最近状況"と"今後の方向性"をまとめる。経費率（Over Head Ratio：OHR）[1]によれば、ほとんどの銀行の費用は粗利の60〜80％を占めている。営業店が汗と涙で収益を上げても、半分以上は経費で消えていることになる。

他業種の管理会計では、原価計算が重要と考えられることが多い。収益管理については顧客や市場次第のところがあり、マーケティングの分野であって、企業や経営者だけがコントロールできるものではないと考えられるからである。一方、費用については経営の"財布"であり、どう使うかはまさに経営者のみに与えられた権利である。銀行経営についても同様で、粗利の半分以上を占める費用の支出コントロールと、行内でどう適正に使うかといっ

---

1) OHR＝（経費÷収益）×100により計算される。

た原価計算がマネジメントの要諦である。

　銀行には，製造業で一般に適用される部門別原価計算は適用できない。製造業の原価計算は，製品別原価を集計するために直接材料費や直接労務費を集計し，製造間接費を配賦する。銀行の場合には費用のほとんどが販売費及び一般管理費であるため，もともと製品原価の対象ではない。製造業の原価計算は主に制度のためのものであり，銀行原価計算は制度目的ではなく経営の意思決定や業績評価を適切に行うためのもの，という根本的な違いがある。

　原価計算には，制度としての目的と管理会計の目的がある。ほとんどの原価計算の書籍では，1962年に大蔵省企業会計審議会が中間報告として公表した『原価計算基準』をもとに制度としての原価計算が中心にまとめられている。しかし今日，制度としての原価計算はIFRSとの関係で基準そのものの見直しも検討の要ありとの意見も少なくない。他方で管理会計目的の原価計算としては戦略が重要視されてきている。管理会計目的の原価計算には，ABC，品質原価計算，ライフサイクル・コスティング，原価企画などがある。そのうち，日本の銀行における原価計算ではABCが適用されている。

　ABCは，資源（リソース）と原価計算対象（コストオブジェクト）の間に，「活動（アクティビティ）」の単位でコストを集計し配賦する3層2段階配賦

図表4-1　ABCの計算内容

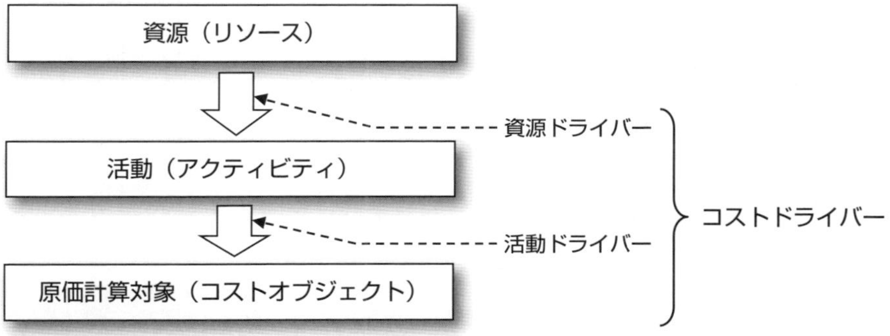

```
┌─────────────────────┐
│　　資源（リソース）　　│
└─────────────────────┘
          ↓ ←------ 資源ドライバー ─┐
┌─────────────────────┐              │
│　活動（アクティビティ）│              ├─ コストドライバー
└─────────────────────┘              │
          ↓ ←------ 活動ドライバー ─┘
┌─────────────────────────────┐
│原価計算対象（コストオブジェクト）│
└─────────────────────────────┘
```

出所：筆者作成。

の原価計算である（**図表4-1**）。

　ABCはもともと米国で間接費配賦の精緻化のために生まれた原価計算である。日本では銀行原価計算に適用され，現状ではとくに銀行や病院への適用事例報告が多い。ABCの銀行への適用の理由は，社内のさまざまな事務やシステムの業務処理プロセスを活動として集計しコスト化する方法に違和感なく配賦でき，納得感が高かったという利点があったと思われる。

　たとえば銀行では，もともと営業店の最適人員算定のための事務量分析とそのためのシステムが1970～80年代にかけて構築されてきた。事務量というのは，標準事務時間と1ヵ月あたりの事務件数の積で計算される。1990年代に日本にABCが導入された際に，銀行では事務量に時間あたり金額（例：秒あたり人件費等）を乗ずるのとABCの計算式がほぼ同一であったことと，事務量システムのなかに他業種では取得困難な業務量データが蓄積されていたため，ABCの構築が比較的スムーズにできたという点がある。

　しかし，2008年のサブプライム問題発生からリーマンショック以降に，ABCの経営実務への適合性に関する課題が明らかになってきた。いまABCによって原価計算を行うサービス企業のほとんどは次の課題に直面している。

　①煩雑かつ膨大な運用の手間がかかる割にABCの活用が限定的である。
　②非常に細かく活動原価が計算されたとしても，コントロールできない。
　③ABCによって原価が計算されても直接的な費用低減にはならない。

　以上の課題によって，相当なコスト[2]をかけてABCを構築してきたサービス企業では運用を縮小ないしは停止するところさえ現れている。もともとABCは伝統的原価計算よりも理論は優れているが，導入を誤ると運用が困難になり失敗することがあるといわれていた。銀行でもそれが分かっていたはずなのに，なぜ導入や運用に失敗してしまうのか。

　筆者が実際に銀行員の際に導入した経験や，メガバンクや地方銀行で

2）多くの日本の銀行では，ABCシステムのベンダー構築やコンサルタントによる制度導入に数千万円から数億円をかけてきた。ABCシステムを運用し，原価計算を行う銀行員の人件費まで含めると，毎年相当な金額の費用がかけられているのが実状である。

ABCを運用してきたいくつかの銀行の経営企画部関連所属の行員から実際にヒアリングした結果から，次の3点が主な理由として考えられる。

第1に，銀行員がABCを導入する際に，あまりにまじめに配賦作業を繰り返したためにその計算作業自体が目的化してしまい，本来の目的を見失った可能性がある。本来の目的は，原価計算による利益の最大化であったはずであるが，どこかで手段が目的化してしまったのである。

第2に，伝統的原価計算の内容や適用状況を十分に検討し総括しないままにABCを導入したために，伝統的原価計算の課題解決につながらないどころか，従来の伝統的原価計算をより複雑にかつ手間のかかるものにしただけの結果となった銀行もある。もともと伝統的原価計算がなぜ十分に経営に資するものにならなかったのかを，ABC導入の前に十分に総括する必要があったのではないか。

第3に，ABCの特性が「経費を削減することよりも収益を向上させることを優先する施策」に合わなくなってきたということが指摘できる。

そこで，ABC導入以降すでに数十年が経過した銀行の現状での活用状況と効果検証を行い，さらに実運用で判明した課題を総括する。それをもって，実際の銀行ABCの適用と運用の分析と検討をもとに，ABCを超えたポストABCとして，今後の日本の成長戦略に資する収益向上のための新しい銀行原価計算の要件を明らかにする。

2. 銀行ABC導入当初のケーススタディ

銀行ABCは，1950年代にも行われていた事務量分析をもとにする業務の種類別原価計算[3]の延長で2000年代に当時の都市銀行やほとんどの地方銀行で構築された。事務の効率化の観点で適合性が認められ，事務やシステム処理に関する原価計算の分野では一定の効果があった。しかしながら，導入時

---

3) 山高 [1964] に基づく。

点から次の3点で銀行ABCには課題が認められた。

　第1に，オペレーショナルな活動以外の活動ついては，納得感の高の適用が実務的には困難であった。そのため，経営の意思決定に十分に適合しているとはいえない[4]。もともと銀行はほとんどが間接費であり，その原価計算にはABCが適していると考えられたはずであるが，オペレーショナルな業務活動以外のいわゆる「渉外営業の活動」や「本社の企画部門の活動」などの間接費の管理については，銀行ABCでは十分に管理できているとは言えなかった。すなわち，本来ABCで期待される間接費の管理の精緻化については，銀行ABCでは導入当初から十分に機能していなかったことになる。

　第2に，銀行ABCは事務量データをもとにしたコストドライバーにすることで事務効率化の面では適合性が高いものの，活動数が細かくなり過ぎて銀行全体の経営への適合性があいまいになる傾向にあった。事務量分析は，各営業店の適正事務人員を管理し事務効率の改善に適用されるものであるが，全社レベルの経営意思決定に銀行ABCを適用するには，その切り口が事務量の単位である活動では細か過ぎた。

　第3に，銀行ABCは資源を所与のものとしてコストドライバーによって配賦されるものであるため，短期的には費用削減にはつながりにくい点が導入時から指摘された。一部の大手銀行で未利用のキャパシティーを把握する事例（谷守［2009］）もあるが，その場合には未利用キャパシティー削減の方向に向かうインセンティブが働くことが期待される。ただし，その場合でも中長期的には費用削減に向かうが，短期的な費用削減効果は期待できない。

　リテール・ビジネスが主体である中小の銀行では，経費の大半を占める事務の効率化が最大の経営課題である。それら中小の銀行に対してはオペレーショナルな活動を対象とした銀行ABCで問題ない。しかし，5大銀行や大

4）銀行の渉外営業とは，制約に至る前の営業活動の部分や，審査の前の本人確認や稟議書を書く作業などシステムに打鍵する前の"段取り"に相当する部分であるが，それらの活動についてはABCであっても十分に管理できない。それは，銀行にはいまでも事務量データ以外に適用可能なコストドライバーが存在していないからである。

手地方銀行では，事務の効率化だけでなく投資意思決定や短期的で直接的なコスト削減が強く求められる。事務効率化以外にABCが適用された事例は，さくら銀行（現三井住友銀行）で実施されたカンパニー間の行内サービス振替価格への適用例がある程度でほとんどは事務効率化に留まっていた。

3. 銀行ABC運用後（2010年前後〜現在）のケーススタディ

　銀行業へABCが適用されてから最近まで，十数年もの間実際に業務として原価計算作業が行われ，それが営業店別業績評価，顧客別採算管理，さらにはインベスター・リレーションズ（IR）やセグメント情報開示などに活用されてきた。しかし，実際の銀行業務への適用に関しては，次のケースのとおり実務上の課題が明らかになっている。本節では，5大銀行のX銀行，地方銀行A，及びその他政府系金融機関や地方銀行の最近のABC適用状況を整理する。

（1）その後のX銀行のABC

　X銀行では，4万種類もの活動を2千種類程度に減らして，なんとか運用を再開した経緯がある。その後実際のABCの適用状況についてはどうであろうか。

　X銀行の担当関連部署によれば，ABCの導入当初に期待された効果である担い手別の最適な原価管理や，原価計算による業務効率化はほとんど行われなかった。また，業績評価に適用される営業店別原価や，IRやセグメント情報開示に適用される事業部門別原価には厳密な意味でABCがそのまま適用されているわけではなかった。

　実際には，最高意思決定機関である取締役会や経営会議におけるグループや単体の事業部門別原価計算と営業店別原価計算には，ABCが使われずに，投資額と利用キャパシティーが考慮された資源割当（リソース直課）型の原

価計算[5]に変更され運用されている。

現在，ABCの適用されているのは，顧客別原価計算のための業務単価（業務別の単位原価）の算定部分のみである。業務単価に顧客別のコストドライバーを掛け算するのはホストコンピュータなので，ABC自体はホストコンピュータにアップロードされる約2千の業務単価計算の機能のみである。ABCを行うPCに費用（経費予算）とコストドライバー実績値を投入することで，自動的かつブラックボックス的に業務単価が計算されている[6]。

X銀行のABCは，いまや顧客別原価計算のためだけの約2千種類の業務単価計算に収斂されたわけだが，あいも変わらず原価計算を担当する企画スタッフの運用の手間や煩雑さは低くない[7]。一方で，2千種類の業務単価を算定しても，それが戦略の策定や業績評価，業務の効率化，または価格設定などに適用されている訳ではなく，運用に手間とお金がかかるわりに活用度や適合性が低い。

ましてや，業務単価の検証方法は「過去数期間の業務単価推移から極端にかい離していないか」といった妥当性評価になるため，そもそも経営へのインパクトや戦略策定上のあらたな気付きを与えるものにはなりえなかった。そのため，ABCシステム更改[8]の際には，必ず業務単価算出をもっと簡単にできないのかといった議論となる。

その議論では，本来行われるべき顧客本位経営のための顧客をみることに全くなっておらず，企業内部論理のみの顧客や経営にとって価値のない形式的な仕事（それも業務単価を出すためだけの仕事）を続けないとならないと

---

[5] 資源割当（リソース直課）型の原価計算は，後述の関係性基準の原価計算の要件が取り入れられている。

[6] 業務単価については，絶対値的検証はできないので，過去の業務単価推移で評価するほかない状況である。

[7] 長期間，定例作業として行われることで，担当者が作業に慣れたり，一部は標準化されて派遣社員や自動化ロボット（RPA）に任せられたりできるようになって，手間と感じなくなる可能性がある。しかし，原価の分析や改善を行う際の非定例的な業務の場合では，そういった標準化や自動化では対応できないので，本質的な課題解決につながっていないのは明らかである。

[8] 一般に銀行のABCシステムの更改にはハード，OS，ソフト修正に数億円かかることが少なくない。

いった，ある意味では官僚的な価値観からくる顧客本位経営の議論とはかなり乖離した些末な議論となることが少なくない。

（２）その後の地方銀行のABC

地方銀行Aでは，2001年にABCが導入されて公表された（福田［2001］）。しかしながら，当初導入時の銀行側の主担当者が異動となったために，行内で十分に引き継げなかった。そのために，ABCの継続的運用ができなくなり，数年前にはシステム更改がなされず[9]，ABCは廃棄された。現在では，ほとんど原価計算は行われておらず，財務会計上の費用のまま管理するようになっている。すなわち，ABCは完全に廃棄されて，原価計算自体も行われなくなっている状況にある。

地方銀行Bでは，2000年前後にABCが導入された後，最近になってベンダー主導でABC計算ツールの更改が行われている。当銀行からは，ABC算出の本部側の運用の手間を解決するために，ツールの更改を行ったと聞いている。しかし，ABCの計算ツール変更はいわば手段の変更であって，ABCの計算作業自体が目的化してしまっているように見える。単に本部側の運用の手間が楽にするだけならば，ABCの適用可否そのものを十分に経営で検討しておかなければ，結局はシステムが代わっても効果の低い本部業務を続けていくことになる。

また，地方銀行Cでは，2000年代初頭に外部のコンサルタントを通じてABCが導入され，十数年間にわたってABCが運用されてきた。当銀行の2010年代半ば経営会議において，次のとおりABCの問題点が指摘されるに至った。その結果，ABCを止めることが決定し，その他の原価計算を検討することとなったのである。

①本部では，十数年もの間手間をかけてABCを運用してきたが，経営や現場での効果が不明か極めて低い状態にある。

9）2014年に銀行システム・ベンダーに直接ヒアリングした情報による。

②事務の効率化を行っても明確には顧客別原価の低減につながらなかった。

③銀行のようにほとんどが固定費で成り立つビジネスに変動費的な計算構造のABCが適合するとは思えなくなった。

これらABCの問題の根底には，ABCの理論と実務とのギャップにあらためて疑問が生じたということである。本来ABCは，費用の低減ではなく，BPR (business process re-engineering) や業務改善に効果がある[10]といわれてきたが，十数年間もABCを継続運用してきた日本の銀行が，自らを鑑みてABCの適用効果はほとんどなかったのではないかとの問題提起をしたのである。

また，ある政府系銀行の企画課長によれば，その銀行では「ABCを数年間適用してきたが，その後完全に廃止した」と述べていた。関西のある地方銀行Dの経営企画部長は，システム更改に合わせてABCを更改すべきか迷っているとのことであった。その他，ある第二地方銀行の総合企画部グループリーダーからは，「ABCを導入しようとしたが，どうしても変動費的配賦に納得できないので，急遽導入を中止して別の原価計算を検討することになった」との話がある。

(3) 銀行ABC運用後（2010年前後〜現在）のケーススタディまとめ

最近の銀行ABCの状況は，日本の銀行が実際にABCを導入し十数年間黙々と運用してきたからこそいえるものであり，机上の空論ではない地に足をつけた説得力がある。バブル経済崩壊後，日本の銀行の最大の経営目標は不良債権処理であった。その後，米国のサブプライムローン問題に端を発する2008年秋以降の世界不況下にも突入していくなかで，ほとんどの銀行は収益（TOPライン）が伸びずに与信関連費用（信用コスト）だけがさらに増加することになった。

そうなれば，自動車や電気機器産業が進めるのと同じく経営上の目的は「費

---

10) Kaplan and Cooper [1998] に基づく。

用低減」にならざるをえない。費用低減を推進するためには現場や所管部署の取り組みが不可欠である。コストを可視化し現場や所管部署の「コスト・コントロール」可能な範囲が拡大されることによって費用低減が推進されるからである。中長期に収益性を上げていくためには，費用低減と並んで事務や業務の面での「生産性の向上や業務の効率化」の仕組みが必要である。だからこそ，「ABCによる緻密な事務処理レベルの原価計算は，当時のデフレ時代には最適であった」と考えられる。

とくに，収益が上がらないなかで利益を上げていくためには，顧客先の選択と集中，すなわち"顧客の選別"を行う必要があった。すなわち，ABC導入後の2010年前後までは，収益の上がる先を残し，上がらない先のうちとくに不良債権予備軍（信用格付がある一定の先以下：要注意先以下等）との取引は縮小せざるをえない時代であった。そのためには，事務量に比例して原価が賦課されるABCが最適であったと考えられたのである。

そうであるならば，伝統的原価計算の課題解決のためにABCが適用された訳であるが，それら各課題がABCによって解決されたのかを綿密に検証する必要がある。そこで，**図表4-2**に，銀行における伝統的原価計算の課題（谷守［2000, pp.194-198］）に対してのABCによる対応状況をまとめた。

銀行の伝統的原価計算における一部の課題は解決している。しかし，伝統的原価計算の課題のほとんどはABCを適用しても解決できていなかったことが分かる。さらにいえば，ABCで課題が解決したというよりも，伝統的原価計算の改良によって解決できた可能性も否定できないものもある。

逆に，伝統的原価計算の改良で解決できない課題はそのまま銀行ABCの課題になっているものもある。今後新しくABCを適用しようとしても，銀行原価計算の選択肢が伝統的原価計算とABCしかない状況であれば，これまでABCを導入し運用してきた先行する銀行の経験や失敗と大差ない結果に陥る可能性が高い。

とくに，2014年頃になって急に各主要な銀行がほぼ同時にABCの問題点を述べ，ABCに代わる原価計算を模索し始めた。それは，日本経済活性化

図表4-2　伝統的原価計算の課題とABCによる解決の状況

伝統的原価計算の課題	現状適用される銀行ABCによる対応状況	解決の状況
間接費の比率が多く、残高など非合理的な配賦基準では納得感は低い	全社企画、人事企画、財務企画部門など純粋な本社機能と考えられる費用（本社費）については粗利、資金量、人員数などの配賦基準になる場合が多く、伝統的原価計算の課題のままと言ってもよい。	×
取引件数はマシンレートに近く、渉外営業のような段取り的工程の最適な配賦基準がない。	ABCを適用しても渉外営業活動原価の可視化はできたとしても、原価計算対象へ配賦する際のコストドライバーが、伝統的原価計算の配賦基準と同様に取引件数などが中心とならざるをえない。したがって、伝統的原価計算の課題はABCでもそのまま引き継がれている。	×
ATMやインターネットなどの「チャネル」の概念がない。	ABCの活動に、チャネル機能を設定することで対応が可能である。ただし、伝統的原価計算であってもコストプールでチャネルの識別を行うことで可能であった。	△
現場でのコスト・コントロールの判断ができない。	実際には支出済みの費用はABCであっても費用コントロールはできない。さらにABCのコストドライバーによるコントロールは、顧客との取引を減らすことになりかねず、顧客の関係性強化の観点では収益機会の喪失につながる危険性がある。	×

出所：谷守[2009, p.126]を一部加筆修正。

に向けた成長戦略への対応が大きいと考えられる。すなわち、銀行経営がそれまでのデフレ時代における"顧客の選別"を目的にしたABCによる「業務取引削減＝原価低減」の考え方から、顧客の成長戦略に資するように「業務取引拡大＝顧客との関係性強化」と考えるように変化したからではないか、と筆者は考えている。すなわち、銀行は原価を短期的な削減対象ではなく、中長期的な収益を上げるための積極的な投資の概念で捉えるようになったといえる。

4. 銀行ABCの課題まとめ

　前節のケーススタディーから，銀行ABCには次の運用面，構造面，管理面の3点で以下のように課題がまとめられる。
- （運用課題）事務は手間のかかる負担感の高いコストとの意識を与える点。
- （構造課題）固定費が変動費的に賦課されることに対する現場での違和感。
- （営業課題）顧客との関係性が考慮されない点。

それぞれを具体的に検討してみよう。

(1) 運用課題：事務は手間のかかる負担感の高いコストとの意識を与える点

　護送船団行政時代からバブル崩壊直後まで，銀行には社会的使命が強く求められる準規制業種であった。そのため，顧客の要望に応えて要求される事務を必要に迫られてこなす感覚があったと思われる。そうなると，事務は極力効率化すべきものであり，事務量分析は負担感を計測する考えに基づくものであっただろう。

　そのため，事務量分析で収集される実際の業務量データをコストドライバーに適用する銀行の顧客別ABCも「事務は負担コスト」の意識から脱却できない。これから顧客の成長戦略を支援するための銀行経営を行っていくためには，「事務は顧客満足度を高めるサービス」の意識が求められる。

(2) 構造課題：固定費が変動費的に賦課されることに対する現場での違和感

　銀行の顧客別ABCによって，本来ほとんどが固定費であるはずの銀行の費用が，顧客との業務量に比例する変動費のように原価賦課されることにな

った。そのため，顧客との業務量を減らすことで，財務上の費用が削減できるような違和感を現場に与えることになった。

志村［1995］は「ABCは支出モデルではなく消費モデルである」とし，伊藤［2011, p.142］は「当初のABCは製造間接費の長期変動費化を企図していたが，間接費の配賦計算の一手法という地位に甘んじざるをえなかった」と指摘している。すなわち，銀行の顧客別ABCは顧客との業務量に応じて変動費的に配賦計算を行うだけであって，けっして財務的な意味での変動費に変わるわけではない。

確かにバブル崩壊後の不良債権処理のためには銀行は"顧客を選別する"必要があり，業務量を減らして原価を低減させるということをあえて優先せざるをえない事情もあったであろう。しかし，経済が上向き始めた現状では，顧客に対するサービスである業務量を減らすのではなく，逆に積極的に事務というサービスの量を増やして顧客満足度を向上させるべきである。

(3) 営業課題：顧客との関係性が考慮されない点

銀行ABCでは，業務量データに現れない顧客との親密な関係性（なじみ顧客）は全く考慮されない。本来は関係性によって以下の例示のようにコストは変化するはずである。

- なじみになることで，情報の非対象性が減じられ，一見客に対するよりも情報の収集コストは低くなる。
- 取引関係が長くなれば，よく取引される業務内容が徐々にパターン化され，いわゆる「いつものサービス」的な限定されたサービスで済むようになる。
- 銀行の事務担当にとって，何度もその銀行を利用している顧客の取引や事務，振込先や口座番号などが無意識に学習され，経験曲線理論が適用される。
- 先代の頃から長くお互いに信頼感をもって取引を継続してきた親密な顧客と，通りすがりにはじめて立ち寄った一見客が同じ業務を同じ回数だ

け取引した場合，その2人の顧客別原価に差は生じない。

　以上の例は，業務量データが一時点の表面的な顧客との取引情報に過ぎず，その背景にある顧客との長期にわたる信頼感などの関係性が全く考慮されていない情報だからである。

　銀行ABCが業務量の金額換算にとどまっている限り，現状の銀行に求められている顧客の成長戦略を支援する経営には適合しない。次節では，今後の顧客の成長戦略に資する意思決定を行うのに必要な銀行原価計算の要件を明らかにする。

5．いま求められている銀行原価計算の要件

　小野［2008］によれば，顧客関係性の観点で取引構造は契約型か非契約型に分類できるとされる。契約型取引とは，初期契約時に一定期間でのサービスを利用することを前提に交わされる契約のことであるが，銀行の取引は基本的には口座開設や金銭貸借契約書に基づく契約型取引に相当する[11]。これまでの原価計算の研究は製品やサービスに限らず都度払いで売買が行われる単発的取引の非契約型取引が前提となっているケースがほとんどであり，契約型取引に関する研究は進んでいない[12]。

　銀行における原価計算では契約型取引への適用を検討する必要がある。契約型取引では，将来にわたる契約に基づくサービス提供可能な資源を確保して保証することと，顧客維持のためにサービスの使用行動をいかに促進するかが重要である。

　そこで，契約型取引では先進的な通信キャリアビジネスやインターネット

---

[11] 現金での振込は，非契約型であるが，国際的なマネーロンダリング強化の観点から現金取引はなるべく行われないようになっている。IT化の観点からできるだけ口座を通しての振替が推奨されており，そういった意味では，実務的かつ実質的には銀行のサービスは契約型である。

[12] 鈴木［2007］の固定収益管理における顧客関係性に基づくセグメント収益分析は，過去の取引実績情報に基づいて顧客セグメント化されるものである。固定収益管理における原価計算にはABCが適用されており，顧客別原価計算に顧客関係性が適用されるための検討ではない。

によるクラウド型ビジネスなどの業界における料金設定の考え方と,近年欧米のリテール銀行に適用される関係性に基づく価格設定(Relationship-Based Pricing:RBP)の顧客関係性に基づく差別化の考え方(Lewis[2005])を参考にして,いまから銀行原価計算に求められる要件を検討する。

(1)一般的なサービス実務における原価計算の要件

サービス実務における原価計算は,サービス業である日本の銀行の与信管理業務や顧客マーケティングに適用されているケースをみる限り,ABCとされてきた(谷守[2015a])。銀行業では,原価計算基準適用の対象外であるが,仮に費目別原価計算と部門別原価計算を適用して銀行の顧客別原価を算出したとしても,費用のほとんどが固定費または間接費であることから結局は間接費配賦の論点に帰着することになる。

当然ながら間接費の配賦手法として伝統的な配賦よりもABCによる配賦を適用した方がより精緻な配賦手法になると期待された。そのため,間接費の配賦方法として製品別原価計算に適用される伝統的な間接費配賦計算で行うのか,それともABCによる精緻な間接費配賦計算を行うべきなのかの二者択一しかなかったのである。

ほかには,間接費や固定費の原価配賦よりも,貢献利益の最大化を目指すべきとする「直接原価計算」や,差額原価収益分析による「意思決定会計」は,実務の経営や営業場面で一般に適用されている。さらに,さまざまな制約条件のもとでのボトルネックを効率化して利益を生むスピードを高めることこそ間接費回収の最善策とされる「TOCによるスループット会計」[13]がある。

ただし,これまでのサービス業の原価計算の研究では都度払いで売買が行われる単発的取引の非契約型取引が前提となっているケースがほとんどであ

---

13) サービス業である金融機関やIT企業をみる限り,TOCによるスループット会計による一般に知られる実務適用例はほとんどない。

り，契約型取引に基づく顧客別サービス原価計算の研究はほとんど進んでいない。銀行業は基本的には，口座契約書や金銭貸借契約書に基づく契約型サービスである。そこで，次節において契約型サービスの特徴をみてみよう。

（2）契約型サービスとは何か

　近年では契約型取引ビジネスには，ケータイやスマホなどの通信キャリアビジネス，BS放送やケーブルテレビなどの有料TV放送，あるいはフィットネス・クラブなどさまざまなものがある。通信キャリアサービスでは，一定の金額を契約するいわゆる定額方式が主流である。顧客は契約上の金額を負担することで，利用度については自由とする考え方である。

　最近最も注目されている契約型取引ビジネスに，ネット企業が提供するクラウドサービスがある。クラウドサービスは，ネット企業があらかじめ大規模なサーバーシステム等を購入しておき，契約した顧客にインターネットを介して一定容量のデータベースとアプリケーションを自由に利用させるサービスである。

　このように，契約型取引ビジネスでは提供企業は顧客との契約に基づくサービスを履行できるように人やシステムを投資や支出によってあらかじめ準備する必要がある。銀行ビジネスでは，預金口座や金銭貸借などの"契約"に基づいて顧客が要求するサービスを履行するのに必要かつ十分な資源をあらかじめ確保する必要がある。

　このような契約型取引では，実際の顧客のサービス利用結果（取引量や業務量の実績）は企業財務になんら影響するものではない。逆に企業側では，確保した資源は顧客に十分活用してもらいたい気持ちにさえなるだろう。

　小野［2008］は「（顧客は）契約型取引サービスの初期契約時の支払いを回収できない埋没コストとしてみなすため，"使わなければ損"という意識がはたらき，使用頻度が高くなる。（中略）使用頻度が高まると消費者の使用パターンがルーティン化し，日常生活の一部となり，消費者自身が製品・サービスを使いこなす使用技術も洗練されるために，結局消費者は高いスイ

ッチング・コストを感じることになり，次期への契約更新率がさらに高まり，顧客維持率が向上する」と指摘する。

　それに対して，銀行での顧客の初期投資は無料か，あってもそれほど高くないのが現状である。埋没コストは存在せずに，顧客はスイッチング・コストをあまり感じないと思われる。しかし，そうであれば尚更，契約した顧客が顧客維持に十分な使用行動領域に達していなければ，銀行は「使った方が顧客にお得（顧客にとっての価値）」という意識で積極的にアプローチすることが必要である。現状の業務量を基準とする銀行の顧客別ABCでは「顧客の利用は銀行の手間」という意識になりかねず，顧客の利用促進になりにくい。

　すなわち，契約型サービスである銀行の原価計算には，顧客維持率の維持・向上のために，顧客の契約や取引を履行するに必要かつ十分なキャパシティーをもつ資源確保の考え方が求められることになる。そこで，契約型サービスの特徴をサービスの提供側と利用側，ならびに契約課金の観点で具体的にまとめると次の3点になる。

- 契約型サービスでは，契約に応じて将来サービス提供が可能な資産を，あらかじめ投資・購入しておく必要がある。
- 契約型サービスは，サービス利用の観点での資産の消費と利用である。
- 契約型サービスの課金形態には，契約利用時間・契約ディスク量・契約面積などの契約資産に応じた定額課金と，最大〇〇回や△△件などの利用料に応じた従量課金がある。

　契約型サービスとは，顧客と契約を交わしているといった単に契約書の有無をいっているわけではない。サービス提供企業側では，顧客との契約すべてに対応可能な資産をあらかじめ用意しておく必要がある。サービス利用側の顧客にとっては，契約応分の資産を自由に消費，あるいはシェアすることができるサービス体制であり形態である[14]。

14）サービスのビジネスモデルによって，流動資産や固定資産の消費や共有の割合など状況は異なる。

(3) 契約型サービスの原価計算要件

製造業では在庫となった製品は原価とはならない。原価となるのは製品の材料・労務費・経費で,購入した時点ではなく,製品の売上原価計上時点であり,それが製品原価となる。一般にサービスの原価は製品原価ではなく期間原価であり,契約型サービスの原価計算においては,顧客との契約に基づいてサービス提供可能な資産を準備している前提からすればなおのこと,期間原価として計算されるべきである。

すなわち,契約型サービスの原価計算は,製品原価のように顧客とのサービス回数などに応じて結果的に原価が変化する製品原価とされるべきではなく,サービス提供企業側があらかじめ投資あるいは購入しておいた資産のうち個々の顧客契約に応じて配分された資産にかかるコストの合計のことである。

図表4-3に示す通り,契約型サービスでは,顧客にとってはサービス回

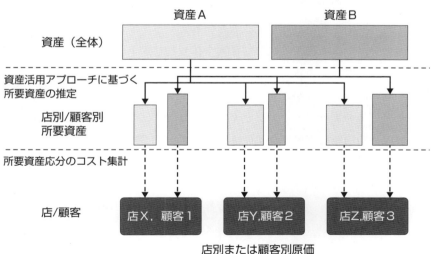

図表4-3　契約に基づく所要資産の推定と応分コストの集計

出所：谷守[2015b, p.97]に基づき加筆修正。

数に関係なく企業全体の資産のうち契約に応じて配分された資産応分にかかるコストの合計が原価となる。

　契約型サービスでは，顧客ごとの実際のサービス回数よりも，当該顧客にどれだけの資産を確保すべく配分したのか，という基準が原価計算に適用されることになる。それはキャパシティ・プランニングの考え方でもある。さらに，契約型サービスの提供企業側ではキャパシティ・プランニングを予算の段階で実施すると同時に，企業全体で企業業績と調整を行いながら実際に資産投資が行われていくことになる。

　このように，契約型サービスにおける原価計算では，期末時点では実際の資産のうち，期間内に顧客別に確保された資産応分のコストが当該顧客の原価となる。契約型サービスでは，サービス提供企業側にとってはすべての顧客のサービスを維持あるいは開始するのに必要なキャパシティーのある資産を先に投資していなければならないが，一方でサービス利用者側にとっては，期末の実際資産のうち一定期間内に割り当てられた契約応分の資産にかかるコスト合計が原価とされる。

　他方，非契約型サービスは一般的に個別の商品やサービスごとに利益を上げることで，全体利益が確保されるという考え方をする。しかし，最近のビジネスモデルでは中長期的にみて顧客全体で利益が上がれば"良し"とする考え方が増えてきている。すなわち，一部の商品やサービスで損が出ても，それが顧客満足度につながり，顧客のリテンションが高まり，さらに他の商品やサービスのアップセリングとクロスセリングにつながることで，顧客全体かつ中長期的な観点でみれば最終的にはプラスになるという考え方である。

　銀行業では，それを個別採算よりも総合採算という考え方にしており，ファイナンスの世界における「アセットアロケーション[15)]」による最適ポートフォリオ・マネジメント[16)]」と同様の考え方である。現代は，企業の自己満

---

15) アセットアロケーションとは，リスクを回避しつつ，より安定した高いリターンを獲得することを目的に各種資産（アセット）をどのような割合で投資すべきかを決定する「資産配分」のこと。
16) リスク・コスト対リターンの組み合わせが最適な複数の商品や投資の一覧のこと。

足的な短期的志向かつプロダクト・アウト志向の戦略ではなく，中長期的な持続的企業価値の維持と向上を目的にした企業と顧客の共存共栄型のビジネス・エコシステム[17]の戦略も必要になる。

すなわち，非契約型サービスではABCによる要素還元型のサービス一単位ごとの個別採算管理が適していたが，最近の契約型サービスでは，最適ポートフォリオ型志向が重視されることになり，ABCでは十分に適合できなくなったといえる。

以上の検討によって，とくに契約型サービスである銀行の原価計算に対しては，顧客別の所要資産の推定を行う必要があることが分かる。とくに，顧客本位の経営意思決定のための原価計算要件は，顧客との契約情報などの関係性に基づいて所要資産を推定したのちに，所要資産応分のコストが集計される原価計算モデルが要件となる。次に，契約型サービスに適合する要件に基づく原価計算モデルを，資産活用アプローチの原価計算（Cost accounting of asset utilization approach）（谷守［2017］）として具体的に定義する。

6．成長戦略に資する銀行原価計算（ポストABC）

支払った費用の消費に着目して配賦方法を決定するのが，「費用消費アプローチ」の原価計算である。他方，投資された資産をどれだけ活用するかといった資産の活用度合に着目して原価計算するのが「資産活用アプローチ」の原価計算である。顧客本位の経営意思決定に資する原価計算要件では，この資産活用アプローチの原価計算が必要とされる。

最初に，費用消費アプローチの原価計算を（Balakrishnan et al.［2012］）の数理モデルも参考にしながら検討し，その方式にならって資産活用アプローチの原価計算モデルを定義する。

17）ビジネス・エコシステムとは，企業が商品の開発・販売などの提供サイドでの企業間協力だけではなく，顧客や地域社会など消費サイドまでを1つの生態系として，中長期に共存共栄を行うことを目的とする仕組みである。

次に，顧客ごとの契約，過去からの取引関係，顧客企業の属する業界や慣習，顧客の嗜好など顧客との関係性情報に基づいて，所要資産を推定する資産活用アプローチの原価計算を本章では顧客関係性に基づく原価計算または関係性基準の原価計算（Relationship-Based Costing：RBC）と定義し，とくにその要件をまとめる。

（1）資産活用アプローチの銀行原価計算

　伝統的な製造間接費配賦やABCは費用消費アプローチの原価計算である。ABCについて，伊藤［2011］は「当初のABCは製造間接費の長期変動費化を企図していたが，間接費の配賦計算の一手法という地位に甘んじざるをえなかった」（伊藤［2011, p.142］）と指摘している。そのことから，ABCは理論的かつ実務的に費用消費アプローチの原価計算である。

　一方，資産活用アプローチ概念を内包する可能性のある原価計算として，複数基準配賦法，時間主導型活動基準原価計算（Time-driven Activity-Based Costing：TDABC），さらに資源消費会計（Resource Consumption Accounting：RCA）があげられる。

　複数基準配賦法の特徴は，固定費の配賦に対して許容消費基準が適用されることにある。ただし，複数基準配賦法とは単一基準配賦法に対する配賦計算の複数化に着目されたものであり，とくに固定費は変動費と区別された許容消費基準の配賦基準の適用が望ましいといった，あくまでも費用の配賦計算技法の観点にすぎない。したがって，複数基準配賦法は費用消費アプローチの製造間接費配賦の1つに過ぎない。

　Kaplan and Anderson［2007］のTDABCでは，所要時間の見積もり，すなわち顧客ごとの許容消費時間を時間方程式により算定する方法が適用されている。そのことから，資産活用アプローチの可能性がある。RCAは，資源の単位でキャパシティーを認識し，直接資源の単位で配賦計算を行うため，固定費を区別した計算が可能であるが，原価計算対象である顧客への配賦の段階では基本的にはABCと同様の配賦である。そのため，RCAはABC

と同様の費用消費アプローチに基づく原価計算といってよかろう。

Balakrishnan et al. [2012] が，さまざまな原価計算について数理モデルで定義している。最初に費用消費アプローチである伝統的な原価計算，すなわち製造間接費配賦の数理モデルは，次のとおりである。リソースコスト（RC_i；$1 \cdots I$），部門などのコストプール（CP_j；$1 \cdots J$）への配賦基準をαとすると，コストプールj（CP_j）は以下のとおりとなる。

$$CP_j = \sum_i \alpha_{ij} RC_i \text{ for } j=1 \text{ to } J$$

さらに，原価計算対象（CO_k；$1 \cdots K$）への配賦基準をβ，β算定のための操業度などをコストドライバー値（CD_k；$1 \cdots K$）とすると，以下のとおり原価計算対象kの原価が算定される（Balakrishnan et al. [2012, p.4]）。

$$CO_j = \sum_j \beta_{jk} CP_j \text{ for } k=1 \text{ to } K$$

$$\beta_{jk} = \frac{CD_{jk}}{\sum_k CD_{jk}}$$

ABCの数理モデルでは，基本的には製造間接費配賦と同じモデルとなることが分かる。ただし，ABCの配賦基準であるコストドライバーβはコストプール（活動）jから原価計算対象kへのトランザクション数（TR）によるものとなる。

Balakrishnan et al. [2012, p.9] のモデルから，考えやすくするために未利用キャパシティーを考慮しない場合のコストドライバーβのモデルを表すと次のとおりとなる。

$$\beta_{jk} = TR_{jk} / \sum_1^K TR_{jk}$$

また，RCAは，リソースコストを変動費と固定費に分けたうえで，その

区分を維持したままキャパシティーが考慮されて原価計算対象へ配賦されるモデルである。Balakrishnan et al. [2012, p.14] のモデルに基づいて，RCAの固定費に関するコストドライバー β を表すと次の数理モデルとなる。

$$\beta_{jk}^{fix} = TR_{jk}/TR_{j}^{fix}$$

このように，RCAは変動費と固定費を分けて，それぞれトランザクション数によるコストドライバーにより配賦される原価計算である。

TDABCは，リソースiのキャパシティー（実際の操業時間；$\overline{RCap}_{i}^{prac}$）に対するリソースコスト比率（時間あたりRC）を求めて，顧客ごとの許容活動時間を乗じて計算するモデルとされる（Balakrishnan et al. [2012, p.17]）。

$$CO_k = \sum \eta_{ik}(RC_i/\overline{RCap}_{i}^{prac}) \qquad \cdots 式A$$

η_{ik}：活動 i の原価計算対象 k に対する見積り時間（時間方程式）

$RC_i/\overline{RCap}_{i}^{prac}$：キャパシティー費用率

TDABCのコストドライバーはABCやRCAのようなトランザクション数によるコストドライバー β ではなく，顧客ごとに活動時間を見積る（許容消費時間）η となっていることが特徴的である。Kaplan and Anderson [2007, p.75] の「(TDABCは) 時間主導型ABCというよりもキャパシティー主導型ABCと呼ぶべきかもしれない（以下略）」とした点にしたがえば，η は時間だけでなくさまざまなキャパシティー見積りが想定されたものである。

一方，ABCやRCAのコストドライバー β はトランザクション単価であった。1トランザクションの原価を算定しておき，実際のトランザクション数に単位原価を乗ずる数理モデルである。それに対して，TDABCではコストドラ

イバーではなくキャパシティー費用率が適用される。キャパシティー費用率は，原価計算対象ごとのキャパシティーに掛け算されるため，キャパシティーの見積りが必要になる。そのため，TDABCでは活動の標準時間を利用した「時間のキャパシティー」を見積る方法として時間方程式が適用されている。

さて，資産活用型ビジネスにおける資産活用アプローチの原価計算手順を整理するとそれぞれ以下のとおりとなる。

▶費用消費アプローチの原価計算手順：
【費用】
→ コストプールごとの「費用の集計と配賦」
→【コストプール（部門や活動など）】
→ 原価計算対象ごとの「費用配賦」
→【原価計算対象】

▶資産活用アプローチの原価計算手順：
【資産】
→ 原価計算対象ごとの「資産の割当」[18]
→【原価計算対象別割当資産】
→ 各割当資産にかかる「費用の集計」[19]
→【原価計算対象】

費用消費アプローチでは，まずは費目単位の費用を部門，活動，変動費・固定費などに集計し直す必要があり，バラバラになった支払伝票をグルーピングして集計（すなわちプール）しなければならない。対して，資産活用ア

---

18) 原価計算対象ごとに必要な許容資産量の見積りを統計的に行うもの。
19) 原価計算対象ごとに割り当てられた分の資産を維持するのに必要な期中の人件費，期中減損費用，その他経費，及び引当金繰入額などの集計である。

プローチでは費用を生む資産にまで遡ってグルーピングされるので，さらにプールし直す必要はない。

もっといえば，これまでの費用消費アプローチは費用を生む本来のリソースである資産はほとんど考慮されず，資産から結果的に発生した（する）費用を配賦する数理モデルとみなすことができる。対して資産活用アプローチでは，最初に投資された資産をもとに，その資産情報を維持したまま割り当てられた分の資産にかかる費用が集計されるものであり，費用配賦は必須とはならない。

この資産活用アプローチの原価計算手順をもとにモデル化すると式Bとなる。式Bでは，はじめに顧客に必要な資産（許容資産量）を見積り η_{jk}，次にその許容資産量にかかるさまざまな費用をすべての資産で集計する $Pc(x)$ 構造の数理モデルである。

$$CO_k = \sum_{j=1}^{J} f_c(\eta_{jk}) \quad \cdots 式B$$

$f_c(x)$ ＝資産 x から発生，付随，償却される費用の集計関数
η_{jk} ＝資産 j の顧客 k に対する許容資産量の見積り関数

ここで資産活用アプローチの観点からTDABCの数理モデルを再検討してみよう。上述のTDABCの数理モデルの式Aを変形する。η_{ik} は活動 i の原価計算対象 k に関する時間見積（時間方程式）であることから，活動 i に顧客 k に関する許容時間（資産）量である。また，$RC_i/\overline{RCap}_i^{prac}$ は必要時間分発生する費用率であるから，それを $fc(\ )$ とすると，$CO_k = \sum_{i=1}^{I} f_c(\eta_{ik})$ となる。すなわち，式Bに変形される。

このようにTDABCは，人件費の配賦を行うにあたって，擬似的な資産である「ヒト」の許容時間分を割り当てる考え方とみなすことができる。すなわち，TDABCの原価計算構造は原価計算対象ごとに許容時間分が割り当てられた擬似資産「ヒト」にかかる費用（人件費）が集計されるモデルである。

したがって，TDABCは時間主導の活動基準原価計算として発表されたものの，数理モデルによれば，資産活用アプローチが志向されていることが明らかである。

一方，複数基準配賦法を含む伝統的な製造間接費配賦，ABC，RCAは費用消費アプローチである。とくに，RCAは資源のキャパシティーを考慮した原価計算であるが，Balakrishnan et al. [2012, p.14] の指摘にある通り，結局は資源の費用をコストドライバーで配賦する数理モデルであることから，費用消費アプローチの原価計算に留まっているといえる。

また，資産活用アプローチの原価計算を顧客の単位で適用した場合，顧客ごとの関係性情報によって，所要資産を推定することになる。すなわち，資産活用アプローチの顧客別原価計算は，顧客の関係性に基づいて原価計算が行われる。したがって，資産活用アプローチの顧客別原価計算は，RBPに対応させて上述のとおりRBCとし，次のとおり具体的な要件を検討する。

（2）関係性基準の銀行原価計算（RBC）

欧米のリテール銀行においては，2000年代後半から，顧客維持率と顧客ロイヤリティーの向上のためにRBPが適用されている。RBPとは顧客との関係性をもとに金利や手数料の価格を最適にする手法である。リーマンショック後の欧米のリテール銀行で，収益の維持と拡大のための施策としてRBPの適用が一層進んだ。たとえば，CitibankやBank of Americaではサービスの提供だけでなくシステムの特許申請[20]までされており，その他の導入事例としてはBank of the WestのCrosman [2013] などがある。村本 [2002] と山村 [2003] によれば，トランザクションバンキングに対するリレーションシップ・バンキングの方法論の1つとして，リレーションシップ・プライ

---

20) Citibank,N.A.の2000年特許認定（Relationship management system and process for pricing financial instruments based on a customer's relationship with a financial institution,U.S.Patent No.6049782）と，Bank of Americaの2011年特許出願（Relationship-based pricing, U.S.Patent Application 13/209,574）などがある。

シングがあると述べている。

　RBPにおける関係性とは，親密な関係や信用できる関係，あるいは単に知っているだけの関係などの顧客と銀行との間の状態のことであり，それを判断するための情報が顧客関係性情報である。

　また，すでに銀行実務では融資やローンに関する返済の信用度合いを示す信用格付情報に基づく信用コストを割り当てて，貸出金利の設定や顧客別収益性分析が行われている。この場合の信用格付情報は顧客関係性情報の1つであり，RBPの適用事例[21]である。

　顧客関係性情報は，法的にサービス提供義務のある契約に関する静的な関係性情報（以下，契約の関係性情報）と，その顧客が契約したサービスをどのように利用するかという動的なインタラクションを示す関係性情報（以下，行動の関係性情報と称す）に整理できる。

　また，銀行特有の顧客関係性として目に見えない相互の信頼に関する関係性情報がある。すでに貸出ビジネスに必要な信用格付情報などの"信用度"，営業上の関係性情報である「おなじみ」や「一見」などの"信頼度"，そのほか顧客の情報の非対称性度合である"認知度"が考えられる。それらは本章では"信頼の関係性情報"とする。

　以上から，銀行原価計算のための主な関係性情報をまとめると以下のとおりである。

1．契約の関係性情報
- 商品契約情報（預金口座，金銭貸借契約，総合振込等バンドリング契約等）
- 商品オプション契約情報（給与振込指定，公共料金引落指定，担保差入状況等）

---

21) RBPは他の小売業界や流通業でよく適用されている。日本においては，取引状況にしたがって関係性のステージを設けてポイント付与，契約状況による住宅ローン金利の優遇，口座の残高によって振込が月に数回まで無料になるなどはRBPの初期の適用例である。

2．行動の関係性情報
- 顧客の取引傾向（行動パターン，チャネル選好度，趣味嗜好等）
- 業務量，取引頻度，売買回数，延滞回数等

3．信頼の関係性情報
- 信用度（信用格付情報等）
- 信頼度（当初取引開始年月からの年数，契約履歴，レピュテーション等）
- 認知度（顧客属性―性別・年齢・職種・役職・所得水準・居住地区・家族構成・健康状態・IT活用状況等）

これまでの銀行の顧客別ABCで適用されてきた業務量データは，行動の関係性情報に含まれる。すなわち，現状の銀行の顧客別ABCは，過去の一時的な関係性情報である業務量でのみ原価計算されたものである。

顧客維持率を向上させる最低限のサービス利用行動を推定し，顧客別に必要な資源を割り当てる計算を行うためには，複数の関係性情報を説明変数として顧客別に必要な資源量を推定する多重の線形モデルが必要である。

すなわち，さまざまな顧客関係性情報をもとに顧客維持率を維持・向上させることを考慮した顧客別資源確保モデルを数式モデルで表すと，以下の**式C**のとおりとなる。とくに，顧客別の資源種類別必要額（C_{ij}）は，さまざまな関係性情報（Y_{ik}）に基づく多重の線形モデルとなる。

顧客別原価：C_i
顧客別資源種類別必要額：C_{ij}
顧客別管理費用：C_{0i}
資源ドライバーレート：β_j
顧客関係性情報：Y_{ik}
　(f_j)：顧客維持率の維持・向上のための
　　　　推定資源量

$$C_i = C_{0i} + \sum_{j=1}^{n}(C_{ij})$$
$$\quad = C_{0i} + \sum_{j=1}^{n}(\beta_j \cdot f_j(Y_{i0}, Y_{i1}, \cdots, Y_{ik})) \quad \cdots 式C$$

ただし，
 i は顧客別（一般に銀行では数万～数百万人）
 j は資源種類（1 …n）
 k は関係性情報の種類

　以上のとおり，銀行は主に契約型取引であることから，差別化戦略により顧客のリテンションや取引ごとの収益性を高めるには，これまで導入されていたABCでは十分に対応できない。そこで，銀行原価計算に求められる要件をモデルによって検討したが，少なくともABCのような単回帰モデルよりも，多重回帰モデルの原価計算とする必要がある。

7. 関係性基準原価計算（RBC）の実務検証

（1）実施内容

　資産活用アプローチの顧客別原価計算すなわちRBCを5大銀行のY銀行に適用した。まず，サービスを提供する資産（以下，サービス資産）の一覧を設定する。ABCでは活動一覧が作成されるが，それに対応するのがサービス資産の一覧である。そもそも活動は資産から提供されるサービスであり，それがサービス資産の意味である。

　銀行のサービス資産の1つである勘定系システムとATMを例にして説明する。まず，勘定系システムでは，減価償却費や保守料に加えて，電気代，設置費用，センター建物賃借料，さらに勘定系システム開発に携わるシステム部員の人件費がかかる。同様に，サービス資産のATMには減価償却費や保守料に加えて，電気代，警備費用，さらに現金補てんやシステム開発など

メンテナンスに携わる「ヒト」の人件費がかかる。

　次に，サービス資産を顧客それぞれに対して契約応分割り当てる。勘定系システムでは顧客が普通預金口座を開設しているのであれば，その預金商品にまつわるさまざまなサービス（たとえば，残高照会，入出金，振込振替）を一定量分利用できるものとして設定する。なぜなら，同じ預金口座を1つ開設している複数の顧客それぞれは，同一期間内に何度でもサービスを利用できる権利を有するからである。もちろん，手数料の設定においては時間外や回数制限を超えて段階的に付加することはできるものの，勘定系システムに増分原価が発生することは考えられない。

　また，銀行の勘定系システムは複数の顧客が同時並行で利用することができるので，上述のクラウドサービスと同様の共有型サービス資産である。実際のところ，一部の銀行の勘定系システムはすでにクラウドサービスに移行している。したがって，勘定系システムに対しては，クラウドサービス企業における原価計算を参考にして原価を集計できる。

　次にATMについては，普通預金を1口座契約しているとすれば，1口座契約応分の利用の権利を有していると考えることができる。高額なATM機器を購入する際にすでに顧客にサービス提供できる資産は確定している。確定したサービス資産ATMは，顧客が普通預金口座を開設（契約）した段階で契約分が顧客専用に確保されるものである。ただし，月末にATMにできる長蛇の列のイメージのとおり，ATMは顧客1人ひとりに占有される占有型サービス資産である。

　このような占有型サービス資産の場合には，「時間」で顧客の契約応分を確保することになる。たとえば，普通預金1口座につき，ATMが1ヵ月あたり20分占有できる時間として確保される。口座開設によって顧客はATMを一定時間占有して利用できる権利を保有するからである。その結果，原価はATM1台が20分間利用された場合にかかる費用の合計となる。

　同様に，擬似資産であるヒトについても占有型サービス資産である。支店の窓口担当者などのヒトは，顧客に普通預金1口座分の占有できるヒトの時

間を割り当てることになる。すなわち，これが前節で理論検討したTDABCの時間方程式と同じである。

（2）実施結果と考察

一部顧客のサンプリングを行って，顧客ごとに資産活用アプローチと費用消費アプローチの顧客原価を比較したものが**図表4-4**である。資産活用アプローチの原価計算は式Bに基づくものであり，費用消費アプローチの原価計算は当銀行で従前より業務に適用されてきたABCの結果である。同様に，同顧客の収益性を比較したものが**図表4-5**である。

図表4-4によれば，費用消費アプローチ（ABC）による顧客原価の大小は企業A＞B＞Cの順となっているが，資産活用アプローチの顧客原価は企業A，B，Cにほとんど違いがない。その結果，**図表4-5**のとおり，資産活用アプローチとABCのそれぞれの顧客収益性は全く逆の傾向が示されて

図表4-4　資産活用アプローチと費用消費アプローチ(ABC)の顧客原価比較

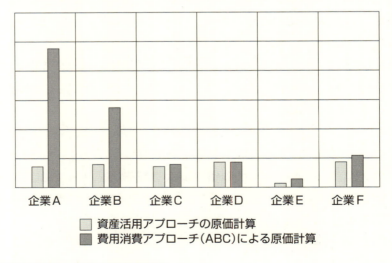

出所：谷守［2017, p.106］に基づき加筆修正。

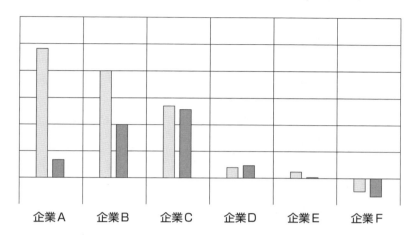

図表4-5　資産活用アプローチと費用消費アプローチ(ABC)の顧客収益性比較

□ 資産活用アプローチの顧客別収益性
■ 費用消費アプローチ(ABC)による顧客別収益性

出所：谷守［2017, p.107］に基づき加筆修正。

いる。

　企業A，B，Cは同様の金融商品契約がなされているが，実際のところ企業A＞B＞Cの順に多くの取引が行われていた。しかし，顧客企業の取引量が増えても減ってもシステム関連費用や人件費などの支出費用は全く変わらないとの主張であった。そのため，取引量とは無関係に企業A，B，C3社の顧客原価がほぼ一定となる資産活用アプローチの方が顧客収益性を判断するにあたって納得できるとのことであった。

　さらに，そもそも顧客の取引が多くなることは，支出（費用）が増える収益のマイナス要因ではなく，反対に顧客関係性が増すことによる顧客囲い込みや将来収益への貢献につながるプラス要因になると判断していた。そのため，**図表4-5**のABCによる顧客収益性には大きな違和感を覚えたのに対して，取引の多い企業ほど顧客収益性も良くなる資産活用アプローチの方が顧客取

引推進可否の意思決定への適合性が高いと判断したのである。

　銀行は，人件費やシステム投資に伴う機器やソフトウェアの減価償却費が大きな固定費（コミッテドコスト）となっている。顧客との取引が増えることは，収益が増えることで固定費回収になるものであって，当然ながら費用の追加的支出が増えるものではない。ABCのような費用消費アプローチの顧客別原価計算では，銀行の追加支出がないにもかかわらず，コストドライバーや実際操業度によって固定費が顧客に対して変動費的に原価賦課されることになり，納得感が低くなるのである。

　総じて銀行実務家の納得感では，資産活用アプローチの原価計算のRBCの方がABCのような費用消費アプローチの原価計算よりも評価が高かった。すなわち，これからは資産活用アプローチという理論だけではなく銀行現場の実務においても，ABCよりもRBCの方が適合性が高く有用性があることが分かった。

　何よりも，顧客との関係を深め取引を活発にすればするほど原価が増えるABCよりも，原価が低減するRBCの方が営業現場の納得感が高く関係構築のモチベーションが高まることと，本部にとっても顧客本位の経営につながる地域との関係強化に合致するものと判断されている。

おわりに

　バブル崩壊後までの，主として残高を配賦基準とした伝統的な銀行原価計算は，業務量の多寡が考慮されなかったために銀行実務における納得感は極めて低かった。その反省から2000年代前後に，銀行は業務量データをコストドライバーに適用したABCを構築したが，今後の顧客成長戦略に積極的に貢献するには3つの課題がある。1つ目は「事務が手間のかかる負担感の高いコストの発生源」との意識を与えること，2つ目は「固定費の変動費的配賦に違和感がある」こと，3つ目は「顧客の関係性が考慮されていない」ことである。それら課題は，銀行のビジネスが契約型取引であることに関係する。

そこで，他の契約型取引ビジネスにおける顧客別の料金設定の考え方や，リテール銀行で適用されるRBPの考え方を参考にして，銀行原価計算の課題解決の要件を検討し，顧客関係性情報に基づいて将来の顧客維持率向上に必要な資源を推定する顧客別資源確保モデルを検討した。実際のモデル顧客を対象に，伝統的原価計算，現状の銀行のABC，そして顧客関係性に基づく資産活用アプローチによってRBCを比較した。

　その結果，RBCであれば，顧客の関係性に基づいて差別化された最適資源が確保されることがわかった。さらに，RBCであれば，銀行の営業現場では顧客に対して積極的に利用推進を促すようになるため，顧客維持率が維持・向上することになり，銀行にとっては持続的な収益確保につながる。

　これまでは，顧客別原価が顧客中心に考えられずに，プロダクト・アウト型で計算されていた。そのため，顧客別原価が取引量や取引変数に比例的に賦課される原価が正しいとされる考えに至ってしまったとも考えられる。

　IT関連企業の最先端のサービスは，いまや契約型サービスがあたり前の状況になっている。一方，消費者のサービス利用に関する考え方も所有から利用（つなぎ放題などのシェアリング型）に変わってきている。原価計算も契約型サービスに対応できなければ，サービス業の持続的競争優位は保てない。

　そこで，本章では資産活用アプローチの原価計算と，関係性基準の顧客別原価計算を検討してきた。さらに，契約型サービスである銀行業への実務での検証を行うことで，構築面・運用面・適合面についても検証を行った。その結果，契約サービスである銀行ではABCに比べて適合性や有効性が高いことが分かった。ただし，所要資産の推定や見積りに関する不確実性への対応は，銀行経営への適合性向上のためにもさらなる精度向上が必要であり，推定統計モデルの精度向上や人工知能（artificial intelligence：AI）の活用が期待される。

第5章 金融機関の収益管理

はじめに

　一般企業と資金のやり取りをする金融サービス業では収益管理の考え方や方法論は異なる。金融機関では，どのような管理体系で収益管理を行ってきたのか。金融機関のうちでもとくに銀行では，資金収益[1]で管理される商品をすべて網羅的に保有しており，その収益管理を検討することでさまざまな論点が検討できると考えられる。

　IFRSは，投資家や預金者を強く意識したものであり，内包するリスクや評価といった不確実性を明らかにする方向にある。すでに，減損会計の根拠やセグメント情報のマネジメント・アプローチなどの管理会計の計数が，一部先行して適用されて開示されている。

　また，銀行特有の国際的制度としての基準であるバーゼル規制は，信用リスク，市場リスク，オペレーショナル・リスクの計量化と経営の健全性，さらにはその他のリスクの管理体系やリスクに対する収益性の管理体系までを銀行内部に求められている状況である。このような外部の制度や基準の不確実性を開示する流れに対して，そのもとになるのが企業内の管理会計だとすれば，とくに含み損益や不良債権の本当の価値などを把握するためには，リ

---

[1] 融資やローンの受取利息のことである。一般企業では営業外収益費用の項目であるが，銀行では本業にあたる収益項目である。

スクの概念がより密接に収益管理に取り込まれていなければならないだろう。

そこで，まずはこれまで基本とされてきた銀行の資金収益に関する管理会計の仕組みとその課題を説明し，今後は期間損益ベースだけでなく，将来キャッシュ・フロー割引計算（Discount Cash Flow：DCF）による公正価値ベースの収益計算の有用性を述べる。さらに，マイナス金利の導入により，資金収益管理中心の経営から脱却せざるをえない事実と，少子高齢化による中長期の顧客の囲い込みの目的から，国内の銀行でもあらためて検討されている口座手数料（以下，アカウントフィー）の導入のための方法を整理する。

そこで本章では，最初にこれまで基本とされてきた資金収益に関する管理会計の仕組みの解説と現状の課題と対応可能性を検討する。次に，フィンテック（ファイナンス＋テクノロジーを意味する造語）による銀行機能の電子化を前提とした戦略的な役務収益管理として，最新のアカウントフィー理論の整理と簡易試算による銀行への導入効果を検討する。

1．金融機関における収益の特徴

金融機関の収益は，融資やローンの利息収入による資金収益と，内国為替やM＆A，または投信販売などの手数料による役務収益からなる。国内の銀行における収益の大層は資金収益が占める。資金収益は，残高があれば金利と期間が掛け算されて利息収益が計算される。したがって，銀行のビジネスは，資金が多ければ多いほど，金利が高ければ高いほど，そして期間が長ければ長いほど，資金収益が高くなると考えられていた。

1980年代までの護送船団行政時代には，金利がどの銀行も横並びであったため，取り扱う残高や期間が長いほどよかった。しかし，バブル崩壊後，残高が多くてもそれが不良債権化して収益になるどころか費用（Loss）になってしまう事態になった。さらに，金利自由化が一層進んだものの，逆に企業の直接金融の進展によって金利競争が激しくなり，高い金利が望めなくなった。銀行業界は，残高，金利，ならびに期間を多くすればよいといった単純

な収益向上施策では立ち行かなくなることを経験済みではあるが，統合合併が繰り返されているように基本的に銀行のビジネスは資金量が多ければ多いほど安泰で収益性が高いと信じられている。

銀行の収益管理の特徴をまとめると，次の3点があげられる。

① さまざまなリスク

資金収益は長ければそれだけ収益が上がるのに対して，時間が経過しない限り収益が計上されないものでもある。そうなると逆に，期間が長ければ長いほど，金利リスク・市場リスク・信用リスク・流動性リスクなどさまざまなリスクにさらされることになる。

② オーダーメイド型商品

銀行の大半の収益を占める融資は，顧客ごとに金利設定されるオーダーメイド型商品である。銀行発足時より程度の差こそあれ，融資の金利は顧客の信用状態によって決められていた。現状では，期間に応じた資金の調達金利と，主に顧客の信用度に応じた信用リスク・プレミアムや担保・保証などの保全の状況によって融資金利が決定される。同様に，経費については銀行側から顧客へ貸し出す際の審査や稟議等の経費だけではなく，融資実行後の返済管理や返済条件の変更等期日まで続く事務サービスの経費がかかる。そのため，最初の金利設定が低すぎると期日まで採算割れが続くことにもなりかねない[2]。

③ 預金商品の特殊性

一般製造業では材料に相当する調達資金である預金は，経費ではなく収益の枠組みで考えなければならない。銀行業務を相当に単純化して考えると，預金を集めて貸出を行って利ざやを稼ぐビジネスである。現在の銀行では，多くの預金を集めることによって貸出だけでなく，市場との取引や上部共同

---

[2] たとえば，ローン商品は，顧客が借り入れを行ったあとに，その利息の徴収や，元本金額の返済の事務が行われることによって銀行側の経費が発生していく。ホテル業など一般的なサービス業では，最初にサービス提供があってその対価としてその場で収益が上がるのと対照的だ。とくに普通預金は，口座開設によって，いつでも入出金や残高照会が行えて窓口，ATM，Webなどさまざまなチャネル機能を長期間期日不定で提供されるサービス商品である。

団体への貸出によって収益を稼ぐことができるとの認識がある。財務会計的には預金利息は支出であり損益計算書上はマイナス項目となるが，営業現場にとっての預金は，本支店勘定レートや仕切りレートで本部に振り替えられる仕組みとなっている。そのため，預金商品の支払利息は費用項目というよりも収益項目の感覚である。実際のところ，預金とは顧客への「商品」であり，商品を経費とは考えない。もしも，顧客に対する預金金利を下げて調達できれば収益性が高くなる商品である。

　低い預金金利でも他行よりも多く集めるには，なにが必要であろうか。たとえば，その銀行はつぶれないといった信用力（その場合，銀行の信用リスク・プレミアムが小となる）や，インターネットやコンビニエンスストアなどその銀行と取引のできるチャネルが豊富であるとか，顧客の利便性のよい場所に支店があるとか，ノベルティーグッズや宝くじなどの付帯サービスがあるなど，顧客にとって何がしかの付加価値がなければならないと考えられる。

　最近では，新生銀行が行っているような数回分の振込み手数料の無料化など，顧客にとって負担となる為替手数料を実額で低減させる形で付加価値を提供するところもある。その場合にも，預金の残高に応じて，その残高で市場や貸出で上がる収益の範囲内で収まるように振込みの無料回数が管理会計で計算されなければならない。

　以上の銀行収益管理の特徴をもとに，次に，現状の収益管理の方法を整理し，今後のあるべき収益管理の方向感を検討することとしたい。

2. 資金収益管理の状況と課題

　金融機関の最も特徴的な収益管理は，資金振替価格制度（Funds Transfer

3）FTPは，米国で起きた資金の内部振替価格制度の考え方であるが，日本へ紹介される際に，スプレッド収益管理として紹介された。日本でのFTP導入の歴史や最近の状況については谷守 [2007a] にまとめた。

Pricing：FTP[3]）である。FTPとは，銀行業特有のローン利息や預金利息などの金融商品から元本，金利，そして期間によって計上される資金収益について，預金口座や貸出債権一件ごとに内部振替金利を設定して営業店から本部へ資金収益を振り替える仕組みである（Deville［2001］）。FTPの内部振替金利は，個々の預金口座や貸出債権の単位で，取引実行時点や金利種別，約定期間，金利更改期間，金額階層などさまざまな取引属性に応じて市場金利を参考にして設定される。

　一般に，銀行は預金商品によって"短期で（顧客から）借り入れ"を行い，それを原資にして"長期に貸し出す"ことで資金収益を上げる構造である。それは**図表5-1**のとおり，短期金利と長期金利の関係が，一般的には順イールド（長期金利＞短期金利）[4]）の金利関係となることを前提としている。つまり，「個別商品ごとに期間に応じた金利」を内部振替金利として適用することによって，対顧客金利との差（ギャップ）の金利分の利息がより高い

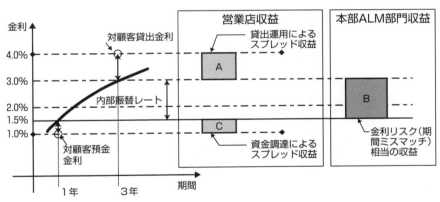

図表5-1　FTP管理イメージと例

出所：筆者作成。

4）イールド・カーブとは金利の期間構造を表す。X軸を期間（残存期間），Y軸を利回りとして期間に対応する利回りをプロットして描かれる利回り曲線である。順イールドとは，短期金利＜中期金利＜長期金利の関係となるイールド・カーブのことである。貸出期間が長いほど信用リスクにさらされ，その分金利は高くなる考え方である。

精度で算出される。この場合の「対顧客金利に基づく利息—内部振替金利分の利息」のことを銀行業界ではスプレッド収益と呼んでいる（**図表5-1**）。

さらに，FTPは約定期間満了（満期到来）までスプレッド収益を保証する考え方を採用するため，支店別収益から金利（変動）リスクが排除された構造となる。**図表5-1**では，支店の収益は，預金が0.5％分のスプレッド収益（＝内部振替金利1.5％－預金金利1.0％；図中のC）で融資が1.0％分のスプレッド収益（＝融資金利4.0％－内部振替金利3.0％；図中のA）となり，融資と預金で適用される内部振替金利の期間の違い（期間ミスマッチ）による利息収益は1.5％分（＝3.0％－1.5％；図中のB）の利息となる。

このようにFTPによって，支店の収益から金利の変動リスクが完全に排除されたものとなる。その点が，従来から銀行で行われていた本支店勘定利息制度[5]との最大の違いである。期間ミスマッチ収益（図中のB）が「金利リスク見合いの資金収益」である。資金収益部分は本部ALM（財務）部門などへ振り替えるが，それは支店では顧客に対しての金利交渉は可能であるが，市場の金利リスクをコントロールするためのオペレーション手段や権限を有しないためである。すなわち，FTP管理によって，金利リスク見合いの損益は金利リスクのコントロール・オペレーション手段をもつ専門部署である本部ALM（財務）部門へ振り替えられるのが一般的である。

FTPについては，1994年にアメリカのWebb［1994］がまとめているが，そもそもの起源については文献上明確ではない[6]。おそらく研究者が発案したものというよりも，銀行実務のなかで徐々に構築されたものと考えられる。わが国では都市銀行を中心に，1995年ごろより適用が検討され，1996年には実務で実際に運用が開始された。2002年時点では都市銀行から地方銀行でみ

---

[5] 本支店勘定利息制度とは，本店と支店との間の資金付け替えに伴って利息を授受する銀行業独特な社内振替価格制度のことである。本支店勘定利息制度には原始的な差額法と工夫が施された総額法があった（谷守［2007a］）。矢本［1957］によれば，当時はまだ差額法がほとんどであったが，総額法もすでに検討されていたとされる。

[6] 2001年にDeville［2001］の文献が発表されたが，内容的には銀行実務で標準的に適用されるFTPの仕組みのまとめと紹介が行われている。

2018 Autumn NEWS

おかげさまで創業122年
同文舘出版

四六判並製・230頁

インテル中興の祖
アンディ・グローブの世界

加茂　純・大谷和利 著

インテル成長の要因は、アンディ・グローブの人間力にあった。「インテル入ってる」を世界に広めた元電通マンが、人間グローブの魅力とビジネス上の知られざる真実を明らかにする！

| 発行日 | 2018年8月30日 | 価格 | 1800円 + 税 |

海外子会社の
内部統制評価実務

EY 新日本有限責任監査法人 編

1. 内部統制の概要　2. 海外子会社の内部統制評価手順　3. 全社的な内部統制評価　4. 業務プロセスに係る内部統制評価　5. 海外子会社の財務諸表分析　巻末に事例と（別冊）業務プロセスフローチャート付き。

| 発行日 | 2018年7月25日 | 価格 | 3800円 + 税 |

A5判並製・300頁

http://www.dobunkan.co.jp/

〒101-0051　東京都千代田区神田神保町1-41
TEL 03-3294-1801 / FAX 03-3294-1807

好評既刊書

収入支出観の会計思考と論理

上野清貴 著

本書は、コジオールの収入支出観を中心として、会計の体系を統一的・論理的に解説するとともに、会計理論構築や会計基準設定に際して、収入支出観を基礎におくべきことの正当性を検証する。

| 発行日 | 2018年6月20日 | 価格 | 4800円＋税 | 判型 | A5判上製・350頁 |

監査の現場からの声
―監査品質を高めるために―

監査の品質に関する研究会 編

相次ぐ企業不正、会計不正を前に、現場ではいかなる認識を抱いているのか!? 実務に携わる監査人の生の声から、極めて真摯に監査品質の問題に取り組む、公認会計士個人や各監査法人の真の姿を描き出す！

| 発行日 | 2018年6月30日 | 価格 | 2300円＋税 | 判型 | A5判並製・228頁 |

監査役監査の実務と対応（第6版）

高橋 均 著

法的規定を踏まえ、監査方針・計画の策定、期中報告書の作成・公表まで、豊富な様式や事例とともに詳解する。会社形態に合わせた読み方ができるよう構成を工夫し、最新情報を加え改訂！

| 発行日 | 2018年7月20日 | 価格 | 3800円＋税 | 判型 | B5判並製・392頁 |

れば，約70％弱のところでFTPが稼動済みもしくは構築中の状況である（金融情報システムセンター［2002］）。

とくに，預金利息は財務会計上では支払利息であるため，1980年代まではもともと原価計算のための費用の１つとして計算されていた。FTPによれば預金もスプレッド収益で管理されるため，預金利息は原価計算の仕組みとは別に計算されることになった[7]。すなわち，FTP管理によって預金利息は内部振替利息との差額が収益管理の仕組みのなかで計算されるようになり，預金利息それ自体は原価計算の構成要素とする必要がなくなったのである。逆に，FTPによって，預金だけでなく貸出金も含めて銀行で取り扱う運用調達すべての金融商品の収益計算が可能になったと考えることができる。

FTP管理の管理会計上の特徴は，金利リスク管理，ALM管理，及び営業店別収益管理を同時に管理する銀行版の内部振替価格制度なのである。このFTP管理によって，理論上は精緻な金利リスク管理が行えると同時に営業店の営業努力がより正しく分別されて収益管理に反映される仕組みができあがったのである。ここで，FTP管理の特徴を次の５つにまとめてみよう。

① 個々の取引の単位で，取引実行時点や金利種別，約定期間・金利更改期間，金額階層などのさまざまな取引属性に応じて振替金利を設定する。
② FTP管理の振替金利に，期間リスク等各種リスク・プレミアムを織り込み，リスクテイクや見合いと営業努力によるものとを区分する。
③ 一般には，約定期間満了（満期到来）までスプレッド収益が保証され，ALM理論上は営業店収益から金利変動リスクが完全に排除される。
④ 調達商品（預金等）についても振替金利が設定され，振替金利から預金金利を引いたものが営業店の預金のスプレッド収益となる仕組みである。
⑤ 顧客別の金利設定時に，FTPの振替金利をベースに，経費率や顧客別格付に基づく信用リスク・プレミアムを織り込んで，顧客ごとに異なる

---

7) 加藤［1930］，矢本［1957］，山高［1964］，諸井・米田［1978］の発表した当時の原価計算では，預金利息が銀行にとっての外部への支払利息であるため，その預金利息を費用の一部として原価計算が行われていた。

採算ラインが設定された金利を策定しうる。

しかしながら、最近ではFTP管理には次の3つの問題点が指摘されている。とくに、2016年2月からのマイナス金利政策によって、FTPによる収益管理が機能しなくなっている銀行がほとんどである。

(1) 単一振替金利によるFTP管理の限界と対応策

ほとんどの銀行で実施される単純な振替金利の管理では、ALM管理目的と営業店の業績評価目的の間にずれが生じた場合に解決できない。実際には、銀行の商品のほとんどが市場金利ベースで対顧客金利を設定できるものではなく、どうしても営業現場では顧客に対する営業目的の金利設定とならざるをえない。反対に、FTP管理の振替金利を純粋にALM目的だけで設定されると、営業店の対顧客向けの金利設定や収益・業績管理が十分に機能しなくなる。すなわち、市場金利がそのまま個別の振替金利に適用されることにより、護送船団行政時に本支店勘定レート[8]で問題となっていた金利の変動（金利リスク）が営業店の業績に影響を及ぼす事態となる。

この問題点は、もともと製造業など一般企業での管理会計における内部振替価格制度の設定方法で議論がなされてきた論点[9]と同根である。すなわち、この論点は売り手側が設定したい（社内販売）振替価格と、買い手側が設定したい（社内買取）振替価格の間のギャップ問題と同じである。

一般に振替価格設定方法には、市場価格法、原価積上げ法、内部調整価格法、二元的振替価格法（dual-price transfer pricing）[10]などある。銀行が最初にFTPを適用した際には、市場価格法が適用される場合がほとんどであ

---

8) 本支店勘定方式とは、FTP管理が導入される以前に銀行で行われていた本店と支店の間の資金振替である本支店勘定を利用して行う方法である。これは振り替える際に本支店間で利息をつける仕組みで、その際の本支店間で設定される金利のことを本支店勘定レートという。

9) 清水［1990, p.475］によれば、「分権的組織で使用される振替価格の設定方法に関する議論は、1950年代から盛んにされていた」とされる。

10) 二元的振替価格法の特徴は、「売り手と買い手の振替価格が異なることと、本部で振替量を決定することにある。そして、各事業部にとっては。相手がどう行動するかにかかわらず、真実の報告をすることが自らの業績数値を最大化する」（浅田ら［1998, p.248］）ものである。

った。銀行の場合には，本来ALM管理の精緻化のためにFTP管理が導入されたため，どうしても市場金利による市場価格法で行うべきだとの考え方にならざるをえなかったのである。

ALM管理の高度化目的に加えて，次に営業店業績評価にも適用しようとするのが銀行で適用される場合のFTP管理であるが，営業店では顧客との間で市場価格（市場金利）によって預金やローンを行っているわけではない。市場連動型金利でない限り知らない間にスプレッドの収益が市場金利の変動にしたがって常に変化することになると，営業店にとっては非常に管理しにくいものとなる。

その対応策としては，**図表5-2**のような管理会計でいわれるところの二

図表5-2　二元的振替価格法によるFTP管理イメージ

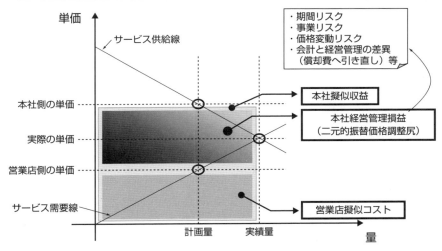

出所：筆者作成。

元的振替価格法が有効と考えられる。一般企業では,「当基準によれば,振替価格の目的は,相共に達成しうるが,各事業部利益の合計は,全社的利益に等しくならなくなり,このため管理がおろそかになるし,帳簿上の処理が複雑になるという欠点があるため,実務上あまり使用されていない」(清水［1990,p.503］)とあるが,銀行の場合には本社部門に全社利益との調整額をもたせてITを活用することにより複雑な計算をこなすことができるので,実務的には二元的振替価格法が実現されているといってよい。すなわち,大手銀行のFTP管理には実務上二元的振替価格法が適用されることが多いのである。

メガバンクでは,市場金利ベースの振替金利を「ALM用振替金利」あるいは「部門間仕切り金利」として市場部門と営業部門の間で振り替え,営業部門内の営業店との間では信用リスクや評価上のインセンティブなどを加味した「営業店業績評価用金利」あるいは「部門内仕切り金利」などの複数種類の振替金利を設定[11]して,振替金利の間の損益調整を本部や所管の部署にて行っている。

そうすることによって,ALM用の振替金利は,あくまで市場金利がダイレクトに反映されたものであり,理論的にも実務的にも金利リスクを集中させて管理できるようにする。一方,営業店業績評価用の振替金利によって顧客営業の場面に対応でき,その結果として妥当な営業店収益が計上されるようになる。

営業本部がALM用の振替金利で部門間のやり取りを行い,営業店に対しては業績評価用振替金利を設定するような複数または多段階の構造で,内部振替価格を設定することも可能である。また,対市場との損益や部門全体の業績とは全く無関係に,営業部門内だけで営業推進用のインセンティブ・レートを加味することも可能である。その場合には,財務との差額調整分は営

---

11) ALM用の振替金利は一義的には市場金利が反映されるので,金利リスクが集中的に管理されるようになる。一方,営業店収益管理目的の振替金利によれば,顧客場面に則して妥当な営業店収益管理が実施されるようになる。大手銀行では,この2種類の振替金利を組み合わせてスプレッド収益計算を行うところもある。

業部門の統括本部で管理するのが適当である。

　しかしながら，マイナス金利政策によって差額調整分が拡大している。極論すれば顧客向けには預金金利をマイナスにすることはできないので，行内ではインセンティブを加味した振替金利を適用する他ない。そうなると，マイナスのところにプラスの金利をつけることから，差額の拡大だけでなくより問題なのは全く真逆の行動を現場に促すことである。金融当局は企業に資金が回るように日銀への金利をマイナスまで設定しており，要は貸出に最適な預金を効率的に集めることを目指し，預金を集め過ぎないように促すものである。

　ところが，銀行はどうしても預金が集まらなかったら貸出ができなくなるとの不安と，単に内部的に営業店の預金業務を評価する必要性から，どうしてもマイナスの振替金利を設定できない。その結果，ほとんどの銀行では金融当局の思惑と真逆の預金振替金利設定となっている。

（2）営業店別損益計算を基礎としたFTPの限界と現状

　FTPは，本来は本部と営業店との資金の振り替えであるため，その収益管理は主に営業店単位となる。そのため，もともと営業店以外の単位での収益管理には向いていないのである。営業店の区別とは全く関係のない単位，たとえば，信用格付別や年代別個人客といった顧客セグメント単位のスプレッド損益はそのままでは算出できなかった。

　それはFTP管理システム構築の仕方に原因があった。1995年頃に当時の都市銀行，その後地方銀行や第二地方銀行，信用金庫などへFTP管理は，導入されたが当時の主たる目的は口座ごとに資金の需給マッチングをしようとするALM管理であった。ALM管理自体は銀行全体の金利リスクを管理するものであり，そのための中間データは店単位で集約された計数で十分だったのである。

　さらに，FTP管理は口座単位に行われるため，都市銀行では数千万口座を対象とする大量複雑な計算となる。1990年代後半は，メインフレームに代

わってオープン系システムの実用化が徐々に開始されつつある時期であったが，まだまだ非力であった。当時のコンピュータパワーではそれだけの件数を毎月処理することはほとんど不可能であった。そのため，都市銀行ではメインフレームのバッチ処理や専用の大型コンピュータを使って口座単位でのスプレッド計算を行った。

一方で，地方銀行や第二地方銀行ではパッケージソフトウェアを利用してFTP管理を実現するところが多かった。当時のFTP計算用のパッケージソフトウェアのほとんどは，あらかじめ店単位に集約したデータをもとにALM処理やスプレッド収益の計算を行う仕組みとなっていた。FTP管理パッケージソフトを動かすサーバーで処理できるように，あらかじめ預金や貸金を種別や期間別に店単位で集約しておいて，その後にALMやスプレッド収益計算が行われたのである。その結果，店単位でしか収益管理がしにくい構造となったというのが実状である。

(3) 期間損益ベースのFTPの限界

FTP管理は期間損益ベースの振替価格制度であるために，過ぎ去った1期間の損益をみるものでしかない。現状の期間損益によるFTP管理の問題点は次の5つにまとめられる。

①期が完全に終わらなければFTP計算ができない。

　　営業を行っている期の途中[12]では，管理会計が十分に機能しないことを意味する。

②新規に契約を獲得してきた業績が適切に評価できない。

　　最初に契約をとってきた渉外担当者には，契約時点ではなにも管理会計上の収益が計上されない。所定の期間が経過した後にそのときの担当

---

12) 財務会計は四半期決算が義務づけられ，開示期限は45日以内となり，さらに早期化の方向にある。経営のためであるはずの管理会計においては，外部へ開示するよりも早く，頻繁に頻度よく企業内部の状況がみえていなければならないはずである。そうでなければ，財務会計で経営を行うことにもなり，外部の投資家が結果を知るのと同じタイミングで意思決定するような本末転倒の事態になりかねない。

や部署に利息収益が付与される。
③現状のFTP管理では，信用リスクが期間損益でしか管理できない。

　　現状は信用コストとして原価と同じように収益から差し引く簡易手法が主流であるが，本来は将来収益のブレがリスクとなる仕組みが必要である。
④一般に将来の収益期間が業績にあらわれない。

　　たとえば，新規で同一条件の5年と1年の貸付が同時に獲得実行できた場合に，それらの業績は変わらない。計画策定時には金利や為替，残高予想などのシナリオに応じて決められるが，業績はあくまでも期間損益により算定されるのみである。
⑤FTP管理は，結果を示す実績情報でしかない。

　　そのままではタイムリーに適切な手が打てない。戦略策定と実行，及びマネジメント・コントロールのための情報提供の役割が管理会計であり，そのためには過去の分析だけでは不十分である。

　FTP管理は期間利息の内部振替価格制度であり，財務報告で求められる公正価値[13]への対応が不明である。現状のような対顧客への金利から市場部門への振替金利を差し引いたスプレッド・レートによる積数計算では現在価値測定は難しい。スプレッド損益の現在価値とは，おそらくFTP管理導入以前のように，対顧客向け金利に基づく貸出金の現在価値（A）と，その貸出金のために本部から調達する資金の現在価値（B）のそれぞれを算出して，その現在価値の差額（A－B）を求める方法が考えられる。

　貸出金の現在価値（A）におけるリスクは，当該顧客の信用リスクや顧客と銀行との間の期間リスクが反映されるが，そのために本部から調達する資金のリスク（B）には，理論的には当該営業店の信用リスクや市場と銀行と

[13) 本章では，公正価値，時価，現在価値を簿価に対してほぼ同義として使用するが，とくに，期間損益との比較の意味で現在価値を公正価値の意味で使用する。

の期間リスクが反映されることになる。営業店の信用リスクとは，地域（営業店）ごとの資産や業績に基づく与信ポートフォリオに基づいて算定される。この場合，営業店ごとにポートフォリオ管理しているのであれば営業店単位であるが，一般に銀行は業種別や企業規模別の単位で与信ポートフォリオを組むため，その意味でも前述と同様，営業店単位の管理だけでは今後の管理には不十分ということがいえる。

　財務会計においては株主のための配当可能利益算定の目的が第1であるが，最近では"投資家[14]のために情報を開示する"との意識が強くなってきており，財務会計情報によるディスクロージャーの手段として，時価の概念，すなわち公正価値概念が大変な勢いで取り込まれてきている。国内の会計基準でも2010年度以降の決算では，預金や貸金も対象に金融商品の時価の開示が求められる[15]。それに対して国内の銀行ではリスク量と自己資本比率がバーゼル規制や当局の指導で行われたこともあり，社内的には「会計とリスク管理がばらばら」で運用されてきた。リスクをかけすぎて収益を上げようとするなど好ましくない運営をしないようにとの当局の指導もあって，収益管理部署とリスク管理部署を分ける態勢面のことが中心となっている。

　しかし，これからはリスクをただ単に管理するだけでなく，リスクをマネジメントして収益につなげていくことが求められている。態勢面で収益管理とリスク管理が分けられて牽制が図られることと，それぞれの情報が無関係なものになるのとは違う。それぞれの責任と権限で収益情報とリスク情報が算定され，統合的な管理会計によって企業全体を賢く管理・運営していかなければならない。とくに最近のリスクアペタイト・フレームワーク（Risk Appetite Framework：RAF）の考え方を取り入れたリスクと収益の関係は第Ⅱ部第6章で詳しく解説する。

14）この場合の投資家は株主予備軍と捉えられる。
15）平成20年3月10日に改正企業会計基準第10号「金融商品に関する会計基準」及び企業会計基準適用指針第19号「金融商品の時価等の開示に関する適用指針」が公表された。

以上のとおり，資金収益の観点の管理会計とくにFTPの課題と対応の方向性である。しかし，FTPの仕組みはALM目的と営業店業績評価目的の2本立てで行われるようになったまま十数年以上現在においてもほとんど変わっていない。上述のとおり，FTPはもともとALMの精緻化を目的に考案された仕組みであり，その「ALM目的の期間リスク管理に関するFTP」の機能と役目はほぼ完成しているといってよい。

　一方，「営業店業績管理目的へのFTP利用」（ALM目的に加えて副次的に流用する）の課題は全く解決できていないといってもいい過ぎではなく，マイナス金利下において問題点はさらに露見したといえる。銀行の管理会計における資金収益管理を対象としたFTPは1990年代半ばに都市銀行に導入されて以来数十年以上変わっていないのである。そのために，銀行管理会計における資金収益管理の課題は相変わらず残ったままであり，逆にそのためにマイナス金利への対応ができていないのは当たり前の状態といえよう。

　マイナス金利で収益低迷のなかで金利収入が見込めず，管理会計の仕組みであるFTPではほとんど解決策が提示できない資金収益に代わって，各銀行では役務収益を拡充している。投信に続いて，保険，そして相続や事業承継等の信託関連商品，ビジネスマッチング等のコンサルティングサービスなど，取り扱える商品のなかで役務収益獲得の機会をなんとか増やしてきた。

　しかしながら，マイナス金利に直接的に関係する本丸の預金口座にかかる手数料については，国内各銀行は外銀比べて全くのガラパゴス状態である。すなわち，外銀では当たり前の口座手数料（アカウントフィー）がなぜ国内の銀行では導入できないのか。無尽講からできがった日本では，預金を預けるのにコストをかける文化がないなど，これまで口座手数料導入が困難な理由がさまざまあげられてきた。

　次節では，最近のEC業界や音楽配信サービスで適用されるサブスクリプションモデルを参考にして，コスト・プラスに代わる顧客本位のアカウントフィー導入方法を検討する。

3. アカウントフィー導入方法と課題

(1) 国内銀行におけるアカウントフィー適用の課題

　国内の銀行でアカウントフィーを徴収している銀行は存在しない。実際のところ国内の銀行でアカウントフィーの適用にあたっての課題は次の3点があげられる。

　第1に，日本の銀行では，預金は貸出金のための調達資金（銀行にとっての材料相当）であるとの考えが強い。「預金者は資金調達先（仕入先）」とのみ考えている可能性がある。それにもかかわらず，いまや預金は超低金利の商品となっている。さらに，2016年2月からマイナス金利政策が導入され，顧客にとって預金は全く魅力がなくなっている。本来のマイナス金利政策は銀行が行う貸出金の金利を下げて，貸出を多くすることにある。しかし，銀行にとって貸出のための材料に相当する預金の金利が低いので，顧客にとっては資金運用上の魅力はほとんどない。直接金融が一層多くなれば，預金は銀行に集まらなくなり，結局は預金をもとに行われる貸出も多くできない，といった経営リスクを銀行は抱えている状況にある。

　第2に，顧客が預金を預けるのに手数料は払うものではない，との認識が日本の文化では存在する。それは，もともと日本にあった無尽講や頼母子講（たのもしこう）など相互扶助の仕組みに由来するといわれている。実際に地域金融機関には無尽講が起源とされるところも少なくない。いまの第2地方銀行は銀行転換前までは相互銀行であったが，この相互銀行はGHQが戦後無尽を禁止したことから成立した銀行である。たとえば，愛媛銀行の沿革[16]によれば「昭和18年に愛媛県内の無尽会社5社が合併し，松山市に愛媛無尽株式会社として設立されました。昭和26年には相互銀行法が公布・施行されたことにともな

---

16) 愛媛銀行ホームページ，https://www.himegin.co.jp/about/history/index.html.（2018.5.18時点）の「企業・IR情報＞愛媛銀行について＞沿革」に基づくもの。

い，商号を株式会社愛媛相互銀行に変更いたしました。」とある。

　第3に，金融自由化が十分ではないことも1つの要因である。金融自由化は護送船団行政下の1970年代から徐々に適用されていくが，預金に関してはアカウントフィーを設定するような競争戦略は起こっていない。バブル崩壊後の膨大な不良債権により，実際に長期信用銀行や都市銀行が相次いで破たんするほどの危機的経営状況下では，これまで日本のどこもやったことのないアカウントフィーの導入はありえないものだった。ただし，ほとんど使われていない預金口座（休眠口座）については整理して少しでも効率化を図りたいとの思いはあったに違いない。そのため，銀行で考えられるアカウントフィーが，口座維持手数料と呼ばれるようになったのであろう。普通預金金利自由化後，ちょうどバブル崩壊によって，銀行の経営は攻めよりも守りに入らざるを得なかった。すなわち「アカウントフィーとは口座維持手数料」という原価回収的な発想しか検討できないために，他行と競争するための戦略的な価格設定までにはならなかったと推察される。

　近年，ほとんどの銀行で不良債権処理が進み，逆に貸倒引当金戻入が発生しているところもある。そういった状況にあるいまこそ，あらためて戦略的に差別化された価格設定が求められている。その場合，口座維持手数料という原価回収的な銀行側論理ではなく，顧客価値に基づいた検討が求められよう。手数料とはサービスの対価であって，いまの超低金利下の預金では顧客に全く魅力を与えていない。そう思われてしまうのは，逆に銀行が顧客価値は預金金利でしかないとさえ考えているからではないだろうか。

（2）サブスクリプションモデルの先行研究

　銀行アカウントフィーに関する先行研究はないが，広く課金制度や定期購入については，以下のとおり主にマーケティングの観点から研究されている。まず，マーケティングの課金方式のバリエーションとして，守口［2012a］では定額課金制として研究されている。最近ではサブスクリプションモデルと呼ばれる音楽配信サービスや時間制の食べ放題，飲み放題のビジネスは，

定額課金制として紹介されていた（守口［2012a, p.6］）。

　価格決定に関する管理会計研究では，櫻井［1977］の原価計算による価格決定研究がある。ただし，当時はまだ高速ネットのクラウドコンピュータがなかったことと，日本が高度成長期であったこともあり，主に製造業中心の価格決定が研究の対象とされていた。しかしその後，櫻井［2001］はソフトウェアの価格決定論を発表した。そのなかでは，受注開発とパッケージ開発の場合のソフトウェアの価格決定が研究されている。

　また，園田［2007］ではチャージバック・システムにおける課金の設定方法が検討されている。とくに，コストベースとプロフィットベースの区別と，サービス量に関係なく固定的な課金と変動的な課金の区別の合計4つの組み合わせをもとに検討されており，結論ではプロフィットベースの変動的な課金がすぐれているとされている。ところが，現状では逆に，サブスクリプション契約が多く，固定的な課金制度が市場にあふれている。

　さらに，谷守［2017b］はサブスクリプションモデルのステークホルダーへの役立ちを整理して，管理会計の観点から価値工学モデル化を行い従来モデルとの比較を行っている。このように，管理会計研究における価格決定では，コスト・プラス法を中心にしつつ新しい決定方法が検討されてきた。しかしながら，ここ数年に現れたサブスクリプションモデルの観点での検討は十分ではない。

（3）サブスクリプションモデルの定義

　伝統的なサブスクリプションモデルによるサービスとは「定期的な購読，購入，利用が契約されたフロー型ビジネスモデル」（以下，定期購入取引）のことであった。ところが，最近のソフトウェア業界に相次いで適用されているサブスクリプション契約は期限付きサービス利用権の意味に変わっている。契約期間内であれば，ソフトがバージョンアップした場合でも追加料金は発生しないうえに，ソフトの運用やメンテナンスのための教育やサポートまでも含まれていることが少なくない。最近のサブスクリプションモデルと

は「契約に基づく一定の期間内において，機能，品質，及び価格が保証されたサービスを経常的に利用するストック型ビジネスモデル」と定義される（谷守［2017b, p.105］）。サブスクリプションモデルが適用されたサービス，すなわちサブスクリプションサービスとは「契約期間内においては，機能，品質，及び価格が経常的に保証されたサービス」と定義できる。

　伝統的なものと最近のサブスクリプションモデルについて「時間軸」と「数量軸」の2つの観点で違いや関係性を明確にする。まず，伝統的なサブスクリプションモデルは原語のsubscription（model）のとおり，時間軸の観点では「定期的な一時点」であることがポイントである。時間軸の観点からいえば，利用される月内の回数や取引数についてはかなり限定されたものであった。それに対して，最近のサブスクリプションモデルの時間軸の観点は，定期的という意味から「期間内は常に」の意味に変化している。一方，サブスクリプションサービスの利用の数量（取引数）の観点では，顧客のサービス利用の回数や数量についてはほとんどの場合限定されておらず，ほぼ無制限という事例も少なくない。このように，最近のサブスクリプションサービスは，時間軸の観点では「経常的」といった内容に変化しており，数量軸の観点ではほぼ無制限または段階的制限をもって利用可能なサービスと認識されている。

　以上の検討をもとにすれば，サブスクリプションモデルは伝統的な定義と最近の定義の2つになることが分かる。それぞれに事例（ケース）をマッピングすると次の**図表5-3**のとおりとなる。このうち，本章では新しいサブスクリプションモデル，すなわち「期限付きサービス利用モデル」の銀行アカウントフィーへの適用可能性を検討する。

図表5-3　新旧のサブスクリプションモデルの定義

サブスクリプションモデルのタイプ	定義	事例
旧（伝統的なサブスクリプションモデル） **定期購入取引モデル**	定期的な購読，購入，利用が契約されたフロー型ビジネスモデル	・新聞や雑誌の定期購読 ・牛乳やダスキンの定期配達 ・置き薬ビジネスなど
新（最近のサブスクリプションモデル） **期限付きサービス利用モデル**	契約に基づく一定の期間内において，機能，品質，及び価格が保証されたサービスを経常的に利用するストック型ビジネスモデル	・Adobe Licence，RedHat，MS-Office365のソフトウェアライセンスビジネス ・OneDriveやDropboxのクラウドサービス ・Apple Music，Spotify，Hulu，Netflixの音楽やビデオの聴き放題や見放題のサービス ・Amazon Prime，Costcoの会員制サービス ・ゴールドカードのラウンジ無制限利用などの会員サービス ・フィットネスクラブやスポーツジム

出所：谷守［2018, p.8］。

（4）サブスクリプションモデルの管理会計的意義

　サービスの利用の都度1件ごとに手数料をもらうビジネスモデル（以下，アラカルトサービスモデル）に対して，一般にサブスクリプションモデルには，次の3つの観点で管理会計上の意義がある（谷守［2017b］）。第1の「マーケットインのインセンティブ」，第2の「収益の総合採算化」さらに第3の「顧客価値の全体最適化」がサブスクリプションモデルの管理会計上の意義である。

1．マーケットインのインセンティブ

　サブスクリプションモデルに対して，サービスの利用の都度1件ごとに手数料をもらうビジネスモデル（以下，アラカルトサービスモデル）によれば，収益は顧客数よりも取引数に直接的に比例する。すなわち，収益は顧客数に直接的に比例する訳ではなく，顧客が多くの取引を発生しなければ収益は上がらない。収益拡大のために取引数を増加させる手段として新規顧客の獲得

を目指したとしても，はたして新規の顧客がどのくらいの取引を行うかは分からない。とくに，銀行の場合では1年間に取引の全くない預金口座は少なくない。そのため，アラカルトサービスモデルの場合には，顧客を増やそうという意志よりもサービスの取引数を増やそうとするインセンティブが働くことになりかねない。その結果，顧客の顔を見ずにサービスの取引数さえ増えればよいといった企業内部の自分勝手な論理によるプロダクト・アウト型の拡大路線にまい進する危険性がある。

　一方，サブスクリプションモデルによる収益は取引数よりも顧客数に直接的に比例する。そのため，サブスクリプションモデルの場合には，取引数を増やす目的よりも，顧客数を増やすインセンティブが強く働くことになる。すなわち，サブスクリプションモデルによれば，価格設定に関してプロダクト・アウトからマーケットイン志向に変化する。たとえば，サブスクリプションモデルの適用により収益を維持する場合には，取引数の維持が優先されるのではなく，顧客リテンションを高めて顧客が減らないようにすることが第1の目的となる。そのため，既存顧客に対するサービス品質維持や新しいサービスの提案などの顧客リレーションシップを強化するインセンティブがより強く働くようになる。

2．収益の総合採算化

　アラカルトサービスモデルでは，個別の取引単位の採算が集計される。顧客の増加や期間の長さにしたがって個別の取引数が増加し，それに伴って収益が向上することで全体の採算も向上する。すなわち，アラカルトサービスモデルの計算構造は取引単位の採算が最小単位であり，それが顧客や期間の観点で集計される採算管理モデルといえる。したがって，アラカルトサービスでは，取引数を多くして収益拡大を行う目的で，新規顧客獲得や中長期的関係構築を目指すことになる。

　すなわち，アラカルトサービスはあくまでも取引数の拡大が主たる目的であり，そのための先行指標として新規顧客獲得や中長期的関係構築が行われ

る関係にある。ただし，新規顧客や長期間であっても取引をしない顧客では収益性には無関係となる。それは，アラカルトサービスであれば，収益は取引数に直接的に比例するが，新規顧客数や期間の長さは取引数に直接的に比例するとはいえないからである。

　一方，サブスクリプションモデルでは，最小の採算単位は顧客，取引，及び期間であり，それぞれが独立して収益向上を目指すことができる。取引数とは無関係に新規顧客獲得により採算はよくなり，期間が長くなればなるほど収益は比例的に高まる構造である。すなわち，サブスクリプションモデルによれば，採算面で個別採算から総合採算へ拡張される。個別取引採算管理から顧客単位の総合採算管理と，取引による短期的な採算管理から中長期的な採算管理への2つの拡張が図られる。それを次元で整理すると，サブスクリプションモデルによって，以下のとおり1次元から3次元へと採算管理が拡張されることになる。

・個別取引採算　×　1時点　型　………　線（1次元）
・顧客総合採算　×　1期間　型　………　立方体（3次元）

　サブスクリプションモデルの採算管理は「取引・顧客・期間」の3次元で行われることになる。サブスクリプションモデルによれば，1つのサービスだけを個別にみて採算がよくないのでそのサービスをやめてしまったり，逆に採算がよいのでその個別のサービスの取引だけを増やそうとしたりなどの議論に直結することはない。それよりも，複数のサービスで総合的に採算がよくなるようにするものであり，かつスナップショットのような1時点ではなくライフタイムで顧客の総合的な採算をもとにより複層的に判断できるようになる。

3．顧客価値の全体最適化

　サブスクリプションモデルによれば，顧客価値がさまざまな商品サービス

の全体最適なものとなる。顧客価値を価値工学式（Value Engineering：VE）による工学的アプローチにより適用する。VEは，企業側からみて製品や商品の価値（Value；V）はそれらのファンクション（Function；F）をコスト（Cost；C）で除したものであるとの考え方に基づく（V＝F/C）。製品などの機能（ファンクション）を落とすことなくコストを下げるか，コストを維持したままより高機能な製品を開発するかといった考え方である。すなわち，ファンクションを変えずにコストを低減できれば価値は向上するとの観点から原価企画における目標原価を算定する際によく適用される。

　顧客マーケティングの観点でMonroe［1990, p.88］は，顧客価値向上にVE式を適用している。顧客価値＝顧客からみた機能／顧客に必要なコストとして，顧客を重視したVE活動（以下，顧客VE活動）を式（以下，顧客VE式）に表している。さらに，上田［2004, p.80］はMonroeの顧客価値式に知覚価値概念を導入して修正している。また，株式会社日立製作所では1986年より顧客本位のVEをVEC（Value Engineering for Customers）と呼んで，製品やサービスのもつ機能を顧客が期待する機能に合わせるように設計，材料調達，加工などあらゆる面から改善を図る活動が行われている（大森［2014］）。

　また，Monroe［1990, p.88］のいうとおり，顧客にとってのコストは価格（Price）と考えるべきである。サービスを提供する企業と顧客の間の取引をサプライチェーンと捉えると，企業が設定する価格が顧客にとってコストである。一般的なVEは，企業内部のコストをもとに製品価値を考えるが，顧客VE式では顧客にとっての価値は顧客にとってのコストに対するファンクションであるサービス付加価値から考えることが必要である。すなわち企業の設定する価格に対するサービス付加価値の割合が顧客価値となる。

　一方，サブスクリプションモデルにおけるファンクションは単独ではなく，複数になることが少なくない。たとえば，マイクロソフト社のOffice365のサブスクリプション契約では1ユーザあたりの期限付き定額価格でライセンス料がかかるものの，ファンクションであるソフトウェア機能の種類は非常

に多い。Word, Excel, PowerPoint, ACCESS等々あり，それぞれのもつ詳細な機能まであげれば数限りない。

　このように，サブスクリプション契約によって，顧客はさまざまなファンクションをまとめて利用できるようになる。そのため，顧客価値を算定するには，サブスクリプション契約で利用可能なファンクションすべてが対象となり，その総和としての顧客サービス付加価値合計を分子とする必要がある。さらに，各ファンクションそれぞれに品質レベルがかかわる。たとえば，Office365の１つのサービス，すなわち１つのファンクションであるOneDriveについては当初ほかのWordやExcelに比べて品質が高くないという意見があった。それは，各ファンクションそれぞれに品質レベルが異なっており，かつそれが顧客にとっての価値に利いているということである。顧客VE式では，それらファンクションと品質（Quality）の積の総和がサブスクリプションモデルのファンクションとなるものと考えられる。

　また，顧客はファンクションよりもブランドやレピュテーションを求める場合がある。顧客はファンクションそのものよりも所持することによるプレミアム感を求めて，サブスクリプションで契約する場合が少なくない。たとえば，さまざまなゴールドのクレジットカードをみると，それぞれのサービスはラウンジ利用などを含めてもそれほど大差はない。しかし，アメックスやダイナースと比べると，楽天ゴールドカードの年会費は驚くほど低い。アメックスやダイナースの場合，受けられるサービスのほかにブランドイメージの高いカードをもつことで，プレミアム感を得られるという点がある。上田［2004, p.80］も製品の知覚便益に品質イメージとプレステージを取り入れている。そこで，サブスクリプションの場合にもサービスのファンクションと同時に，プレミアム（Premium）を取り入れる必要がある。

　以上の３点の管理会計的意義から，サブスクリプションモデルによる顧客価値をVEで表すと**図表５-４**のとおりとなる。

　サービス１回に対する顧客価値（Customer Value by Transaction）については，従前よりマーケティングにおける価格の観点からMonroe［1990］，

図表5-4 サブスクリプションによる顧客VE式

$$\text{サブスクリプションによる顧客価値} = \frac{\sum_i (F_i \times Quality_i) + Premium}{Price} \quad \cdots 式A$$

F_i：サブスクリプション契約で利用可能なサービスの1つ

$Quality_i$：サービスiの品質・正確性やスピード

i：サブスクリプション契約によって利用可能なサービス種類（1…n）

Premium：サブスクリプション契約によりもたらされる優越感

$\sum_i (F_i \times Quality_i) + Premium$：サービスのファンクション合計値

Price：サブスクリプション価格＝アカウントフィー（顧客にとってのコスト）

出所：谷守［2018, p.11］をもとに一部加筆。

及び上田［2004; 2006］によって研究されてきた。それに対して**図表5-4**の式Aによれば，サブスクリプションモデルとは，複数のサービスで顧客に価値が提供されるものであり，それが一括で価格設定されるものである。すなわち，サブスクリプションモデルは顧客1人に対して1つの価格でさまざまなサービスを複数同時に提供することによって顧客満足度を高めるビジネスモデルである。価格を維持したまま顧客ニーズに合わせてサービスを組み合わせて全体最適化を図るのがサブスクリプションモデルの特徴である。

限界費用が限りなくゼロに近い装置産業型のサービス業であればとくに実現可能である。その点からも，最近のサブスクリプションサービスは，クラウドサービスやソフトウェア産業においての適用が多くなっていることが分かる。

(5)サブスクリプションモデル適用による簡易シミュレーション

顧客と銀行側双方の価値関係は相反する。それぞれの立場でシミュレーションする必要がある。最初に，顧客の立場での付加価値（顧客価値）をシミュレーションする。次に，銀行の立場で収益性をシミュレーションする。

1．顧客の立場での付加価値シミュレーション

式Aに示す顧客VE式に基づく簡易シミュレーションを行う。**図表5-4**のとおり，これはサブスクリプションサービスを行った場合と行わなかった場合の「顧客にとっての価値」のシミュレーションを示している。現行のアラカルトサービスの場合とサブスクリプションサービスの場合の2つのケースで顧客価値を計算する。ただし，式Aで定義したQuality[17]とPremium[18]については同一銀行内の同一サービスの比較のため無影響（Quality＝1，Premium＝0）としてシミュレーションする。また，サービスのファンクション合計値（ΣFi）を計算するため，振込1回につき顧客にとって1付加価値がカウントされることとする。

さて，**図表5-5**に示す通り地域金融機関Rのサンプル顧客であるX氏は毎月1回の振込があり，年間では12回の振込を行っている。地域金融機関Rの振込手数料の実際価格は108円である。そのため，顧客Xは年間で振込手数料1,296円を銀行に支払っていることになる。銀行にとっては1,296円の収益であるが，顧客Xにとっては反対にコストである。ファンクション合計値は12（＝年間12回の振込×1付加価値）であるため，アラカルトサービスの場合の顧客Xの顧客価値は0.9％となる。

アラカルトサービスとの比較をより明確にするために，サブスクリプショ

---

[17] 銀行におけるQualityでは金額の正確性はいうまでもなく十分なので，たとえば，窓口サービスの応対の仕方や，資産形成に関する相談業務のノウハウのレベル，さらにはローンや融資の審査時間などが考えられる。銀行同士の比較では，平均的な銀行を1として相対的な比較でサービスごとにQualityを決めていく。応対の仕方のよさなどの顧客満足度は，日経金融機関ランキング「お客さま満足度」や日経リサーチ「都道府県別銀行満足度ランキング」などを参考にQualityを設定できる。ただし，本シミュレーションでは銀行の契約形態によるサービス品質に差異はないものとした。したがって，Qualityに差が発生しないもの（すなわち1）とした。

[18] 実際には，企業が異なればPremiumは異なる。たとえば，国内28空港のラウンジを使えるゴールドカードの年会費を比べてみると，アメリカン・エキスプレス・カード2万9千円，三井住友VISAカード1万円，JCBゴールドカード1万円，りそなJCBゴールドカード5千円，楽天ゴールドカードは2千円となっている（2018.8.22時点）。保険や還元率などの付帯サービスの違いはあるが，国内各ラウンジの使い放題のみで比較した場合では発行企業によって年会費が異なっており，その差額がPremiumに相当するものと考えられる。ただし，本シミュレーションにでは，同一の銀行内であることからPremiumに差が発生しないもの（すなわち0）とした。

ンサービスの月間アカウントフィーは，アラカルトサービスにおける振込手数料と同額の月間108円（年間1,296円）[19)]とし，一方で都度の振込手数料は無料としてシミュレーションを行う。そうなると，顧客Xは他の銀行のアラカルトサービスから振込を行うよりもサブスクリプションサービスを提供する地域金融機関Rの口座から振込みを行う方が得と考えるので，地域金融機関Rにおける顧客Xの振込回数は年間12回よりも増えることがと予想される。本シミュレーションでは，アラカルトサービスでは毎月1回だったところ毎月8回（年間で96回）に増えると予想した。そうなると，サービスのファンクション合計値は96（＝年間96回の振込×1付加価値）となる。結果，サブスクリプションサービスを契約した場合のX氏の顧客価値は7.4％となる。

すなわち，顧客にとっての価値は，アラカルトサービスよりもサブスクリ

図表5-5　顧客VE式による顧客価値の簡易シミュレーション

手数料条件等前提と算出結果	アラカルトサービス（現行）	サブスクリプションサービス
顧客Xのシミュレーション用前提		
顧客Xの年間振込回数	12回	96回
地域金融機関Rの振込手数料（都度）	108円	0円
月間アカウントフィー（円）[仮]	0円	108円
顧客価値の簡易算出（式Aによる）		
年間コスト（＝年間Price）	1,296円	1,296円
サービスのファンクション合計値 　ΣFi（年間振込回数×1付加価値）	12	96
顧客価値（＝ΣFi÷Price）	**0.90％**	**7.40％**

出所：谷守［2018, p.12］をもとに一部加筆。

---

19) 銀行のアカウントフィーの主な設定方法としては，預金口座の単位あたり原価をもとにする方法と，他行のアカウントフィーをもとに市場価格から決める方法がある。預金口座の原価は，直接原価のみの場合と全部原価で行う方法がある。銀行の直接原価とは，口座を維持管理するのに直接的に必要な資源から活動基準原価計算や資産活用原価計算（谷守［2017a］）により算定する必要がある。

プションサービスの方が高いということになる。ただし，年間で12回未満の利用であれば，アラカルトサービスの方が得である。顧客にとっては現状以上に多くのサービスを利用する可能性が高い場合に有効である。

2．銀行の立場での収益性シミュレーション

地方銀行や信用金庫の規模の銀行にサブスクリプションモデルによるアカウントフィーを導入した場合を想定して試算してみよう。アカウントフィーを導入しなかった場合を「アカウントフィー非適用」のケース，サブスクリプションモデルを適用してアカウントフィーを導入した場合を「サブスクリプションモデルによるアカウントフィー適用」のケースとしてシミュレーションする。

図表5-6に示すとおり，口座数150万の地域金融機関Sでは，2016年度の内国為替手数料は約15億円であった。**図表5-6**のX列では，その地域金融機関Sの内国為替手数料だけを抽出して，アカウントフィー非適用モデルとして示している。したがって，アカウントフィー非適用のX列は現状のままのアラカルトサービスである。Y列には当該地域金融機関Sにサブスクリプションモデルを適用してアカウントフィーが設定された場合のシミュレーション結果を示す。

まず，X列の地域金融機関Sの現状を簡略化したシミュレーションモデルを説明する。アラカルトサービスにおける都度の内国為替手数料は，当該地域金融機関Sの実際の他行宛振込金額をもとに108円（X列項目⑦）とした。同時に，年間の内国為替手数料の実績合計が15億円相当（X列項目⑨）であることから，口座当たりの平均の年間振込回数は9回（X列項目⑧）と算定できる。

次に，Y列に簡単なサブスクリプションモデルが適用された地域金融機関Sでは，毎月のアカウントフィーの価格は，2012年6月までジャパンネット銀行が1口座当たり適用していた口座維持手数料（189円）をもとに，その範囲内であえて比較のために実際の他行宛振込金額と同額の108円とした（Y

図表5-6 地域金融機関Sのサブスクリプションモデル適用シミュレーション

No.	項目	(X)アカウントフィー非適用モデル（アラカルトサービス：現状）	(Y)サブスクリプションモデルによるアカウントフィー適用モデル	単位
①	口座数	1,500,000	1,500,000	口座
②	＠アカウントフィー（月額）[仮]	0	108	円
③	口座解約率 [仮]	0	30	％
④	新規口座獲得率 [仮]	0	5	％
⑤	残口座数（＝①×（1－③＋④））	1,500,000	1,125,000	口座
⑥	**年間アカウントフィー（＝②×⑤）**	**0**	**1,458,000,000**	円
⑦	＠内国為替手数料（都度）	108	0	円
⑧	口座当たり年間振込平均回数 [仮]	9	96	回
⑨	**年間内国為替手数料（＝⑤×⑦×⑧）**	**1,458,000,000**	**0**	円
⑩	収益計（＝⑥＋⑨）	1,458,000,000	1,458,000,000	円
⑪	費用	1,200,000,000	1,200,000,000	円
⑫	利益（＝⑩－⑪）	258,000,000	258,000,000	円

出所：谷守 [2018, p.14] をもとに一部加筆。

列項目②）。さらに，毎月のアカウントフィーを設定する代わりに，無料で無制限利用可能な内国為替（振込サービス）が提供されているモデルとした。そのため，口座当たりの年間振込回数は大きくなることが予想されるので，今回のシミュレーションでは**図表5-5**のケースと同様に最低でも平均月8回（年間96回）の振込サービスが利用されることとした（Y列項目⑧）。

さらに，今回のアカウントフィーの設定によって，口座解約される可能性がある。それをジャパンネット銀行における照会やクレームのうち何割あったかを参考にして30％と見積もった（Y列項目③）。また，アカウントフィー設定によって顧客の行動が解約に向かうのとは逆に，サブスクリプションモデルによる無料で利用無制限の振込サービスの提供は，ネットオークションなど最近のＣ to Ｃで頻繁に資金の取引を行う顧客に魅力を与える。そのため，新規に口座を開設する顧客が増える率を5％と見積った（Y列項目

④)。すなわち，地域金融機関Sは現状150万口座のうち，サブスクリプションモデルが適用されてアカウントフィーが設定されることから既存顧客の30％が解約になるが，無料無制限の振込サービスの提供によって新規の口座獲得率が5％となり，結局のところ112.5万の口座数になると見積もったことになる（Y列項目⑤）。

図表5-6のシミュレーションの結果にあるとおり，地域金融機関Sではサブスクリプションモデルを適用し，アカウントフィーを設定した場合の方でも，従来通りの収益を上げられるように試算することができた。ただし，このシミュレーションでは，アカウントフィー設定による口座解約率と，無料無制限の振込サービスの付加価値サービスの提供による新規口座獲得率が，最も影響の大きなパラメータである。さらに，口座解約率と新規口座獲得率の見積りが重要であることはいうまでもない。

さらに，地域金融機関Sの実際の年間費用実績からシミュレーション用に原価計算を行う前の資源段階で150万口座分すべての費用を見積っている。サブスクリプションモデル導入によって，振込の回数が年間9回から96回に利用が増える（X・Y列項目⑧）としているが，この地域金融機関Sではシステムや店舗の減価償却費や人件費などはほぼすべて固定費[20]であり，十分にそのなかで処理可能であって追加的な費用はかからない構造[21]となっていた。そのため，銀行内の費用構造自体はサブスクリプションモデルによるアカウントフィーを設定しても変化しない状況にしている（X・Y列項目⑪）。

実際には内国為替だけで個別に採算をみることはないが，最終の利益シミ

---

[20] 銀行の口座維持にかかる資源は，システム費用・人件費・店舗費などの固定費がほとんどを占める。2000年代半ばのあさひ銀行（現りそな銀行）の調査によれば，預金口座に関係する変動費は新規に発行する通帳代やキャッシュカード代のみであった。それらは，その他固定費と比較するとほとんど無視できるほどの金額であった。

[21] ただし，年間96回をはるかに超えて大量に振込がなされた場合には，新たにシステムや回線を増強する追加投資が必要になる。その場合には，サブスクリプションモデルの採用によって，追加的な費用が発生することになる。したがって，実際にサブスクリプションモデルを適用する際には，アカウントフィー設定と都度の振込手数料無料化により，顧客の行動を予想して将来取引量の予測や見積りを行う必要がある。

ュレーション結果を仮にみてみると，サブスクリプションモデルによるアカウントフィーと現状のままの振り込みの都度手数料徴収の場合，それぞれの振込回数は9回と96回で大きく異なるのに対して，年間収益計（X・Y列項目⑩）は同額である。しかし，収益性についてはそれぞれ同額（X・Y列項目⑫）となり，一定の目標値が達成できるならば，サブスクリプションモデルを適用しても地域金融機関Sは収益性を保つことが可能である。

　ただし，サブスクリプションモデルによるアカウントフィーを設定した場合には，口座だけの関係の薄い顧客は解約し，残っているのは既存顧客のうちでも関係の深い顧客といえる。また，多くの送金や決済などの内国為替取引が毎月定額で回数制限なく行えることから新規に口座を作った顧客は将来的に関係性が高まる顧客である。つまり，解約せずに残った既存顧客と新規に契約した顧客の112.5万先（Y列項目⑤）は，この地域金融機関Sと関係性が深い，または深くなる顧客だけになったということができる。

　さらにいえば，この112.5万先は，将来的に送金や決済などの内国為替以外の投信，保険，相続，各種ローンなどの有料の資産形成型商品サービスの契約獲得に発展する可能性が高い。最近では，銀行側でもビッグデータ分析によって個々の顧客ニーズに応えることができるようになっており，取引数が多くなればなるほど，さらに加速度的に収益機会が高まるという銀行と顧客との関係に好循環が起こる。

3．シミュレーション結果に基づく考察

　サブスクリプションモデルによるアカウントフィーについて，3者の銀行有識者へのインタビューを行ったところ，総じて評価は理論の納得感に対して実務適用面ではネガティブであった。そこで以下のとおり，インタビューによるモデル検証結果をもとに実務適用にあたっての課題を明らかにして具体的かつ実行可能な実務適用方法を検討する。検証の結果から，実務への適用にあたっての課題は次の3点にまとめられる。

　第1に，アカウントフィーをどう決めたらよいのか。

第2に，アカウントフィーに見合うサービスを何にすればよいのか。

　第3に，口座維持手数料導入と同じ失敗にならないようにするにはどうするのか。

　第1のアカウントフィーの設定については，顧客と銀行の双方の立場を満足させる必要がある。そのためには，それぞれの限界を見極める必要がある。顧客にとっては，それ以上は高すぎると感じる金額が上限値である。既述のとおり，現状では銀行の口座維持手数料は無料であるため，顧客がアカウントフィーを口座維持手数料と同じものとみなした場合には，顧客にとっての上限値は0円となる。第2の課題のとおり，アカウントフィーに見合う，顧客にとってより価値あるサービスがなければ，アカウントフィーの上限値は上がらない。

　一方，銀行にとってのアカウントフィーの下限値は口座単位あたりの原価である。ただし，取引に関係なく当該顧客の口座（元帳）がシステムに存在することで必要な固定費による原価[22]を算定すべきと考える。なぜなら，既述のとおり，銀行の口座はほとんどがシステム費用などの固定費から成り立っており，振込などの取引が増えても基本的には追加費用が発生しないからである。このようにして計算される口座単位あたりの原価は，銀行にとっては口座維持費用に相当する。

　第2の課題に対応して，顧客にとっての上限値が少なくとも銀行にとっての下限値に等しくなるまで上がるように付加価値のあるサービスを検討しなければならない。たとえば，預金口座にかかわる取引をすべて無料にする案が考えられる。現状では，時間外手数料，コンビニATM利用手数料，または振込手数料など資金をどのチャネルでどの時間帯に移動させたかで手数料が必要になっている。それら顧客にとって自己の預金口の資金移動は，スマホのパケ放題やかけ放題と同様に，アカウントフィーを払ってもらう代わりに何度取引しても無料にするプランが検討できる。さらに，フィンテックを

---

[22] たとえば，谷守［2017a］の資産活用原価計算の銀行への適用事例が参考になる。

活用して個人の口座の資金移動を記録した家計簿サービスや自動的に仕訳まで発生させる法人の財務諸表作成サービスなどを付加することもいまや現実化している。それら複数のサービスを組み合わせることによって、口座維持費用の回収以上に毎月のアカウントフィーに見合うだけの付加価値が提供できるのではないか。

第3の課題は、アカウントフィーからいかに口座維持手数料の概念を払拭するかである。第1の課題で検討したとおり、口座にかかる費用の下限値である口座維持費用見合いの手数料である口座維持手数料では、顧客にとっては十分に納得されない。口座維持手数料を全面に出すのではなく、サブスクリプションモデルの適用によって顧客はアカウントフィーを銀行の会員になるための「会費（メンバーシップフィー）」として認識できるように変えなくてはならない。銀行にも従来から○○銀行「友の会」という組織があるが、百貨店における友の会のような魅力はない。

元来、銀行では預金口座の開設によって、はじめて銀行の顧客台帳や顧客関係管理（Customer Relationship Marketing：CRM）システムに記録されるのであるが、これまでは、預金事務処理の観点で預金口座が開設されていると考えている銀行が少なくない。たとえ預金金額がゼロであっても、預金口座を会員名簿とみなすことで、口座維持手数料から会費の意味への転換が可能になる。

他行がやらないからできないといった護送船団行政時代のような発想になるのは、アカウントフィーを口座維持手数としかとらえていない場合である。それよりも、銀行の友の会にサブスクリプションモデルを適用して、友の会のメンバーをあたかも銀行のプライム会員とすることによって、その会費としてアカウントフィーをいただく代わりに、他行のサービスに比べて、はるかに魅力的で付加価値の高いサービスを先んじて積極的に提供する方が顧客を引き付けて収益が向上し、何より既存の優良顧客の囲い込みにつながり、収益の安定化（固定収益化）の寄与することになる。

おわりに

　最初に，これまでの銀行における収益管理を整理した。とくに，FTP管理の課題と対応策について検討した。銀行のFTPは1950年代から一般企業で実施される「内部振替価格制度」の銀行版であることを指摘し，そのうえで二元的振替価格法の適用の可能性を検討した。

　また，これまでの資金収益管理として大手銀行で一般化したFTPは，ALMすなわち資金や期間の「リスク管理」にはほぼ完成の域といってもよいほどでき上がっている。しかしながら，営業店業績評価へFTPを活用する場合の経営への適合性の観点では，いまだ課題が残されていることを述べた。また，期間損益ベースの収益計算に対して公正価値ベースの収益管理適用の有効性をまとめた。とくに現在価値についての理論とその仕組みについて，従来の期間損益と比較しながら検討した。

　銀行は，ほんの数年前まではバブル崩壊による不良債権処理が最大の経営課題であった。不良債権を処理するということは，過去の不良債権を回収あるいは償却するということだけではなく，新規発生を防止する経営の仕組みが必要である。その仕組みは管理会計によって，意思決定や業績評価に適用されて実現されることが期待される。とくに，信用リスクや市場リスクのみならず，さらに社会経済のリスクが債権の将来価値にすぐそのとき（リアルタイム）に反映されるリスクのフィードフォワード機能が必要であり，営業活動において最も効果が高い。

　現状，信用リスクは信用コストとして管理会計に織り込まれている。しかし，よりビジネス的な価値を与えるためには，過去の業績に信用コストが原価のように差し引かれるだけでなく，顧客の信用状態が変化したことによって，将来のキャッシュ・フローがどう変化し，減損するのかといった期待収益のブレを会計として企業内で把握することが重要である。その意味でも公正価値ベースの収益管理の導入が期待される。しかしながら，IFRS導入が

全面適用ではなくなったことから，理論化に比べて実務への適用は遅れている。

一方，今後は通信キャリアの会話やメールの情報，音楽配信サービスの音楽情報，さらにはクラウドサービスの大量の蓄積データなどは，銀行サービスの電子的に変換された資金情報とほとんど区別できない，あるいは区別する必要のない時代に突入していく。とくに，BitCoinなどの仮想通貨の登場によって預金口座の振込や引落しなどの銀行決済情報はよりネットでやり取りされる電子情報の1つになってくる。

マイナス金利と少子高齢化により資金収益の改善が見通せないことと，資金収益の管理会計の仕組みであるFTPの仕組み自体が十分に適合しなくなっていること，及びフィンテックによる銀行機能の電子化を前提に考えれば，銀行の収益改善をアカウントフィー（口座手数料）導入の可能性に求めるのは必然である。そこで，本章では管理会計の観点からアカウントフィー導入の可能性を検討した。

銀行アカウントフィーの導入は，サブスクリプションモデルの適用によって理論的に十分検討可能であり，実務的に評価できることが分かった。しかしながら，実際の適用にあたっては，日本での預金に対する無尽講的文化からの流れで，銀行アカウントフィーを原価回収的意味で口座維持手数料として捉えていては失敗する。銀行のもつさまざまなサービスを組み合わせて提供し，総合的かつ全体最適で顧客価値を高める対価として，銀行アカウントフィーを捉えることが必要である。

銀行有識者による評価では，理論的には十分評価できるものの，すぐに適用するには銀行サービスを根本的に検討する必要があると分かった。いまの国内の銀行では顧客に提供できる魅力的なサービスのレパートリーが少なく，いまのままではアカウントフィーに見合う顧客価値が十分提供できない可能性は否定できない。

しかし，今後はフィンテックの進展とともに，既存の伝統的な銀行サービスはネットの情報の1つでしかなくなるだろう。そうなれば，ネットビジネ

スでは一般的な「使い放題」系のサービスの1つになり，サブスクリプションモデルの適用による銀行アカウントフィーの適用可能性が現実化する。さらに，フィンテックの進展ととともにさらなる銀行業の規制緩和も進めば，これまでなかったような新しいサービスが組み合わされ，総合的かつ全体最適で顧客にサービスされるようになる。そのためには，サブスクリプションモデルの適用が必要になり，結果として国内でも銀行アカウントフィーの導入が瞬く間に進むだろう。

　以上のとおり，サブスクリプションモデル適用によれば，これまで口座維持手数料の導入が全くできなかった国内の銀行のアカウントフィーの導入を可能にする。フィンテックの進展や少子化によりIT化を進めざるをえない今後の銀行に対して，総合的なサービス付加価値に対する適切な対価の徴求の考え方を可能にする。サブスクリプションモデルによるアカウントフィーは，海外の銀行に導入されている費用回収的な口座手数料と異なるものである。どちらかといえば，AmazonプライムやDropBOXの年間使用料金と同様に，銀行のシステムや営業店の施設，振込や入出金など期間内自由に使い放題するなどの付加価値を提供して顧客を囲い込むためのものであり，国内の銀行ならではのアカウントフィーとなる。

　最後に，サブスクリプションモデルに基づく銀行アカウントフィーの導入の鍵，あるいは導入することから得られる効果とは，手段や技術的な観点よりも戦略的な観点にある。すなわち，銀行が自己満足的になりがちなプロダクト・アウト戦略ではなく，顧客価値向上を目的とした付加価値のあるサービスの充実と提供に努めるマーケットイン戦略に変われるかどうかである。そうなれば，ようやく国内の銀行は護送船団行政の呪縛から解き放たれて，フィデューシャリー・デューティー（顧客本位の経営）を実現する真の顧客サービス業になることができよう。

第6章 リスクと資本の管理会計

はじめに

　1980年代までの日本の銀行は世界のなかでも企業価値（Enterprise Value：EV）の高い企業と思われていた。しかし，1990年代に入るとバブル崩壊による膨大な不良債権を抱える危機的な企業になった。その後20年近く膨大な不良債権処理に埋没した。2006年3月には，貸倒引当金の戻りが発生したことなどの要因により，大手銀行では表面上は好業績を相次いで発表した。その結果，ようやく一部の銀行では不良債権処理に目処がつき，注入された資本の全額返済も可能になった。これからの日本の銀行経営は，「守りの経営」から「攻めの経営」に転じるようになるのかと思われたのも束の間，2008年秋のリーマン・ブラザースの破綻によってサブプライムローン問題が頂点を迎え，ついには世界同時不況へと突入し，いまだ出口が見えない状況にある。

　1980年代までの銀行の管理会計には，貸倒引当金繰入額を含めた経費[1]のコントロールは行われていたが，含み損に代表される「予想されるリスク量」に関する概念はそれほど明確ではなかった。そのため，バブル期までの管理会計では，大きく不良債権化してしまうリスクを経営に十分に気づかせることができなかった。また，原因は1つではないが，現状の世界同時不況に陥

1）銀行業で使われる用語で，人件費，物件費，税金など会計上の費用の意味である。同様に，原価計算における資源（リソース）の意味でもある。

った原因も元を正せばリスク管理に問題がある。格付機関も絡む金融市場全体で非常に高度なリスク管理が要求される。ただし，この経験からいえることは，金融機関の経営管理や管理会計では，リスクが考慮されることが必要条件であり前提だということである。信用リスク対価のビジネスは銀行の本業であり，管理会計で考慮されていなければ経営管理が成り立たないのはいうまでもない。

　管理会計の収益の部分に相当する資金収益[2]は，他の業種に比べて顧客からの回収キャッシュ・フローの変動性（信用リスク）や金融商品の金利変動性（金利リスク）の影響[3]を強く受ける。そのため，実際に支払われる一般の経費だけではなく，予想される収益が計上されない可能性としてリスクを費用と同様に管理しておく必要がある。バブル崩壊といった実経済からの管理会計に対する教訓と，金融工学によるリスクの計量化技術の高度化によって，1990年代半ばより管理会計のなかにリスクの概念が取り込まれていく（谷守［2007c］）。

　本章では，あくまでも管理会計を基本としてリスクの収益（リターン）への影響を分析するものである。最初にリスク概念を取り込んだ金融機関の管理会計フレームワークを検討する。次にリスク管理取り込みの方法では，リスクの計数的側面（計量化リスク／非計量化リスク）と取り組みスタンスの側面（収益機会のリスク／回避すべきリスク）のそれぞれで対応が異なることを明らかにする。

　まず，バーゼル規制の対象である信用リスク，オペリスク，市場リスクについては計量化され，統合リスク管理のフレームワークによって資本対比で管理されるのが基本である。さらに，計量化されたリスクのうち収益機会と

2）銀行の収益の大半を占める資金収益は，融資やローンなどの貸出金（ストック）残高に経過期間と金利を乗じて計算される。
3）たとえば，銀行の主な収益源である貸出金利息は一定期間後の債務者（銀行から見たときの貸出先）の債務不履行（デフォルト）による「信用リスク」と，一定期間後に貸出金利の変動可能性である「金利変動リスク」が内包されている。

してのリスクに関してはRAFによって,適切にリスクを取って収益に変えていくことが求められる。

他方,回避すべきリスクについては,そのうち計量化されるリスクについては自己資本またはリスク資本を割り当てて健全性を確保する経営を行い,非計量化のリスクに対しては回避する方向に現場のアクションがつながるように,バランスト・スコアカード(Balanced Scorecard:BSC)適用等を検討することが求められる。

そこで本章では,最初に金融機関の管理会計に対するリスク管理の影響の歴史を整理する。次に,金融機関の管理会計がどのようにリスクを取り込んできたかをその技法も含めて検討する。最後に,世界的な潮流としてリスク回避だけでなくリスクマネジメントのできる管理会計が求められていることを述べる。

1. 金融機関の管理会計に及ぼすリスクの影響

リスク情報はもともと将来損益の変動性を示すものであるが,1980年代までの銀行のリスク管理は主に貸出の際の与信管理とALMなどであった。1980年代後半のバーゼル規制に端を発した国際的な金融規制が金融機関の管理会計にリスク管理の影響を強く与えてきた。そこで,金融規制によるリスク管理の要請が金融機関の管理会計に及ぼす影響を**図表6-1**の年表に示す。

図表6-1のとおり,バブル崩壊後の1990年代後半に信用格付制度が導入され,リスク情報が定量化されてきた。信用リスクや市場リスクなどは統計的手法によってVaRが計算されるようになり,その結果「統合リスク管理」が考案されて,その枠組みが大手銀行を中心に適用されたのは画期的であった。

また,バーゼルⅡの第2の柱「金融機関の自己管理と監督上の検証」に従って,銀行は主要なリスクを把握し,自己管理を行ってきた。同時に,第三の柱「市場規律」によって,市場規律の実効性を高めることを目的に,各リ

図表6-1　金融規制により管理会計へ与えられたリスク管理の影響

1946年頃より	護送船団行政（規制業種）⇒ 資金量拡大・安定が目標
1956年	大蔵省通牒　　　　　　⇒ 店別採算管理（独立採算制），預金科目ごとの原価計算
1970年頃より金利自由化（規制の撤廃）	
	1989年新短プラ導入（それまでは，公定歩合に連動した短プラ），1994年の普通預金金利の完全自由化
1988年	バーゼル合意（バーゼルⅠ）(1992年度末より適用)国際銀行システムの健全化・銀行間競争条件の同一化
	⇒ 自己資本比率規制［(Tier1+Tier2)／信用リスク）>=8%］の導入
1990年頃より	
資金運用・調達手段が多様化	⇒ ALMの高度化（債権単位の金利リスクの把握と集中管理）
	⇒ スプレッド収益管理導入（それまでは差額法や総額法による資金管理）
1996年 バーゼルⅠ改訂　⇒	市場リスク（トレーディング勘定の金利リスクや価格変動リスク）対象
1998年 早期是正措置制度導入	⇒ 銀行法第26条第1項に基づく命令．自己資本比率に基づき業務改善命令．
1999年 金融検査マニュアル発効	⇒ 自己査定に基づく貸倒引当分類
2001年 統合リスク管理の勧奨	⇒ 財務会計では対応しきれないリスク・リターン・資本の統合管理の導入
2004年 バーゼルⅡ（2006年度末より適用）⇒	信用リスク計測手法の高度化，オペリスク対象
	第2の柱（監督上の検証：統合的リスク管理），
	第3の柱（市場規律の向上：開示）
2007-2008年 金融危機（いわゆるリーマン・ショック）	
2010年 バーゼルⅢ（2013年より段階的適用）⇒ 自己資本の厳格化，定量的な流動性規制，レバレッジ比率	
2012年 ディスクロージャ強化タスクフォース(EDTF)より「リスク情報のディスクロージャに関する原則等」検討	
2013年 FSB（金融安定化理事会）より「実効的なリスクアペタイト・フレームワーク（RAF）の諸原則」が公表	
2014年 市中協議 バーゼルⅣ（未定）⇒ 資本フロア（標準的手法による）の検討	

出所：筆者作成．

スクのリスク量とその計算方法等について，ディスクロージャーやIRなどを通じて情報開示された．

ただし，各国銀行のリスク関連情報の品質にはばらつきがあったため，グローバルな監督当局からリスクデータの集計・報告・開示の強化に関する3つの考え方が示された．

1つ目は，金融安定理事会（FSB）の「共通データテンプレートに基づくデータ収集」である．個別取引先別・セグメント別の大口与信先・資金調達

先のデータや、システム上の重要性を評価するための情報を収集するための検討が進んでいる。

2つ目は、同じくFSBが2012年5月に組成したディスクロージャー強化タスクフォース（EDTF）によるリスク情報のディスクロージャーに関する原則、改善提言、グッドプラクティスの検討である。2012年10月に報告書が提出され、グローバル金融機関であるHSBCでは、すでにEDTFの検討成果をふまえたディスクロージャーを実施している。

3つ目は、2013年1月にBCBSから公表された「実効的なリスクデータ集計とリスク報告に関する諸原則」の文書である。同文書は「監督当局は、平時、とりわけ金融危機時における潜在的なニーズを満たせるよう、銀行のデータ集計能力とリスク報告態勢の頑健性を十分に確保し、柔軟性を備えるため、銀行のデータ及びITインフラを今後数年のうちに強化することを期待する」とされるもので、いわゆるリスクデータ・アグリゲーションである。

また、同年7月に金融安定化理事会より「実効的なリスクアペタイト・フレームワーク（RAF）の諸原則」の市中協議文書が公表された。リスクアペタイトとは、2000年代後半に起きた世界的な金融危機からリスク回避志向が強まっていた各金融機関に対して、中長期的目標を立て、適切かつ積極的にリスクをテイクすることによりリターンを上げる経営に取り組むことを求めるものである。以上は、本章のリスクと資本に関する金融機関の管理会計に大きく影響を与えることとなった。

国際的な規制は本来、各金融機関が経営管理のうえで活用すべき枠組みや、リスク管理のうえでみるべき指標などをアドバイスするものと考えられる。金融機関は規制対応を自己目的化して（渋々）対応を考えるのではなく、規制の背景や主旨を理解したうえで、あえて積極的に経営管理高度化の手段としてマネジメントを再検討することになる。

そこで、次節より金融機関の管理会計がどのようにリスクを取り込んできたかを具体的に検討してみよう。

2. 信用リスクのコスト化

　信用リスクのコスト化は，現在の銀行においてはデファクト・スタンダードとなっている。管理会計のなかに信用リスクの予想損失額を取り込む代表的な技法である。Matten［2000］によれば，貸出債権1件ごとに信用リスクのデフォルト[4]率と回収率から当該債権の期待損失額を計算して，収益から控除する方式が紹介されている。この期待損失額は管理会計上の貸倒引当金繰入額と考えてもよいが，金融機関の管理会計上は信用コスト[5]として原価項目にしたリスク調整後利益（＝収益－経費－信用コスト）をもって意思決定に利用する（金融情報システムセンター［2003, p.2］；日本銀行考査局［2001, p.25］）。

図表6-2　貸出における予想損失と非予想損失（信頼水準99％のケース）

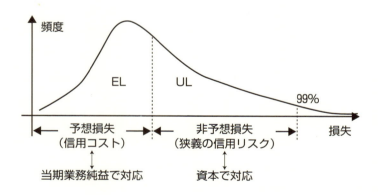

出所：日本銀行考査局［2001, p.16］をもとにして，筆者にて一部加筆。

---

4) デフォルトとは，債務不履行に陥った状態のことである。デフォルトには，元本は確保されるが利息は支払われない状態，元本の一部のみ確保される状態，元本も利息も両方とも確保されない状態などの何段階かがある。

5) 銀行実務では信用コストと呼ばれることが多い。信用コストとは，貸出に伴う期待損失額（平均的な損失額または予想損失額）のことで，過去のデータから統計的に計算されるものである。

複数の債権ポートフォリオの計算は，構成される債権の格付の遷移を複数のシナリオで計算したVaR[6]をまず計算する。信用リスクVaRは，**図表6-2**のように確率密度関数として計算されるリスク量（金額）である。信用リスクVaRのうち平均的な損失額と平均以上の損失額とで管理会計上の取り扱いが分かれる。

　前者の信用リスクVaRの平均損失額は，期待損失額（EL）と呼ばれる。ELは一定の与信期間（たとえば1年間）に発生すると予想される損失額の平均値となる。そのため，ELは当期の貸倒引当金でカバーされて当期の利益で回収を目指すべきコストであり，その意味で信用リスクに対する信用コストとされる。ただし，ELは末の残高であり，信用コストは当期のELから前期のELを差し引いたEL増減額が期間損益としての信用コストとなる。

　後者の平均損失額以上の損失額は非期待損失額（UL）と呼ばれる。ULは，現在の与信ポートフォリオの構成等を前提に一定の確率で生じうる最大損失からELの額を差し引いたものとして定義される。その一定の確率とはたとえば99％や99.9％と設定されるが，この確率の大きさは信頼水準と呼ばれる。いい換えると，実際に倒産が発生した場合でも99％や99.9％の確率で最大損失額を計量化したものである。したがって，何かあったときのほぼ最大の損失が分かっているわけで，そのULに対しては資本が備えられていなければならない。逆に，ULをカバーするように割り当てられた資本のなかで納まるようにリスクをコントロールして，より効率的に収益を上げていくべきものでもある。

　また，信用コストはあくまでも社内の管理会計上の仮想コストであり，財務会計上の債務者区分に応じた与信関連費用（貸倒引当金繰入額や貸出金償却費など）とは異なる。信用コストの考え方は，当期中の収益に対するリスク・プレミアムの考え方である。銀行社内で計算される信用コストは，顧客

---

[6] 一定期間内にポートフォリオが，最大でどのくらい損失するかを見積もる手法であり，その結果は，たとえば「99％の確率で，最大でも損失額は＊＊円」と計算される。

ごとに十数段階程度の詳細な信用格付を付与し，その格付ごとにモンテカルロ・シミュレーションなどで綿密に計算された累積デフォルト率や倒産確率を当該顧客の残高に乗じて計算されるものである。すなわち，信用コストは，顧客の残高に当該顧客の信用格付に応じた信用リスク率を乗じたリスク・プレミアム金額[7]とも考えられ，経過した期間内で期間利息と同様に計算しうるものである。

　一方，与信関連費用には決算期末の残高に予想損失率を乗じて算出される一般貸倒引当金，DCF法，個別貸倒引当金，部分直接償却，バルク・セールなどがある。与信関連費用の計算は，社内の信用格付ではなく，信用格付に比べると正常先か要注意先かといった相当に粗い自己査定の債務者区分にしたがって引当計算される仕組みである。計算方法も，信用コストは，累積デフォルト率を平均残高に乗じて利息と同じように計算されるのに対して，与信関連費用はあくまでも期末残高に対する翌期以降の備えとして法律にしたがって単純計算される点で大きく異なる。

　また，信用コストとは債権の減損を意味するものとの考え方もあるが，その場合の期間の対象は，当期間のみの減損額の簡易推定である。債権の信用リスクが高まり，将来の回収キャッシュ・フローに変化が生じ，当期間中の収益の減損を計算するにあたり，割引計算ではなく簡便的に当期中の損失額を差し引く形で計算されたものと考えることができる。

　そのため，信用コストは貸出金の期日が翌期以降の場合でも期間配分され，当期中のみの信用リスク損失（信用リスクに見合う当期中の損失額）が計算されるに過ぎない。与信関連費用は，最終期日までの引き当てが必要と判断される場合には全期間の引当金が計上される。それは，与信関連費用は貸出金の厳密な減損会計に則るためと考えられる。

　また，信用コストには"戻り"は発生しないので，利益になることはあり

---

[7] IFRSでは，貸出金の公正価値の計算に信用リスク・プレミアムを考慮する。平成20年3月10日に企業会計基準適用指針第19号「金融商品の時価等の開示に関する適用指針」が公表されたが，2010年3月末以降決算よりリスクを考慮した価値，すなわち時価を開示する内容となっている。

えず費用にしかなりえない。一方，あらかじめ引き当てておいた債権が後に回収できた場合や期末の引当額が期初に比べて減少した場合には，与信関連費用は引当金の戻りが発生し利益にプラスに働くようになる。与信関連費用には戻りがあり信用コストには戻りがないというのが，利益へ影響の仕方という意味で正反対の状態が発生しうる最大の相違点である。

そのため，経営管理を運営する場面で，信用コストであれば計画値の算定がしやすい反面，与信関連費用では計画値の算定が容易ではないのである。信用コストは，信用格付別の平均残高計画と期中の信用格付別倒産確率の見込みがあれば期中の計画値が計算できる。一方で，与信関連費用は貸出先の個別状況にかかわる"引当金戻し計画"立案は非常に難しいし，そもそも財務会計の引当金計算自体が全社合計でざっくりと計算されている現状からすれば精度の高い計画はほとんど不可能にさえ思える。

しかし，信用コストでしっかりと管理していたとしても，最後は与信関連費用をもって銀行全体が損益計算され，それが市場に対する最も重要な会社の成績表として決算報告される。内部が信用コストで管理され，外部へ決算報告される際には与信費用が適用されるので，内部管理と外部報告の採算状況にずれが生じ，全く別の結果を示すものとなってもおかしくない。銀行内部では信用コストで採算を把握して結果的に信用コスト控除後利益がプラスだとしても，決算上は与信関連費用を業務純益から差し引いた当期利益を計算し結果として赤字となることも十分にありうる。

いかに銀行内部では赤字ではなかったと安心していたとしても，決算広告やIRなどを通しての市場，株主，そして顧客においては，決算上の与信費用控除後の利益（すなわち，当期利益）しか知りえず，内部がどうあれ与信費用による採算結果によって赤字と判断されてしまうのである。もちろん，逆もありえる。内部管理上は信用コストを目標にして相当に厳しい採算状況を管理したため，結果的には決算上与信費用が減り，なおかつ戻りがあったとすると大きな黒字となることもある。それは，引き当て済の債権についても信用コストの場合には期間経過によって期間損益として計算されてしまう

ことによるズレの大きな要因の1つである。ただし，その場合には，銀行の貸し渋りや貸し剥がしと思われかねない結果となる。

さて，矢本［1957］によれば，すでに当時から貸倒引当金繰入額[8]は原価計算の要素として考えられていた。「リスク・コスト」（矢本［1957, pp.145-146］）の呼び方で，銀行の原価計算のなかに経費の一部としてまとめられている。ただし，その場合の貸倒引当金繰入額は銀行全体や営業店単位で計算される与信関連費用のことであり，毎月とか顧客や債権単位などのように詳細な単位では計算されるものではなかった。当時いまのようなITの技術や金融工学による計量化されたリスク量算出の技術があれば，矢本［1957］も信用コストを適用して，さまざまな管理会計に適用したのではないかと推察する。

3. リスクや資本に対するパフォーマンス指標（RAPM）

1988年，国際取引を行う銀行は自己資本比率8％をクリアする義務（バーゼル規制）を負うことになった。その必要性から，銀行内部の管理会計システムに資産別のリスクを計量化して自己資本でカバーするといった経営管理指標による管理が検討されるようになった。バーゼル規制の影響を受けて，経営内部の管理指標にリスク調整後業績管理（RAPM）（Matten［2000］が導入されるようになった[9]。RAPMにはいくつかの種類があるが，最も広く利用されている資本リスク調整後資本利益率（RAROC）は，バンカース・トラストが1980年代に市場系商品のパフォーマンスを評価するために開発したといわれている。

まず，金融機関で導入されるRAPMのうちデファクト・スタンダードと

---

8) 矢本［1957］は，貸倒引当金準備額と称していた。
9) 当時のさくら銀行（現三井住友銀行）では，RAPMの1つである統合ROE管理の計画と実績をディスクロージャー誌にも掲載している。2002年に行われた財団法人金融情報システムセンター主催の金融機関におけるリスクを考慮した収益管理研究会のなかで，その他の大手銀行についても導入済みもしくは導入に向けて開発中と発表された。

なったRAROCについてみてみよう。次に，従来から一般企業にも適用されているROAをもとに収益に対してのみリスク調整された資産リスク調整後利益率（RAROA）や，バーゼルⅡを活用したリスク・アセット対比のリスク資産リスク調整後利益率（Risk-Adjusted Return on Risk weighted Asstes：RARORA）などがある。最後に，市場からの期待収益を考慮し資本コストを差し引いた経済的付加価値（EVA[10]）の金融機関への適用内容とその効果を検討してみよう。

（1）RAROC

RAROCは，資本利益率（ROC）をもとにしたRAPMであるが，当期収益から経費と信用コストが差し引かれたリスク調整後利益を分子におき，分母には前述のVaRより算定された最大損失額をカバーするように割り当てられたリスク資本[11]で除して算定される（小野［2002］）のが一般的である。ただし，信用リスクについては，予想不能な損失であるULのみカバーする資本がリスク資本とされる。

RAROC
＝（収益－経費－信用コスト）／リスク資本
＝（収益－経費－信用コスト）
　／（信用リスクUL＋市場リスクVaR＋オペリスク量）……式A

---

10) EVAは，米スターン・スチュワート社の商標登録。本書では，本来のスターン・スチュワートの厳密なキャッシュ・フロー調整までは行わずに利益から資本コストを差し引く概念のみ取り入れた一部の金融機関で適用される「資本コスト控除後利益」（＝収益―原価―資本コスト額）の意味として使用する。
11) リスク資本は，実務では，「業務運営上抱えるリスクから生じる予想外の損失をカバーするために必要な資本」（石川ら［2002, p.174］）として定義されるのが一般的である。リスク資本は，BIS基準における規制上の所要自己資本とは異なり，金融機関が自主的に構築するリスク管理のフレームワークのなかで用いられる資本である。

> **簡単な計算例**
>
> XYZ銀行の信用リスクのVaRのうちUL分は1800億円，市場リスクのVaRは1000億円，オペリスクは287億円と推定された。XYZ銀行の当期中の収益は1,710億円，経費は845億円，信用コスト（EL）は550億円であったが，その場合のRAROCは次のとおり算定される。
>
> RAROC ＝（1,710－845－550）／（1,800＋1,000＋287）
> 　　　＝10.2%

一般にRAROCは事業部門やカンパニーの単位で管理されるものである。最大損失を超えないように資本を割り当て，その割り当てられた資本利益率を管理し，経営の意思決定や業績評価に資する目的のものである。

一方，地域の銀行や中小規模の金融機関で代表的な経営管理指標としていまでも適用されるRAROAでは，次の4つの問題点がある。

①資産のリスクが未考慮
②バーゼルの自己資本比率とは全く無関係な行動になる危険性
③良質な資産を単純に圧縮するなどして安易に比率を改善してしまう危険性
④個別最適で短視眼的行動に陥ってしまう危険性

すなわち，一般に（金融業ではとくに）ビジネスを行うということは，リスクをとってリターンを上げることであり，単純にアセットを削減する行動に走らせる指標では問題が多い[12]。すなわち，会社全体でみて最大でテイク可能なリスク・リミットが予算として提示され，その範囲内で健全にリスクをとりながらビジネスを行い，リターンを上げることが現代の経営の根幹である。この経営管理こそ統合リスク管理である。

ところが，統合リスク管理のための指標としては，分母が質を考慮しない

---

12) リスクをテイクしてよりリターンを獲得するといったビジネスの基本がなされなくなる可能性がある。貸し渋りや貸しはがしに向かいかねず，中堅・中小企業への「貸し興し（かしおこし）」型融資は，リスクをとってこそ行えるものと考える。

単純な資産であるRAROAではリスク極度の概念を入れることは簡単ではない[13]。今後の金融や経済の動向を考えると，経営資源割当の段階でリスクを考慮に入れられなければ健全性が全く考慮されないことになり，さらには単純な資産圧縮などを行ってしまい一層の粗利減少を招きかねない。つまり，RAROAではリスクマネジメント不能であり，収益向上と資産の拡大，自己資本比率の維持や向上に向けた経営が行われることはありえない。

(2) RARORA

バーゼルⅡで計算されるリスク・アセット（RWA）のコントロールを企図したRAPMがある。リスク・アセットは，信用度合いに応じて異なるリスク・ウェイトを貸出金残高に乗じたものである。リスク・ウェイトが加味されていない残高で算出されるRAROAとは違って，リスクを勘案した資産（リスク・アセット）に対して十分な収益性が確保できているかをみる指標となる。

実際に，大手銀行で算出されるRAPM指標に，RARORAがある。RARORAは，次の算式により算定されている。

RARORA
＝（収益－経費－信用コスト）／リスク・アセット　　……式B

簡単な計算例

XYZ銀行のリスク・アセットが，39175億円と推定された。XYZ銀行の当期中の収益は1710億円，経費は845億円，信用コスト（EL増減）は550億円であった場合のRARORAは次のとおり算定される。
RARORA　＝（1,710－845－550）／ 39,175

13）ビジネス・ライン別のリスク・アセット極度（計画・予算）が，バーゼルの計算の過程でエリアや営業店ごとに提示されるのであればまだましであるが，リスク資本の設定よりも複雑で回りくどい感がある。

=0.8%

　最近では，RORA（Return on Risk-weighted Asstes）もリスク・アセット利益率として適用されており，とくに中期経営計画で全行目標の重要業績指標（KPI）とされることが多い。RORAは以下の算式によるのが一般的であるが，RARORAと同式で算定されることもある。

RORA
＝収益／リスク・アセット　　　……式C

　RORAやRARORAなどリスク・アセットに対する収益性管理の適用は，バーゼルⅡの第2の柱でいわれるバーゼル指標の経営への活用の観点に沿ったものにもなる。また，融資やローンの残高に対する利回りの感覚で収益性をとらえてきた銀行にとっては，その残高にウェイトが乗っているだけのイメージであり，考え方自体にそれほど違和感がない。
　こういったバーゼルの対応の活用や現場でのわかりやすさといった利点がある反面，次の3点の問題点がある。
　第1に，バーゼルⅡの内部格付手法を採用した場合にはリスク・アセット計算が複雑で現場では計算できない点である。リスク・ウェイト関数は，PD[14]，LGD[15]，EAD[16]によって計算される。実際にバーゼルⅡの対応で内部格付手法を採用する銀行では，システムによって相当な処理時間をかけてリスク・アセットが計算されている。標準的手法であれば，リスク・アセットはある程度簡単に計算できるが，バーゼルⅡの対応での価値は内部格付手法を採用することによって，標準的手法よりもリスク・アセットが小さくな

---

14) 債務者が将来の一定期間内にデフォルトする可能性を測る計数のこと。
15) 損失時のロス率，すなわち（1－回収率）のこと，すなわち回収できずに損失となる可能性の金額のこと。
16) デフォルトした時点での与信額のこと。

り同額の資本でもより高い健全性を確保できるようになる。大手銀行ではほとんどが内部格付手法を適用している。今後ほとんどすべての銀行が標準的手法から内部格付手法へ高度化するものと思われる。そうなると，現場での厳密なバーゼルⅡの計算は不可能であり，検証ができないだけではなく目的とされたリスク・アセットのコントロールさえできなくなる可能性がある。しかしながら，バーゼルⅢの資本フロア[17]の影響により，標準的手法に回帰する可能性がある。その場合は，問題点ではなくなる。

第2の問題点は，第1の問題点と同様に内部格付手法適用の場合に発生するもので，要管理先以下の債権は資本直接控除になる点である。信用格付が要管理先以下になると，リスク・ウェイトが0になる。すなわち，破綻するとリスク・アセットが0になり，分母が計算上小さくなってRARORAが高くなってしまうという逆転現象が発生するのである。この問題点に対応するには，バーゼルの自己資本比率算定の厳密性とはあえて切り離し，資本控除額を逆算して管理会計上の換算リスク・ウェイト[18]を設定して計算するか，もしくは，バーゼルの対応のとおりリスク・ウェイトは0としてもRARORAの分子の部分で資本直接控除見合いの期間損益インパクトとして調整するほかない。

第3の問題は，そもそもの現場におけるリスク・アセットのコントロール可能性の問題である。計算上の問題点は上記にあげた問題点のとおりであるが，ここでは"リスク・アセットのコントロールが現場では困難ではないか"という指摘をしておきたい。営業現場でリスク・アセットを小さくするには，次の3つの基本的なアクションしかない。

①信用格付の低い先の残高を少なくする
②信用格付を高くする
③リスクに見合った収益を確保する

---

17) p.30の表を参照。
18) 換算リスク・ウェイト＝（資本直接控除額×12.5）／直接控除対象　債権額合計

また，とくに基礎的内部格付手法では，担保保全状況に相当するLGDが非常に簡略化されて準固定的であるため，現場では実質的にEAD，すなわち貸出残高のコントロールしかできない。そうなると，信用格付の低い先の残高を回収，あるいは新規貸出を抑制する動きになり，RARORAを良好にするが，貸し剥がしや貸し渋りにとらえられかねない。

　また，リスクに見合った収益の確保は，RARORAでなくともその分子の信用リスク調整後利益額自体で評価できるものである。すなわち，現場で計算やコントロールの難しいリスク・アセットを使わなくとも，信用格付に応じた信用コストが差し引かれた信用リスク調整後利益額を管理することで信用格付に応じた収益性の確保の目的は達成できるのではないかと思われる。

（3）RAROCとRARORAの比較

　RAROCやRARORAは，RAROAに比べてリスクをマネジメントする経営や現場での貸出金の質を考慮した運用に効果が高いことが分かる。それでは，RAROCとRARORAではどちらが金融機関経営により適合するだろうか。

　RAROCをRARORAと比較してまとめると**図表6-3**のとおりとなる。RAROCは，割り当てられた"資本"に対するリスク及び経費を控除した利回りを算定するものである。分母には，「リスク資本」を設定することがポイントとなる。ただし，前述のとおりVaRでは営業現場ではすぐに理解しにくいといった側面もある。

　以上のとおり，RARORAは現場で理解しやすい資産利回り指標であるものの，信用・市場・政策株・オペレーショナル・リスク以外のバーゼルⅡ第2の柱でいわれる「その他リスクへの備え」や「資本の有効活用」については十分ではない。一方，当局やメガバンクの推進するVaRベースのRAROCでは，部門別運営にとっては問題ないが，エリア・営業店・顧客別などのVaR計測が課題である。さらに，そもそもVaRベースのRAROCでは現場で考え行動するための「分かりやすさ」や「検証可能性」が十分に備わっていない可能性がある[19]。

図表6-3　RARORAとRAROCの比較

	RARORA	RAROC
収益性	○ 分子のRAR部分	○ 分子のRAR部分
効率性	△ 貸出を中心としたリスク・アセットに対する収益性確認	○ リスク資本に対する収益性の確認
健全性	△ ①リスク・アセットの極度額を設定し，そのなかに実際のリスク・アセットを収めるように管理することで健全性が確保される。 ②信用・市場・政策株・オペレーショナルの第1の柱のリスク以外のリスク算入が困難。	○ ①分母のリスク資本の設定の際に，自己資本比率を前提とした資本の最適配分が行われる。別のいい方をすれば，分母のリスク資本の全体は，Tier1以内とすることで，健全性が確保される[注]。 ②バーゼルⅡ第2の柱でいうその他リスクを考慮したリスク資本の設定も可能。
その他	分母のリスク・アセットは分子のリスク調整後利益に比べて相当に大きな数字であるため，指標が1％前後になり，推移や評価などの比較するには差が小さく分かりづらい。	エリアや営業店，顧客などさまざまな単位でRAROCを算出するためには，リスク資本のVaR計測をする必要があり，相当に手間がかかる。

(注) 日銀の統合リスク管理での収益性の向上と健全性の確保の両方を実現する手法としてRAROC運営が紹介されている（日本銀行金融機構局［2005］）。
出所：筆者作成。

(4) 規制資本ベースのRAROC

銀行経営全体最適化の方向性を有し，かつ現場を最適な方向へ動かすための経営管理指標の要件としては次の5項目にまとめられる。

①収益性の向上が管理できる。

②健全性を確保した運営が可能である。

③現場の分かりやすさと，現場でのコントロールが可能である。

19）RAROCを導入しているメガバンクでも，部門別RAROCまでであり，営業店別RAROCや顧客別RAROCまでは行われていない。唯一，さくら銀行（現三井住友銀行）で99年から2001年にかけて「統合ROE」運営として現場までブレークダウンすることが試行されたのみである。

④割り当てられた資本の効率的運用の意識が醸成され，活動につながる。
⑤事業部門別管理[20]と平仄(ひょうそく)が取れている。

以上の要件をもとにすれば，実務的な適用面を考慮して次式のとおり分母の資本にバーゼルⅡで要求される最低所要自己資本を利用することが考えられる。このRAROCを規制資本ベースのRAROCとする。

規制資本ベースのRAROC
＝（収益－経費－信用コスト）／最低所要自己資本
＝（収益－経費－信用コスト）／（リスク・アセット × 目標自己資本比率））
……式D

簡単な計算例

XYZ銀行のリスク・アセットが，39175億円と推定された。目標とする自己資本比率は9％とし，当期中の収益は1710億円，経費は845億円，信用コスト（EL）は550億円であった場合，規制資本ベースのRAROCは次のとおり算定される。

RAROC ＝（1,710－845－550）／（39,175×9％）
＝8.9％

規制資本ベースのRAROCとRARORAとの関係は，式B，式Dより次のとおりである。

規制資本ベースのRAROC
＝（収益－経費－信用コスト）／（リスク・アセット×自己資本比率））

＝RARORA×（1／自己資本比率） ……式E

最低自己資本比率が8％とした場合には，規制資本ベースのRAROC
＝RARORA×12.5となる。

20）事業部門別の割当資本設定については，第Ⅲ部第7章でグループ事業部門別管理会計での適用事例を説明する。本章では，理論概要を説明し，とくにリスク・アセットとの関係を検討した。

規制資本ベースのRAROCによれば，次の５つの効果があげられる。
①バーゼル自己資本比率と密接な関係をもつ健全性の確保の徹底。
②リスク・アセットに対する収益性の向上の管理。
③設定された最低所要自己資本の活用に関する効率性の向上の浸透。
④リスク・アセットによりリスクの加法性の実現。
⑤RARORAに比べて数値が大きく[21]より意思決定に資する。

　営業現場をRARORAで管理すれば，RARORAによって，少なくともリスク・アセットに対してより高い利回りを求める行動になるだろう。規制資本ベースのRAROCは，RARORAをバーゼルの対応にしたがってリスク・アセットの管理から自己資本比率で引き直して，全体のRAROCの管理フレームワークとするものである。バーゼルの対応，すなわちリスクと自己資本を意識した経営は現場へ浸透し，それが全体の指標へ完全につながる構造となる。

　しかしながら，規制資本ベースのRAROCではRARORAの問題点がそのまま引き継がれることになる。たとえば，バーゼルⅡ第２の柱で経営管理されるべき「その他リスク」が考慮されない。また，リスク・アセットからそのまま最低所要自己資本に引きなおすことからリスク量そのものがVaRに比べて精緻ではなく[22]，与信集中リスクなどリスク・カテゴリー間の相関が十分に計算されないままとなり，全体を保守的に合算管理しているに過ぎない。

　規制資本ベースのRAROCであってもVaRベースのRAROCであっても，社内のリスク資本に対するパフォーマンスをみるものである。RAROCで適用されるリスク資本は，VaRに応じて資本額が決まるので内容的にはリスク対リターンの割合をみるものと考えてもよい。いまでこそ，RAROCとな

---

21) RARORAは１％前後で差異が見えにくくく比較しにくいのに対して，RAROrCでは概ね10％前後になり，より鮮明に認識できる。
22) 第１の柱のリスク・ウェイト関数は，理論的な枠組みとして１ファクター・マートンモデルをベースにしたリバース・エンジニアリングを駆使した関数である。

っているが，リスク資本を分母とすることから，本来はRAROCというよりもリスク調整後資本利益率（Return on Risk-Adjusted Capital：RORAC）かリスク調整後資本リスク資本利益率（Risk-Adjusted Return on Risk-Adjusted Capital：RARORAC）とでも呼ばれるべき指標である。

(5) EVA

　金融業に限らず，バブル崩壊後では市場からみた企業価値がとくに重要になっている。市場からの資本調達だけでなく，そもそも時価総額など市場価値の向上を目指してその測定と管理を行うために登場したのがEVAであった。EVAはスターン・スチュワート社が考案したもので，ソニーや花王に導入された指標である。本来の算定はキャッシュ・フローの調整等スターン・スチュワート社のノウハウが多く入っている。

　金融機関の場合には，期間損益ベースで資本コストに対するパフォーマンスを測るというエッセンスのみ利益計算式に取り込んだ簡易な計算方式で運用されている。そのため，本来の意味とは異なっていることと，スターン・スチュワート社のライセンスに抵触しないように，金融機関の場合には自社独自のネーミング[23]を行って運用される場合が多い。とくに，金融機関では，リスク資本に基づいてRAROCが行われる延長で，そのまま簡便的なEVAを導入するところがある。RAROCでは縮小均衡となる危険性があることから，金額ボリュームで算定されるEVAがRAROCの補完指標として導入される。

EVA（各金融機関独自の資本コスト控除後リスク調整後利益）
＝リスク調整後利益－資本コスト額
＝（収益－経費－信用コスト）－資本コスト額
＝（収益－経費－信用コスト）－リスク（所要）資本×資本コスト率

　　　　　　　　　　　　　　　　　　　　　　　　　　……式F

---

[23] たとえば，旧UFJ銀行（現　三菱UFJ銀行）ではEP（Economic Profit）と呼ばれ，金融機関ではないが三菱商事ではMCVA（Mitsubishi Corporation Value Added）と呼ばれている。

簡単な計算例

XYZ銀行法人部門の割当資本が当該部門の本年度計画上の信用リスク＋オペリスク＋市場リスクが2000億円設定された。同部門の資本コスト率は5.5％とし，当期中の収益は750億円，経費は340億円，信用コスト（EL増減）は320億円であった場合，金融機関のEVAは次のとおり算定される。

EVA ＝（750－340－320）－（2,000×5.5％）
　　 ＝－20（億円）

＊企業内部ではリスク調整後利益90億円（＝750-340-320）でプラスと判断できたとしても，市場の期待収益110億円（＝2,000×5.5％）を満足していないことを示している。この事例の場合，RAROCは4.5％（＝90÷2,000）であり，資本コスト率5.5％を超えていない。すなわち，株主や投資家など市場から投下される資本の収益性が期待利回り（資本コスト率5.5％）を達成できなかったことを意味しており，かつその金額がEVAで計算されることになる。

ところで，そもそもEVAに適用される資本はVaRなどのリスク計量化に基づくリスク資本でよいのだろうか。RAROCは，社内のリスク対リターンの考え方に基づくものと考えられるが，EVAは「市場価値を測定するもの」と考えられる。市場価値測定の場合にはリスク資本でよいのかという疑問である。金融実務的には，そういった疑問はほとんど考慮されずにEVAが適用されているが，他の産業でも導入されていることを考えれば疑問を感じざるをえない。

製造業では，資産の圧縮や効率化を目指すことも目的とされ，従来管理会計で適用される社内資本金制度と社内金利制度が導入されており，その延長でEVAが導入される場合が少なくない。商社や金融業では事業のリスク管理が重要と考えられるが，製造業はリスクよりも資産やキャッシュ・フロー管理の方が有用であり，同じようなEVAの算定であっても意味が異なる。

金融機関の法人事業や融資・ローン事業などは，リスクに対する資本という意味で商社のビジネスと同じくリスク資本によるEVAで構わない。一方，個人事業や預金決済事業など，信用リスクがほとんどない場合には製造業の

ビジネスと同じように，社内資本金制度に基づくEVAの方がよい。資本を割り当てられる事業を行う現場が，リスク・コントロールすべきなのかアセット・コントロールすべきなのかで，適用される資本を考えるべきである。

また，株主からみたときはどうか。極論すれば，株主は融資やローンなどリスク・ビジネスにのみ資本を投下しているわけではない。手間が多く収益性が低い預金事業や代理店的な投信事業や他行の取引を取り込むATM事業へも，資本を使ってほしいと考えている。そうであれば，単に最大リスク損失をカバーする目的は，企業の健全性のためには絶対に必要であるが，株主に儲けてもらいたいとの考えからすれば，投下された資本は資産購入へ使ってもらいたいとの考えも十分ありうるだろう。したがって，金融機関のEVAとして考えるならば，事業によってリスク資本として検討すべきものと社内資本として考えるものと分けて検討する必要もある。

業務純益やリスク調整後利益で儲かっているといっても，それはまだ社内だけの満足感でしかないことが理解されよう。EVAを算定することで，市場の期待収益を上回る収益が上げられたかどうかが判断される。すなわち，RAROCが市場の期待収益である資本コスト（％）を超えているのかどうかが明確に判断されるようになる。

ただし，RAROCやEVAは資本コントロール権限がなければ十分に機能できない。すなわち，資本コントロール権限を有するエリア責任者や事業部門長には経営資本を割り当てて，RAROCとEVAを算定する。支店長や現場の担当者には，資本ではなく直接リスク・アセットに対するパフォーマンスで管理すべきであろう。ただし，現場がリスク・アセットで管理された場合には，全体のRAROCとの調整を図る必要がある。

（6）総合評価とKPI管理

これまで説明してきたRAROCあるいはEVAであっても，実は財務的な視点で企業価値を測定しているに過ぎない点を忘れてはならない。それもとくに株主や投資家の価値観で収益費用アプローチでの測定を行っている状況

にある。その点からいえる今後の企業価値測定のあるべき姿になるためには，さまざまなステークホルダーの価値を測定する枠組みと，その価値が短期的・表層的価値なのか，中長期的な真の価値観なのかの見極めが必要である。

株主の価値は上がったが顧客の満足度が下がったり，取引先や従業員が泣かなければならなかったりする状況に陥ってしまえば，結果的には企業価値が向上したとはいえない。したがって，企業価値の測定とは，さまざまなステークホルダーの価値観を総合的に測定することが肝要である。一方，さまざまなステークホルダーの価値観をそれぞれ最適な指標で測定できたとしても，総合的に測定する方法については別途検討しなければならない。それには大きくは２つある。

１つは，目標管理（MBO）で適用されるような指標ごとの達成度合いに重み付け（加重平均）するなどして統計的手法によって１つの総合点を算出する方法である。

もう１つはステークホルダーごとの価値観の測定結果をそのまま使用し，総合点ではなく，多次元のまま分布度合いで判断する方法である。イメージとしてはレーダーチャートで管理されるものと考えればよい[24]。それぞれの観点で測定結果のままにするというのは，無理に１つの指標に落とし込むことで本来認識されるべき特異な情報が平均化されて削ぎ落とされるのを防ぐためである。

経営状況を統計管理するだけではなく，戦略的な意思をもってマネジメントしコントロールすることまでを経営管理と考えるならば，多次元で企業価値を向上させることを考えるべきである。先に述べたとおり，企業経営とはすべてのステークホルダーの価値観を向上させることだとすれば，１つの総合点に落とし込むことは分かりやすく比較しやすくなる反面，特定の視点での企業価値の状況が見えないものとなり，問題となるのではないかと思われる。

---

[24] 商品比較サイトの価格ドットコムの評価方式は，４〜５つの視点で評価されている。

また，非財務指標のなかには短期的には財務数値には反映されていないが，中長期的に効果を発揮するような項目も多く含まれている。金融機関でよくいわれる新規口座数のようないわゆる「種まき営業」的な基盤項目がそれにあたる。結果的には，財務指標へとつながるので，BSCのKPIとして管理される場合が多い。非財務のKPIを業績目標にすることで，現場にとって分かりやすく，タイムリーに，かつ改善や努力目標にしやすくなり，最終的にはRAROCやEVAの財務指標を向上させることが可能になると期待される。

4. リスク回避からリスクマネジメントの管理会計

　金融機関の管理会計技法には，信用コスト，FTP，及びRAROCなど実際に適用されて，他の業種に比べて最もリスク量が取り込まれたと思える。しかし，本当の意味ではいまだ完全なリスクマネジメントが実現できたとはいえない。現状の金融機関の管理会計が基本とする統合リスク管理は，リスク回避のマネジメントに留まっている。その要因には2つある。

　1つ目は計量化されたリスクに対する管理会計が回避するスタンスに基づくマネジメントになっている点がある。それを克服するには，2013年にFSBから提唱されRAFと，会計基準であるIFRS9の金融商品会計の両方をそれぞれ参考に検討する必要がある。

　2つ目の要因として，非計量化のリスクへの対応が十分ではない点がある。以上の課題と対応を検討する。

(1) 計量化リスクに対する管理会計の課題と対応

　現状，計量化されたリスク量を取り込んだ管理会計技法になっているとはいっても，まだ過去の結果指標を分析しているにすぎないことに注意が必要である。当期にかけたリスク量をコストと同じように収益から差し引く技法は本質的には将来の変動可能性を示す金額ではない。将来価値の変動可能性として信用リスクや金利リスクなどすべてのリスク・プレミアムを加味した

割引率（資本コスト）によって，将来キャッシュ・フローを現在価値に割り引くような公正価値ベースの概念がこれからの管理会計に求められる。

本来，リスクは計量化さえできれば，すでにリスクではないともいわれる。「測定できないものは管理できない（You can't manage what you can't measure.）」という（管理会計にとってとくに）有名なピーター・F・ドラッカーの言葉どおり，リスク量が明確に測れるのであれば，それを上回るリターンを上げるようにマネジメントすればよい。

計量化されたリスクはその時点でリスク・リターンの手法によるマネジメントが可能なリスクとなるはずである。しかし，現状でも銀行の貸し渋りがニュースになるように，本来業務であるはずの銀行でさえリスクに対して回避する方向に向かう傾向がある。それは，国内の銀行のバブル崩壊後の膨大な不良債権処理と新規の不良債権を出さないようにリスクを極力取らないスタンスで必死に経営健全化を図ってきた（失われた20数年の）経験が影響している。そのリスクに対するスタンスは，リーマンショックと呼ばれる世界的な金融危機の際に逆に功を奏して国内の銀行への直接的な影響は少なかったとされる"成功体験"となった。他方で，世界的には日本のバブル崩壊後のスタンス（リスクは取るべきではないという）を見習うべきだとする風潮になったといわれる。

1．リスクアペタイト・フレームワーク（RAF）の取り込み

リーマンショック後，世界的にリスクを取る勇気が失われて，リスクテイクにネガティブになってしまった。それに対して，2013年にFSBからRAFが提唱された。RAFは，金融危機後の銀行に対するコーポレート・ガバナンス強化の議論の一環として提唱されたものであり，リスクに対して取るべき目標水準を策定するガイダンスとなっている（FSB［2013］）。

RAFを銀行管理会計に取り込むためには，リスクの目標水準の具体的な決定方法が求められる。たとえば，管理会計のなかでは原価企画の考え方を導入したリスクマネジメントを検討することができる。

具体的には，信用リスク管理責任部門が従来通りの成り行きで見積ったリスク量（成行リスク額）を算定する。一方，銀行管理会計担当の経営企画部門においてはリスク限度の範囲内で，地域経済の状況，地域や顧客からの期待，銀行全体の収益計画，銀行体力の状況をもとに積極的に取るべきリスク量（許容リスク額）を策定する。それら成行リスク額と許容リスク額をもとにリスクに対するVEとして，分散効果，ヘッジもしくは逆にアクティブ運用等さまざまな手段によってリスクの最適化に努める方法がある。最終的には当期の目標水準とするリスク量（目標リスク額）を策定する。各部門や営業店においては，収益や原価だけでなく目標リスク額を目指すように業務が推進される。それによって，リスクが回避されるべき存在ではなく，銀行は地域とともにリスクを取ることによって地域を活性化させ，結果的に顧客とともに収益を上げることのできる地域顧客との共生関係が築けるようになる。

また，銀行内においては，一般に管理会計を行うのは経営企画部であるが，リスクの目標水準が専門性の高いリスク管理部署や審査役さらには現場の融資担当者の各部門で協議され納得して作り上げられることになる。実際リスク額を報告してもらうだけの状況に比べると，目標リスク額を策定するプロセスは，リスク関連部門間のコミュニケーションを密にし，収益に対するリスクの目標と実際の差異の「見える化」と要因分析を可能にするので，リスクに関するガバナンスが強化される。さらに，リスクの目標水準をもつことで，原価企画における原価の作り込みと同様に「リスクの作り込み」レベルのマネジメント・コントロールにもなりうる。

さらに，目標リスクを水準として経営していくプロセスは，実績値と目標額との差異分析の結果を予算や計画にフィードバックすることに留まらない。本来，リスクのコントロールはフィードバック機能よりも，あらかじめ予防的に手を打っておくフィードフォワード機能の方が有効である。つまり，リスクは発生してしまうと損失として現実化するのみであるが，発生しないようにコントロールすることこそより高い利益を上げることができるのが特徴である。とくに，銀行の信用リスクは収益との相関性が高く，リスクを単に

減らすコントロールを行ってしまうと収益も減少する危険性がある。

したがって、リスクのマネジメント・コントロールでは、結果をみてから対策を講じるだけではなく、将来起こりうる外的要因や対象変化に対して最適化を目指す運営が求められる。リスクの目標水準に近づくようにリアルタイムでリスク発生を予想しつつ監視を怠らずに打ち手を講じておくことが重要である。

現状の管理会計におけるリスク調整機能は、統合リスク管理に基づいてバックワード・ルッキングでのフィードバック機能となっている（**図表6-4**）。

2．IFRS9の予想信用損失（ECL）ベース

IFRSの予想信用損失（Expected Credit Loss：ECL）によれば、予想損失モデルによるリスクが調整された明細レベルの詳細な収益データが計算で

図表6-4　統合リスク管理のフィードバック機能

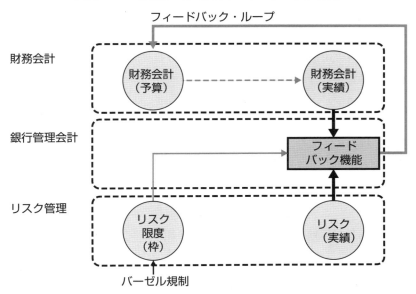

出所：谷守［2018a, p.84］をもとに一部加筆。

きる。それは，財務会計を基礎とする銀行管理会計にとっても同様に，リスク調整方法がフォワード・ルッキング化されることを意味する。そうなれば，いま銀行に求められている顧客の事業性評価を行うのに必要なフィードフォワード機能の実現が可能になる[25]。

これまでの銀行管理会計は，**図表6-4**にあるとおり，財務会計に十分ではなかったリスク概念自体を結果が出てから補完する必要があった。銀行管理会計の内容は，財務会計とリスク管理それぞれ一定期間後の結果をもとに統合化する枠組みであり，それが統合リスク管理の枠組みであった。そのため，銀行管理会計は，バックワード・ルッキングで処理せざるをえず，フィードバック機能でマネジメント・コントロールするまでであった。

それに対してECL適用後の銀行管理会計は，**図表6-5**のとおりリスクと会計が明細レベル，かつフォワード・ルッキングな情報によって財務会計で計算されることとなる。そのため，銀行管理会計においては財務とリスクの統合化の役目よりも，フォワード・ルッキングな明細レベルの会計情報によって，フィードフォワードにマネジメント・コントロールすることが可能になる。もちろん，これまでの統合リスク管理のフィードバック機能による毎期のマネジメント・コントロールが基本であり前提である。目標達成に向けて最適に経営をこなしていくために，フィードバック機能を補完する目的でフィードフォワード機能が適用される。

(2) 非計量化リスクに対する管理会計の課題と対応

計量化ができないか，計量化しにくい非計量化リスクに対しては，いまだ管理会計では十分にリスクマネジメントが行われていないといっても過言ではないだろう。とくに回避すべき危険性のリスクについては財務的測定方法が一部確立されているものの，まだ発展途上である[26]。計量化が困難なリス

---

[25] 最新の状況ではAIを活用して顧客のリアルタイムの取引状況から事業性を評価しようとする銀行が複数あらわれている。現状ではまだ実験段階ではあるが，完成すればよりきめの細かいフィードフォワード機能の適用が可能になり，目標リスクの達成に大きく貢献できるようになる。

図表6-5　銀行管理会計のフィードフォワード機能

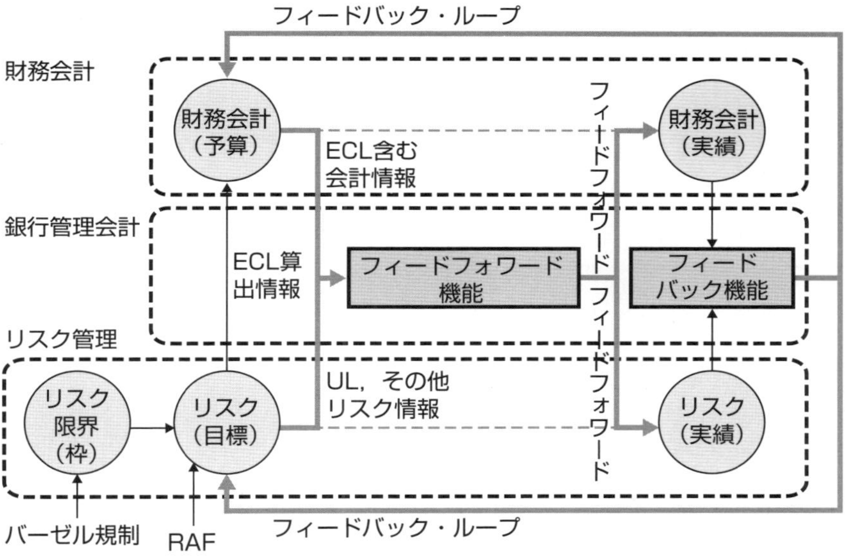
フィードバック・ループ
財務会計
財務会計(予算)
ECL含む
会計情報
フィードフォワード
財務会計(実績)
銀行管理会計
ECL算
出情報
フィードフォワード
機能
フィード
バック機能
リスク管理
UL，その他
リスク情報
フィードフォワード
リスク
限界
(枠)
リスク
(目標)
リスク
(実績)
バーゼル規制
RAF
フィードバック・ループ

出所：谷守［2018, p.89］をもとに一部加筆。

クについてはリスクの発生を抑え，発生した場合でも損害を最小限に抑えるようにリスクを回避する活動が求められる。

BSCによるKPI管理

非計量化リスクの管理会計のフレームワークへの取り込みについては，無形の資産管理と同様にBSCの適用が考えられる。BSCは，非財務指標の管理，先行指標の管理，及び企業内の管理や制度の体系化といった特徴を有し，無形の資産価値の向上とリスクの管理を統合的に体系化するフレームワークとなるのではないかと期待される[27)]。BSCによれば，財務の視点で収益性の向

---

26) バーゼルⅡのオペレーショナル・リスクのうち事務リスク，システム・リスク，法務リスクについては，計量化できるようになっている。その他の風評リスクやシステミック・リスクなどのオペレーショナル・リスクについては，まだ計量化が十分ではなく研究途上にある。

上と健全性の確保のバランスと統合化を実現でき、さらに非財務の指標や先行指標などのKPIの管理の概念によって、計量化困難な回避すべきリスクの予防や準備とともに日々のリスク管理活動に変換できるものと考えられる。

管理会計に対するリスクの影響関係をまとめる。**図表6-6**に示すとおり、BSCフレームワーク上に計量化されたリスクと非計量化のリスク管理を整理した。トレッドウェイ委員会組織委員会（Committee of Sponsoring Organization of the Treadway Commission：COSO）のフレームワークをベースとしたといわれているバーゼルⅡのなかで、事務リスク、システム・リスク、リーガル・リスクの3つのオペレーショナル・リスクについては先進的手法として計量化が検討及び推奨されている。これらの計量化の対象となったオペレーショナル・リスクは、銀行経営管理においてはすでに「内部ビジネス・プロセス」の視点のリスクではなく「財務の視点」のリスクとしてマネジメントされる対象である。

その他の風評リスクや事業戦略リスクなどの計量化が困難なオペレーショナル・リスクについては、リスクが具現化する前の先行的な非財務の指標によって行員全員が当該リスクの予防や低減に向けた活動を行うことが必要である。それは、BSCでいえば戦略マップにしたがって「内部ビジネス・プロセス」や「学習と成長」の視点から財務の視点へ影響させる因果連鎖によって非計量化リスクがマネジメントできるのではないかと期待される。

おわりに

VaRといった金融工学やバーゼル規制による外部制度化の影響によって「市場（金利）リスク」「信用リスク」については計量化されて、FTPや信用コストとして管理会計に取り込まれた。それぞれ管理会計のフレームワークに

27）たとえば、三菱UFJ銀行では、バーゼル規制やサーベンス・オクスリー法のベースとなっているCOSOのフレームワークをBSCによって実現しようとしていた（南雲［2003］）。

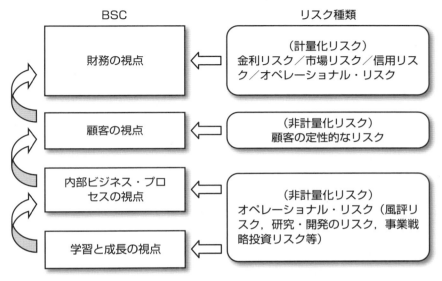

図表6-6　BSCフレームワークとリスクの関係性

出所：谷守［2007c, p.94］をもとに一部加筆。

おいて，資金収益専用の原価であったり，従来からの貸倒引当金繰入額に代わる信用コストとして原価計算がなされたりしたものである。

　また，統合リスク管理の考え方でもあるリスク資本対比の収益性の測定は，リスクあるいは資本の効率的使用状況を管理しようとするものである。RAROAではリスクの概念が十分ではないため，金融機関のようにリスクマネジメントが優劣を決める業界においては不向きである。リスクを考慮した業績指標はRAPMとして総称されるが，代表的な指標はRAROCである。

　ただし，実務への適用においてはバーゼルⅡとの対応との一致やVaR計算の高度化の状況によっては，規制資本ベースのRAROCやRARORA，さらにはEVAの適用も考えられる。それぞれにメリットデメリットがあり，金融機関ごとの管理会計の適用目的や適用対象層のレベルに応じてリスクマネジメント指標を決めるべきである。

また，計量化できたリスクについては統合リスク管理を基本としてフィードバックにパフォーマンス測定ができる。しかし，最近では金融機関に対して，地域活性化へ貢献するためには回避するだけでなく，取るべきリスクは積極的に取ることが求められている。そのためにはRAFやECLを管理会計の仕組みのなかに取り込む必要がある。その結果，リスクに関する予算・目標管理，リスクに対する原価企画機能，リスクを踏まえたフィードフォワード機能が実現できるようになる。

　それに対して，非計量化リスクについてはいまだ十分に管理できているとはいえない状況にある。非計量化リスクは回避すべきリスクの場合が多く，本来はリスクが発現しないように日々注意確認を行いながら未然防止に努めるものである。そのため，そういった非計量化リスクの管理にはBSCのフレームワークによるKPI管理が有効と考えられる。KPI管理によれば非財務指標も対象に因果連鎖が管理されて，リスクの未然防止や予兆管理が可能になるのではないかと期待される。

　金融危機に端を発する世界同時不況下のまさに未曾有の危機の現在においては，より一層のリスク管理と収益管理の統合化による経営管理が必要であり，奇しくも日本の金融機関が失われた約20年の間に学び試行錯誤してきた統合管理会計フレームワーク（リスクと資本を考慮した管理会計）の適合性が試されてきた。その間の金融規制から提唱されたRAFと，IFRS 9のECLにある会計のフィードフォワード機能が管理会計に取り込まれるべきである。

　金融機関の経営とそのための統合管理会計の仕組みは，さらによい方向へ高度化が図られて今後同様の金融危機発生の防止や早期回復ができるようになるだけはでない。金融機関自らが積極的に日本経済全体を元気にできるような戦略的リスクマネジメントが行えるようになることの方がより期待されている。

第III部
管理会計適用編

第7章 グループ事業部門別管理会計

はじめに

　金融機関の事業部門別経営とは何か。金融機関の伝統的原価計算のなかで，事業部門別原価計算としてはじめて部門の言葉がみられる。事業部門別原価計算のための部門は，商品や顧客に対して直接的に原価賦課されるフロントの営業部門と，間接的に原価賦課される本部業務を担う企画部門や人事部門といった本部スタッフ部門で構成されていた。伝統的原価計算の部門とは，あくまでも原価計算対象に対して直接的組織か間接的組織かといった観点で原価を把握するためのものであり，戦略的マネジメントのための事業部門経営の概念はバブルが崩壊するまでみられなかった。

　また，1997年の橋本内閣の会計ビッグバンによって国際的調和化を目指して国内上場企業の財務報告は連結決算主体となった。それから約20年以上経過したが，あらためて金融機関をみると，たしかに株主や投資家など市場のステークホルダーに対しては連結決算にもとづいたIRや会社説明が行われている。一方，欧米ではグループの連結決算書が制度上においては主であるだけでなく，グループ・マネジメント[1]においても連結決算の利益等指標が各社の共通目標としてグループでPDCA（Plan-Do-Check-Action）サイクル

---

1) ここで，グループとは，会社法上の会社（エンティティ）の単位で連結させるだけの意味ではない。グループ全体を横串で戦略的にマネジメントする管理会計上の事業単位（商品サービス，セグメント，チャネル，顧客など）の意味である。

が実行されている。対して，日本のグループ企業では単体の個別決算書を作成し確定させたのちに，それをもとに連結決算書が作成されるのみである。

すなわち，いまの日本の連結決算主体の経営では，真の意味でグループ企業内部のマネジメントに対して十分に機能できているとはいえない状況にある。欧米の金融機関では，単なる連結決算主体ではなく，グループ・マネジメントが主であるために必然的に外部への財務報告も連結決算主体になるのである。すなわち，日本の連結決算主体と欧米のグループ・マネジメント主体とは，意味が根本的に異なるものと考えられる。

本当の意味でグループ・マネジメント主体になってこそ，顧客本位の経営により市場や社会の活性化に資する金融機関になる。日本経済を活性化させデフレ完全脱却するには，規制対応や会計基準などの制度対応ではなく（だけでなく），顧客や地域・社会に対してグループ全体でコミットするマネジメントへの対応，すなわちグループ全体での事業部門別経営が求められる。そのためには，グループ事業部門別管理会計が必要である。

そこで，本章では最初に金融機関に事業部門別経営を適用するに至る経緯を概観し，次に事業部門別管理会計の金融業における適用の状況と課題を検討することによって，今後一層の企業価値向上のために備えるべき要件を整理する。さらに，IRやIFRSの観点ではグループ全体の事業部門別経営の状況が強く求められる。そこで，IFRSも含む財務会計上の連結決算とグループ・マネジメントの違いを明らかにした上で，グループ・マネジメント主体によるグループ事業部門別管理会計の枠組みを整理する。最後に，グループ事業部門別管理会計の適用要件と構築にあたっての課題をまとめる。

1．金融機関における事業部門別経営適用の経緯と背景

事業部門とは，デービッド・ソロモンズの『事業部制の業績評価』によれば「事業計画，製造，会計及び財務的活動を含む当該部門のオペレーション全般に利益責任を有し，（絶対条件というわけではないが）通常は営業部門

まで管理するような人物によって率いられる組織単位である」（Solomons [1965, p.23]）と定義されている。金融機関で事業部門別経営を明確に打ち出しているのはとくに銀行であるが、銀行では、1950年代に伝統的原価計算を適用（矢本 [1957]）した際に原価部門を想定した。その際にはじめて部門の言葉が出たが、プロフィット責任までもたせる責任会計の事業部門別経営の適用という意味ではなかった。

すなわち、金融機関の当初の部門は原価計算目的で設定されていた。

原価計算目的　　→　　部門セグメント

1979年、住友銀行（現三井住友銀行）が米国マッキンゼー社のコンサルティングを受けて総本部制を導入した。そのなかでリレーションシップ・マネジメント（RM）、ALMなどアメリカ流の経営方式が導入された。住友銀行の総本部制とは、それまでの標準的な組織形態であった企画・審査・営業などの機能別組織から、国際・大企業・国内（中小・個人）といった顧客のマーケットごとに総本部が設置された独立採算制の組織であった。

その後1980年代にかけて多くの大手銀行が追従することになったが、総本部制は組織構造上の部門ができあがった。しかし、バブル崩壊で明らかになったように部門別経営用の組織ができたとしても、その業績を測定する管理会計の仕組みは十分ではなかった[2]。1990年代半ばのALMの高度化を目的にして金利リスクを集中させるためのFTP管理[3]が登場してようやく営業部門と市場部門とが区分された。すなわち、当時の管理会計で区分される部門セグメントは、ALM管理を行うために必要な区分であった。

2）住友銀行（現三井住友銀行）の総本部制では総本部長に無制限の与信権限が与えられ、大幅な権限が付与されていた。さらに、業務の迅速化を図るために審査機能も各本部に内包され、それがバブル経済を引き起こした要因の1つとの意見もある。すなわち、コストやリスクに対する業績管理が備わっていなかったため、融資残高の拡大にのみ向かったのではないだろうか。

3）第Ⅱ部第5章「金融機関の収益管理」参照。

ALM目的　　→　　**部門セグメント**

　1990年代後半にバブル崩壊後の不良債権が激増して経営危機に陥るに至り，ついに当時の都市銀行は自らの戦略として事業の「選択と集中」を掲げた。そのための施策として責任の明確化を徹底して経営効率化を推進する目的で考えられたものが，いわゆる「事業部門別経営」や「ディビジョン・カンパニー（DC）制」の導入であった。すなわち，1990年代後半の大手銀行における部門は，次の観点で設定されていた。

　　事業戦略策定目的　　→　　**部門セグメント**

　事業戦略を策定するにあたって必要とされるのが事業部門別管理会計であった。しかし，それまでの銀行に存在した管理会計は，営業店別業績評価目的と顧客別の与信管理目的のものであった。どの銀行も事業部門別管理会計については事業部門別経営適用と同時にはじめて構築されなければならなかった。そのため，総本部制導入時がそうであったように，管理会計の仕組みよりも先に事業部門別の組織の方が決定される事態も発生した。それは1990年代後半の不良債権危機の緊急的措置としての対応であったと考えられる。

　ただし，長らく護送船団行政にどっぷりと浸かっていた銀行では，足元の管理会計の実績数値が十分に可視化できていないために「選択と集中」戦略の検討ができないとする立場と，管理会計の数値を算定するためには戦略の方が先に決まらなければできないとする立場の両者で判断がつかないままデッドロック状態に陥ることが多かった。

　最近では，経営レベルでのモニタリングや意思決定に適用できる事業部門別管理会計の情報はIR[4]への適用も行われている。たとえば，みずほホールディングスの2008年度IR資料[5]では，部門別RAROCの状況がグラフィ

4）企業が投資家に向けて経営状況や財務状況，業績動向に関する情報を発信する活動。
5）みずほフィナンシャルグループ2008年度中間期会社説明会資料。

カルなチャートで投資家向けに情報発信された。りそなホールディングスでは傘下銀行3社の事業部門別でRAROCやりそなグループ企業価値（resona value added：RVA）を測定して，毎期のIR資料及び会社説明会において投資家向けに業績状況が報告されている。

　また，2010年度連結財務諸表のセグメント情報から，マネジメント・アプローチ[6]が適用され，社内で実施される事業部門別管理会計の情報が適用されることとなった。マネジメント・アプローチは，米国の会計基準（US-GAAP）やIFRSなど国際的な会計基準のセグメント情報の開示手法として導入されている手法である。経営上の意思決定や業績評価のために経営者が企業を事業の構成単位に分別し，その業績を測定したものを基礎とする。

　りそなホールディングスでは，毎期の有価証券報告書のセグメント情報の欄に，IRのグループ事業部門別管理会計と全く同じ内容がマネジメント・アプローチに基づいて開示されている。これは，事業部門別経営を行う銀行では，実態的な経営管理の単位である事業部門別でセグメント情報が作られているということであり，社内の管理会計数値が社外への財務報告に適用されることにほかならない。そういった意味で，金融機関に限らないが，事業部門別管理会計は自社内だけのものではなく株主や投資家など外部のステークホルダー（stakeholder；利害関係者）との共通の言語や物差（ものさし）にもなっているといっても過言ではない。

2. 金融機関における事業部門別管理会計の適用状況

(1) 現状の事業部門別経営単位

　1990年代後半に導入された都市銀行の事業部門別経営における部門とは，どの銀行も概ね，法人部門／個人部門／市場部門／海外部門のように定義さ

---

[6] 2008年3月に公表された企業会計基準第17号「セグメント情報等の開示に関する会計基準」において会計基準の国際的なコンバージェンスの観点から導入されることとなった。マネジメント・アプローチは2010年4月1日以降開始する連結会計年度（または事業年度）から適用が開始される。

れた。そのうちいくつかの先進的な銀行では，法人部門をさらに大企業／中堅企業／中小零細企業などの部門に，個人部門を，富裕層／準富裕層／マス個人などの顧客のセグメンテーションで部門の細分化を図っていた。しかし，海外支店をもっていた銀行でバーゼル自己資本比率8％が達成できずに国内取引に特化せざるをえず，海外部門がなくなった銀行や，地域の金融機関の場合には事業部門の選択が実質的にできないうえ，顧客数がメガバンクに比べて数十〜数百分の1と少ないこともあり，法人と個人を分けずに営業部門という1つの事業部門で管理されるところも少なくない。

また，金融機関の経営実務でよく議論になるのが，事業部門を顧客の軸で考えるマーケットイン型の事業部門なのか，商品サービスの軸で考えるプロダクト・アウト型の事業部門なのかの2つの観点がある**（図表7-1）**。

まず，マーケットインで事業部門を捉えると，顧客は法人か個人かといった顧客の属性で判断される。

もう1つのプロダクト・アウトで事業部門を考えるのは，一般融資／ローン／預金／預り資産（保険・投信）／信託など商品サービスの事業を部門として捉えるものである。さらに，最近ではフィンテックの進展からチャネル

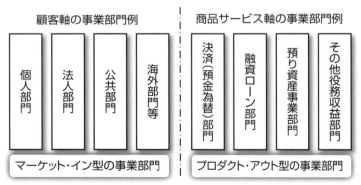

図表7-1　金融機関の事業部門（顧客軸，商品サービス軸）イメージ

出所：筆者作成。

別の事業部門経営も主流になりつつある。チャネルは金融機関からみた場合のサービス提供の一環であることからプロダクト・アウト型事業部門の1形態である。

　金融機関のビジネスによって事業の捉え方が異なるが，一般の商業銀行のうち大手銀行においては，概ねマーケットインの顧客の軸に基づく事業部門別経営となっている。一方，地域金融機関や中小規模の金融機関においては，プロダクト・アウト型の事業部門別経営になることが少なくない。たとえば，地区別・ブロック別・エリア別などの営業店グループ単位の部門や，商品サービス別の部門となることが多い。

　営業店すべての合計を「営業部門」とし，それ以外を「市場部門」と「その他本部部門」区別された大まかな部門別までしかできていない地域の中小規模の金融機関も多い。しかし，この2つの部門だけでは十分な経営資源配分はできないと思われる。バブル崩壊前まで行われてきた「営業店別業績評価」経営の名残りではないだろうか。銀行においては，いまやオムニチャネル[7]やフィンテックが現実のものとなってきているなかで，営業店業績評価に基づいて経営を行うのはすでに限界である。取締役会や経営会議などの最高意思決定機関で議論されるのは営業店業績評価のレベルではなく，グループや銀行内のさまざまな事業単位ごとの経営の最適資源配分ではないだろうか。

　また，投資銀行や証券会社は商品サービスの軸で事業を捉える方が実際の経営戦略と合っていると考える経営者が多い。それは，業態としてプロダクト・アウト型ビジネスだからである。もし，証券会社・信託銀行などを傘下にもつ銀行グループでマーケットインの事業部門別経営を行う際には，それらプロダクト・アウト型会社にグループ内共通の顧客番号（銀行口座番号など）を採番することとCRMなどの顧客属性管理システムを導入するところから始めなければならない。

7）オムニチャネルとは，実店舗やオンラインストアをはじめとするあらゆる販売チャネルを統合することである。統合された販売チャネルの構築によって，どのような販売チャネルからも同じように商品を購入できる環境を実現する。

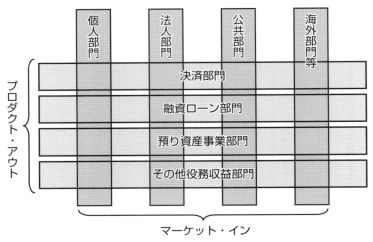

図表7-2　金融機関の事業部門（顧客と商品サービスの混在型）

出所：筆者作成。

　さらに，どちらかだけということではなく現実には混在型の事業部門体系になる場合が少なくない（**図表7-2**）。商業銀行であっても営業部門は顧客向けの営業推進であるため，顧客の属性で事業を捉えるべきとの考え方に対して，本部部門は事務やシステムなどの商品サービスの運用を担い，M＆Aやデリバティブなど商品の専門知識を有して営業部門をサポートしている。そのため，本部については商品サービスの軸で事業部門を管理した方が分かりやすい。大手の金融機関においては，実務的にはこの顧客と商品サービスの混在型で事業部門を考えなければならないだろう。ただし，戦略の軸が不整合を起こしていることに気がつかないまま混在型になっている金融機関も少なからずある。

（2）現状の事業部門別管理会計の構成内容

　最初に，りそなホールディングス（りそなHD）の事例をみてみよう。

図表7-3　りそなHDの事業部門別管理会計（2018年3月期）

(億円，％)

グループ事業部門		収益性			健全性	与信費用控除後業務純益		実質業務純益		業務粗利益		経費		与信費用	
		資本コスト控除後純利益 RVA*1	リスク調整資本利益率 RAROC	経費率 OHR	社内自己資本比率		前期比		前期比		前期比		前期比		前期比
営業部門	(1)	564	15.8%	67.2%	9.0%	1,760	+62	1,613	+78	4,925	+38	△3,314	+37	147	△15
コンシューマー事業	(2)	192	18.7%	78.4%	9.0%	452	△17	473	+8	2,193	△39	△1,720	+47	△20	△26
コーポレート事業	(3)	372	15.0%	58.3%	9.1%	1,308	+80	1,140	+70	2,731	+78	△1,594	△10	167	+10
市場部門	(4)	353	33.5%	18.4%	9.0%	522	△93	522	△93	640	△100	△117	△0	–	–
全社*2	(5)	393	13.0%	61.5%	10.7%	2,285	△32	2,137	△5	5,547	△44	△3,412	+37	147	△27

＊1．RVAとはResona Value Added（りそな企業価値）の略。社内資本コスト控除後の純利益
＊2．グループ銀行3行及び連結子会社の計数を計上
出所：りそなホールディングスIR資料（2018年7月）

2000年代半ば，りそなホールディングス（りそなHD）では，注入された莫大な公的資本の活用の状況を，ステークホルダー（預金者，株主・金融当局，投資家）へ報告するために事業部門別管理会計が導入された。**図表7-3**のとおり，業務粗利益，経費（原価），与信費用（信用コスト），および社内割当資本によって，事業部門毎の経営状況が示されている。経営状況は，資本の収益性をRAROC[8]，企業価値をRVA，そして部門単位の健全性を社内自己資本比率の経営指標によって，IRや有価証券報告書のセグメント情報により開示されている。2018年3月期で約10年間，四半期ごとに継続して報告されている。グループの各銀行と連結子会社の計数が対象となっていることから「グループ事業部門別管理会計」である。また，りそなグループ各社では取締役会や経営会議においてマネジメントに活用されている。

次に，一般的な金融機関の事業部門別管理会計のモデル例を**図表7-4**に示す。この大手銀行モデルXYZを基に具体的に検討してみよう。

図表7-4にあるとおり，XYZ銀行は，大企業部門，中小零細企業部門，個人事業部門，マーケット事業部門の4つの部門で事業部門別経営を行っている。以下，本文内の記号（A，V2など）は**図表7-4**による。大企業部門

8）第Ⅱ部第6章「リスクと資本の管理会計」を参照されたい。

図表7-4　XYZ銀行の事業部門別管理会計（イメージ）

(億円，%)			大企業事業部門		中小零細事業部門		個人事業	マーケット事業
			東日本	西日本	東日本	西日本		
計画時（当初）	貸金残高	A	10,000	5,000	5,500	4,000	6,000	0
	市場リスクVaR	V1						1,000
	信用リスクVaR		1,300	700	600	400	350	
	うちEL		500	400	300	200	150	
	うちUL	V2	800	300	300	200	200	
	オペリスク量	V3	100	41	63	31	22	30
	リスク合計	=V1+V2+V3	900	341	363	231	222	1,030
	リスク・アセット	R	9,000	4,000	4,500	3,000	2,800	12,875
	割当資本(VaRベース)	C1	950	350	400	250	250	1,000
	割当資本(規制資本ベース)	C2	810	360	405	270	252	1,159
実績算出時（毎月等）	収益	a	500	250	330	240	90	300
	経費	b	230	110	200	145	60	100
	信用コスト	c	170	150	120	100	10	0
	ネット利益	d(=a−b−c)	100	△10	10	△5	20	200
	OHR	=b÷a	46.0%	44.0%	60.6%	60.4%	66.7%	33.3%
	RAROCI	=d÷C1	10.5%	△2.9%	2.5%	△2.0%	8.0%	20.0%
	部門自己資本比率I	=C1÷R	10.6%	8.8%	8.9%	8.3%	8.9%	7.8%
	RAROCII	=d÷C2	12.3%	△2.8%	2.5%	△1.9%	7.9%	17.3%
	部門自己資本比率II	=C2÷R	9.0%	9.0%	9.0%	9.0%	9.0%	9.0%
	EVAI	=d−e1	43	△31	△14	△20	5	140
	資本コスト(VaRベース)	e1=C1×資本コスト率(6%)	57	21	24	15	15	60
	EVAII	=d−e2	51	△32	△14	△21	5	130
	資本コスト(規制資本ベース)	e2=C2×資本コスト率(6%)	49	22	24	16	15	70

出所：筆者作成。

から個人事業部門まではそれぞれ貸出残（A）がありリスク量（信用VaR；V2）やバーゼルIIのリスク・アセット（R）が計算されている。マーケット事業部門については，信用リスクは0で，市場リスク（V1）のみの簡単な事例とした。オペリスク（V3）についてはそれぞれ定量化されている。

　第II部第6章で検討したとおり，各事業部門のリスクに対して資本を割り当てる。VaRに基づく資本（リスク資本；C1）を割り当てるのが基本であるが，健全性の観点からリスク・アセットに対して最低所要自己資本を確保する意味で規制資本を割り当てる方法（C2）もある。

　年度末を迎えて，各事業部門の当期中の収益，経費，信用コスト（それぞれa, b, c）の実績が固まり，ネットの利益（d）やOHRが確定したとする。

最後に，事業部門ごとの経営成績として当年度の業績がVaRベースの割当資本（リスク資本；C1），あるいは規制資本ベースの割当資本（C2）に対してどれだけのパフォーマンスがあったかを測定する。

測定されるパフォーマンスはRAROCIやRAROCⅡ[9]のような経営資本効率や，EVAのような株主や投資家の期待を超えたのかどうかを資本コスト控除後の金額で算定される事例としている。

誤解してはならないのが，単にRAROCやEVAだけを算出すれば済むといったものではないということである。最終目標の結果を導くための途中の業務純益や信用コストの状況も確認し手を打てなければならない。個人部門は信用コストよりもコスト低減と業務効率化の方に責任があり，そのためには業務純益やOHRの指標が評価されるべきである。反対に，法人部門はどちらかといえば経費よりも信用コストのコントロールの方が重要であり優先的に対応していくべき指標である。

また，事業部門ごとの特性に応じて業務粗利，原価，リスクそれぞれ事業部ごとの目標優先度は異なるので，社内で1つの指標があれば済むといった問題ではない。ただし，事業部門業績の比較可能性のためには，各事業部門共通の指標もなくてはならない。さまざまな目的で目標とされる指標は優先度にしたがって並べ替えられ，それぞれが効率的な関係になるように指標間の因果関係を明確にする必要がある。このような優先すべき目標管理指標のことを管理会計では重要業績指標（KPI）という。

3. 金融機関における事業部門別管理会計の課題

ほとんどの金融機関では，事業部門別管理会計が構築されたといっても，いまだに財務的な業績報告にのみ利用しているところもある。その状況をみる限り，これまで部門別経営やカンパニー運営の名前で実施されてきた金融

---

[9] 規制資本ベースのRAROCの意味。VaRベースのRAROCと区別される。

機関の事業部門経営が十分戦略的に機能できたとはいえない。財務的な業績報告を脱して本当に戦略的なマネジメントとして機能させるためには，次の3点の事業部門別管理会計への対応が必要と考えられる。それぞれについて検討してみよう。

　①事業の選択と集中に資すること
　②事業部門間のシナジー効果を高めること
　③経営資源の最適配分を行うこと

（1）事業の選択と集中

　金融機関の事業部門別管理会計の重要な目的の1つは，事業ごとのこれまでの採算状況と今後の市場ポジショニングを把握して，事業の選択と集中を行うことにある。また，責任と成果の明確化の観点で事業運営（すなわち事業部の経営）の実績結果に基づいて事業担当執行役員など事業責任者の"成績表"としても副次的に活用されることが多い。そういった意味で現状では，投信・保険やインターネットやコンビニ取引などさまざまな商品サービスを取り扱って，広い範囲で業務を行う大手銀行において，事業部門別管理会計はなくてはならない経営管理システムとなっているといえる。

　しかし，本来の目的である「事業の選択と集中」が実際に機能しているかというと，まだほとんど機能できていないというのが実状である。金融業以外の一般企業であれば，たとえば，2008年2月に東芝はHD DVD事業の終息を決断し，2008年3月にパイオニアはプラズマディスプレー事業より完全撤退する方針を固め，古くは1998年に花王はフロッピーディスク事業より撤退するなど，明確で非情な経営判断が下される例は枚挙に暇がない。金融機関においては，融資・預金・内国為替など各商品が顧客に対して総合的にサービスされるものがほとんどであり，商品自体も内部機能が勘定系システムのなかで密接につながって切り分けが難しいなど，選択と集中を実際に行おうとすると現実的な課題が残っている場合も少なくない。

　しかし，撤退までしなくとも事業部門ごとに経営資源の最適な配分を行う

判断の際でさえ，金融機関の事業部門別管理会計の情報が十分に活用されているとはいえない。事業の選択と集中といった非常に重要な意思決定が，当然ながら単なる数値だけで決定されるとも思わないが，現状では管理会計情報はほとんど活用されずに，場合によっては情緒的感覚が優先されて経営資源が決まる場合が少なくない状況というのはいいすぎだろうか。もしも，中堅規模以上の法人事業から撤退してリテール事業のみに経営資源を傾注する経営判断をせざるをえなくなった場合に，感覚的な意思決定では株主は絶対に納得できない。それは，事業の選択と集中という極めて重要な経営側の説明責任が果たせないということにもなる。

金融機関における事業部門別管理会計の経営への適合性を向上させるには，事業部門別管理会計に基づく意思決定基準の設定と徹底が必要である。金融機関における事業部門別管理会計の現状の適用レベルは，管理会計算定のための構成要素や計数管理の枠組みができ上がり，期間別に実績データの把握が始まったばかりといってもよい。つまり，事業の選択と集中レベルのマネジメントにまで機能させるための要件とは，実際に意思決定するためのルールの策定が必要である。たとえば，事業部門別管理会計の運用（判断）基準として「EXITルール（＝事業撤退ルール）」を設定するなど目に見えるように制度を決めて適用することである。

EXITルールとは，経営判断のための非常に重要な意思決定目線である。金融当局や株主への事業運営に関するアカウンタビリティを確保するためにも，EXITルールが必要である。一般に，3期から5期間連続して赤字を計上する企業は，当然ながら株主や投資家への責任ある説明が必要になる。金融機関内の事業についても同様である。金融機関でも特定の事業で投資家向け広報活動（IPO）をするようなことも戦略上の可能性として今後十分にありえるので，社内に事業のEXITルールがあってもなんら違和感はない。

大手の一般企業では，事業ごとにEXITルールを設定して客観的な意思決定を行えるようにしてきた。**図表7-5**に示すとおり，これまで，日商岩井（現双日）では3期連続赤字の事業は撤退の検討をし，三菱商事では1999年より

MCVA(三菱商事版のEVA)によってEXITルールが適用された。ソニーや日立では3年から4年間のEVAによって事業の撤退を検討するなどさまざまの意思決定が進められ,マルハ(現マルハニチロ)では3年間の事業撤退ルールを中期経営計画のなかで発表してオープンでフェアなルールに基づいて経営が行われてきた。このように,中期経営計画やIR等でEXITルールを株主や市場へ開示することで,経営資源の最適配分のガバナンスを効かせてきた。ただし,2000年代半ばからはこれら企業も,国内のデフレ不況・世界的な金融危機・新興国との競争の激化には耐えられずにずっと業績好調という訳にはいかなかった。しかし,事業を定量的に客観的な意思決定を行える企業文化のおかげで,いまではさらに強く安定的な企業に成長している

図表7-5 主な企業のグループ戦略見直しの事例

企業名	年	内容
日商岩井(現双日)	1998	3期連続赤字の事業会社は撤退を原則とするルールを策定。
三菱商事	1999	MCVA(事業収益—最大想定損失×株主資本コスト)最大化を目指し,イグジット(Exit)ルールを策定。当期損益3期連続赤字,投資付加価値が3期合計赤字の先などへ適用。
伊藤忠商事	——	収益性,成長性,戦略性による事業整理ルールを設定。
日本軽金属	——	グループ戦略会議を設置。
東京電力	2000	期間損益の黒字化や累積損失の解消など重要な目標の達成が予定より2年遅れたら事業の中止や転売を含めて見直すルールを策定。
マルハ(現マルハニチロ)	——	中期3ヵ年計画の中で,損失額の規模・損失期間・事業回復の可能性等を勘案した事業撤退ルールの策定を決定。
ソニー	2001	今後3年間でEVAの改善が見込めない事業を廃止・縮小する方針を決定。
東武鉄道	——	中期経営計画で事業撤退ルールを設定。
日立製作所	2003	EVAが2年連続赤字で「要注意事業」に分類。さらに2年以内の黒字化が不可能なら撤退・売却準備に入ることを決定。

出所:小本[2003]をもとに筆者加筆。

ようである。

　限られた貴重な経営資源の最適配分のための投資期間の設定と自己責任の原則で事業部門の独立採算経営を行うためには，EXITルールの制定など意思決定が制度化されなければならない。事業部門責任者の責任と成果の明確化のためにもEXITルールに基づいてより明確に判断されるようになるが，何の指標をもって判断されるのが妥当かについては，責任者の管理可能性を含めて関係者間での十分な検討と合意形成が必要である。

　したがって，事業部門経営のEXITルールでは資本の効率性をみるのが最も妥当と考えられる。資本効率性の向上を目指すためには，短期的になりやすい費用収益アプローチではなく，資産負債アプローチによる中長期的評価期間が設定されるべきである。資産負債アプローチは，国際的会計基準の基本的な考え方であり，その考え方で管理会計の制度化を行うことは財務と管理の整合もしくは一致させる。

　事業部門別に必要な資本を算定することで，経営管理の側面からはROI系の指標（すなわち，RAROAやRAROC）が算定され，分子の部分で「収益性」が判断され，資本対比の（分子／分母）の比率によって「効率性」が評価可能となる。また，自己資本比率やTier1枠を考慮しながら，事業部門別の最大リスク量や推定事業資産に応じて資本額が割り当てられることで「健全性」が確保される。また，バーゼルIIで計算されるリスク・アセットを事業部門の抱えるリスク量としてそのまま利用して，RORAやRARORAを評価指標にすることも考えられる。ただし，RAROCとRARORAでは，RAROCの方がより戦略マネジメントの実行が可能であるが，RARORAであればバーゼルIIと連携しやすく健全性が徹底した管理が可能になるなど特徴[10]がある。

　同様に，事業部門別に割り当てられた資本に市場からの期待収益率（資本コスト（率））を加味したEVAを算定することで，市場からみたときの収益性と健全性が"実額"で評価される。また，資本効率でみる指標である事業

---

10) 第II部第6章「リスクと資本の管理会計」で詳しく検討している。

部門別RAROCは当該事業とよく似た専業他社のROEと比較することができる。ある大手銀行では，他社のROEと事業部門RAROCとを比較して社内だけの分析ではなく市場のとくに外部の近隣他社との分析を行っている。さらに，地域ごとにRAROCを算定して，それぞれ同一地域内のほかの金融機関と比較することで，同一地域マーケット内の他社比較が可能である。

事業部門RAROCは，自社の相対的リスク（ベータ：β）で算定される市場の期待収益率（資本コスト）を超えているのかという評価水準でも重要である。その比較の意味は，次式のように自社の資本を毀損していないかという確認にある。資本毀損がなければ利益増加分，資本が充実するはずである。

事業部門EVA＝事業部門割当資本×（事業部門RAROC－資本コスト（率））

EVAなど資本コスト控除後の利益額の評価水準は，とにかく赤字になっていないかという点が重要である。赤字になっていなければ，資本が毀損されておらず，EVAのプラス超過金額分が当該事業部門の資本積み増しとなる考え方である。どれだけの金額が妥当かという点に関しては，適正水準が事業部門の規模や事業のライフサイクルによって大きく変わるので，過去実績からの伸び率や目標対比の達成度合いなどによって判断されるのが妥当である。

そのほか，通常の指標比較のように，同一事業部門内で過去同時期の実績比率や過去数期間の平均比率を水準として判断することも有効である。また，RORAやRARORAのベンチマークがまだ十分に備わっていないにもかかわらず事業部門のEXITルールの評価指標に適用されている場合には，当該事業部門における過去からの伸び率などの推移や社内の他事業部門との比較によって判断されることになる。

（2）事業部門間のシナジー効果の発揮

事業部門間のシナジー効果をより発揮させるために事業部門別管理会計に

必要な機能は，事業部門間での取引ルールの確立である。金融機関は，一般に機能別組織であるため，各部署が機能を補完しあって顧客への付加価値サービスが提供されていると考えてよい。したがって，事業部門別経営を志向した場合にも，実際の業務においては機能の補完や協力などが前提となった社内業務のサプライチェーンが依然として残る部分があり，事業部門別管理会計の業績管理の仕方次第で双方補完関係のある部門間業務がシナジー効果となるのか，それとも押し付け合いや非協力的なセクショナリズムの強い関係になるのかが決まるといっても過言ではない。

たとえば，次のような事例である。

- 法人（企業）との取引と，その企業の社長や従業員1個人との取引は，それぞれ銀行の法人部門と個人部門の別々の部門が担当する。
- 電気・ガス等公共料金の振込に関する経費（個人事務システム経費）と電気会社やガス会社から入る収納代行手数料が別々の事業部門に別れてしまう。
- クレジットのキャッシングサービスに関する事務システム経費（ATM処理コストや現金補填作業コストなど）がかかる個人部門と，クレジット会社から提携手数料が入る法人部門のように，費用収益の計上部門が不一致となる
- 税公金の振込に関して，指定金融機関になっている官公庁については，収益（手数料）は利用分に応じて公共法人事業部門に入るが，経費は一般の個人や法人の税金振込にかかわる事務がほとんどであり。結果的には個人や法人の事業部門の間で費用収益不一致となる。

このように1例ではあるが，期末に実績が計算されてから事業部門ごとに取り分を決めるのでは，当事者である事業部門の関連各部やとりまとめ役の本社企画や本部とで，相当に手間のかかる調整が必要になる[11]。事業部門経

---

[11] 部門間の調整は金融機関特有のものではなく一般企業にも同様に存在する厄介な問題である。

営を効率的かつ効果的に推進するためには，あらかじめ事業部門の間に取り決めが必要である。

そこで，金融機関における事業部門間のシナジー効果を発揮するためには，次の2つの取引ルールの検討が必要である。

①内部振替価格制度
②事業部門間のカウント・ルール

1．事業部門間の内部振替価格制度

内部振替価格制度は，事業部門間の業務や顧客サービスの補完業務などについて管理会計のなかで設定された社内の価格をもとにやり取りを行い，業務量に応じてコストを振り替えたり，逆に収益を振り替えたりする仕組みである。

たとえば，大手銀行Sでは個人部門で営業店事務全体が管理され，システムは本社部門で管理されている。一方，大企業部門やリテール法人部門では顧客への営業に専念するために事務やシステム処理について，それぞれ個人部門や本社部門へ委託する形態がとられた。その際に委託される事務の種類や量に応じて振替価格が設定されて実際に管理会計上の収益またはコストの移転が行われた（谷守［2007a］）。

また，ほとんどの銀行で適用されるFTP管理[12]は，銀行特有の利息型収益に対する内部振替価格制度である。FTPのTransfer Pricingの言葉が日本の金融業界へ伝わった1990年代半ばに直訳されて"移転価格"とされたため，銀行業界では移転価格といわれる場合が多いが，内部振替価格制度のことである。この内部振替価格制度がなければ，事業部門別経営は成り立たない。

2．事業部門のカウント・ルール

事業部門別管理会計を実務的に機能するフレームワークとなるためには，

---

12) 第Ⅱ部第5章「金融機関の収益管理」にFTP管理の内容と現状の課題を述べたので，参照されたい。

事業部門のカウント・ルールが最も重要である。金融機関のプロフィット部門には，営業店など顧客に対するフロント機能を担うカスタマー営業部門と，商品やサービスの専門的スキルをもちバックヤードの取引業務を行う商品機能の部門がある。前述のとおり，カスタマー営業部門はマーケットインの観点で個人・法人・公共など「顧客セグメント」に分かれており，東京や大阪などの「営業地域」で細分化されることもある。また，商品機能部門はプロダクト・アウトの観点で分かれる。不動産事業，プロダクト・ファイナンス事業，信託事業などいわゆる「プロダクト（商品）」やインターネット事業やコンビニ事業など「チャネル・サービス」の種類で事業部門が細分化される。

　これらプロフィット部門は，それぞれが協力し合って収益を上げており，単純に収益，原価，及びリスクを分けることは困難である。たとえば，デリバティブ商品が営業店を通じて顧客へ販売された場合など，収益や原価をどう分けるべきか。まさにこういった事業部門間の仕切りのルールが，事業部門別管理会計のルールそのものである。ある銀行では収益は折半，コストは綿密に原価計算によって区別されており，別の銀行ではカスタマー営業部門とプロダクツ営業部門は同一の次元で分けることはできないものとしてダブルカウントとして収益，コスト，及びリスクが計上されている。

　ダブルカウントとは，財務会計上１つの収益を複数の事業部門で重複して計上するものである。それに対して，事業部門それぞれで完全に損益を分けて計上するシングルカウントの方式がある。シングルカウントの場合には，収益を配分する比率やドライバなどのスプリット・ルールが各事業部門と経営レベルで決定される必要がある。

　前述のとおり，現状実務において事業を執行する本部組織は「顧客セグメント」の軸で執行と管理の責任のある法人部，個人部，PB部，公共法人部を設定する一方で，不動産ビジネス，住宅ローンビジネス，信託ビジネスなどのような「商品サービス」の軸で営業・推進・管理の責任がある本部が混在している。責任と成果の明確化のために業務分掌をより明確にして完全に

分断すべきであるが、実際の組織は部長のポジション（椅子）との関係が強く人事上の課題も入り込むため、現実にはそれぞれの軸ででき上がった部署が混在してしまうのはある程度避けられない。したがって、ダブルカウントが間違いという訳ではなく現実を踏まえて対応可能な事業部門別管理会計の体系を考える必要がある。

（3）経営資源の最適配分
1．リスク資本の割当

金融機関の各事業部門のなかには、たとえば法人部門のように信用リスクをテイクしながらビジネスを行っていかなければならない事業がある。リスクマネジメントを遂行するためには、VaRのUL[13]・オペリスク量・市場リスク量に基づいて不測の事態発生時に対する耐力としてのリスク資本として資本を割り当てることが必要である（式X）。

リスク資本の割当：
（事業部門別）割当資本 ← （事業部門別）リスク額……式X

> **簡単な割当資本の例①**
>
> XYZ銀行のA法人部門の信用リスクVaRが500億円、オペリスク量が100億円であった。信用リスクVaRのうち、期待損失額（EL）が150億円、非期待損失額（UL）350億円であった。その場合の割当資本は次のとおり設定される。
> 　A法人部門の最低必要な割当資本額は、次の計算により算定される。
> 〔信用リスクUL〕350億円＋〔オペリスク〕100億円＝450億円
> 　通常はリスク額合計そのままをリスク資本として割り当てるのではなく、若干余裕分を確保する。当ケースではA法人部門へ450億円そのままではなく、たとえば約10％程度の余裕をみて495億円を割り当てる。

---

[13] 第Ⅱ部第6章「リスクと資本の管理会計」を参照されたい。

２．所要事業資本の割当

　金融機関で実施される事業部門別管理会計の割当資本とは，一般製造業で実施される「社内資本金」の考え方をベースに，金融のリスク資本概念を取り入れたものと考えることができる。貸出が主たるビジネスの法人部門では，信用リスクのコントロールがほとんどのマネジメント対象となるので，結局はリスク資本のマネジメントが中心になるだろう。

　しかし，預金を主たる業務とする個人部門の場合，信用リスクがないためにリスク資本は非常に小さくなる。もしもリスク資本だけで個人部門の資本を割り当てた場合には極めて資本を必要としない部門になり，RAROCやEVAはそれだけで高くなる。事業部門別管理会計の事業部門間比較可能性の観点からみた場合には，法人がたとえば10％前後となるところ，個人部門は100％を越えてほとんど無限大のような比率が示されることがあり比較可能性が低くなる。

　経済的付加価値であるEVAの観点からみれば，市場の投資家や株主は目に見える計量化可能なリスクに対してのみ資本を拠出しているわけではない。もっと別のいい方をすれば，株主は貸出ビジネスの信用リスクに対してのみ資本を投下したわけではなく，信用リスクのかからない個人やインターネットなどの決済ビジネスに対しても同様に資本を投下した感覚であろうと推察される。

　バーゼルⅡや統合リスク管理における健全性の確保の目的で，非期待損失リスクに対しての資本によるカバーとの考え方からすれば，リスク資本のみで事業部門別の割当資本とするのは間違ってはいない。しかし，個人部門や決済事業部門のリスクは，ほとんどオペレーショナル・リスクであり，場合によってはそのためのカバーすべき資本は多くを必要としない可能性がある。

　すなわち，広い意味での管理会計あるいは経営管理として割当資本を考えるならば，リスクに対する資本だけでは必要かつ十分とはいえない。将来あるいは目に見えないリスクだけがマネジメントの対象ではない。実際にいまそこにある目に見える資産の効率的活用などのために必要な資本の管理が導

入されるべきであると考えられる。

そこで，統合リスク管理を踏まえ，一般事業会社の事業部門別経営の知見を活かして，金融機関の事業部門別割当資本には部門の日々の営業や業務を遂行するための数期間分の事業資産を維持するための所要事業資本[14]（**式Y**）も検討しておくべきであろう。リスク管理の考え方だけであれば，目に見えないリスク量をカバーする経営資本で十分とも考えられる。しかし，金融機関経営のための事業部門別管理会計の枠組みとしては，計量化されていないリスクへの備えも踏まえて，実際の会計上の資産に対する資本も考えておく必要がある。

所要事業資本の割当：
　（事業部門別）割当資本　←　（事業部門別）所要事業資本
　　　　　　　　　　　　　　　　　　　　　　↑
　　　　　　　　　　　＞（事業部門別）事業資産……式Y

簡単な割当資本の例②

　XYZ銀行のB決済部門の使用する店舗・センター・勘定系システムの動不動産資産の見積が120億円ある。その他，B決済部門の人件費は毎年10億円かかっている。

　人件費10億円については，B決済部門の今後5年間の事業継続を前提とすると，擬似的に10億円の3年間の償却費やリースのようなキャッシュ・フローと考えられる。すなわち，3年間毎年10億円のDCFの事業価値とみなすことができる。

　そこで，B決済部門の事業資産は次のように算定できる。まず，3年間の人件費総額の現在価値による事業資産ボリュームは，リスク・フリー・レートを1.2%として次のとおり計算できる。

$$10/(1+0.012)+10/(1+0.012)^2+10/(1+0.012)^3$$
$$=9.88+9.76+9.46$$

---

[14] 純粋なリスクマネジメントのフレームワークで考えるならば，リスクがまだ十分に定量化できていない本来行おうとするビジネスリスクや，風評リスクなどの事務システム以外のオペレーショナル・リスクに相当すると考えることができる。

＝29.3（億円）
　したがって，Ｂ決済部門全体の事業資産推定値は，
　〔動不動産資産〕120億円＋〔３年間の人件費総額現在価値〕29.3億円
　　　＝149.3億円
　Ｂ決済部門の所要事業資産149.3億円と管理会計的に推定し，それにしたがって事業継続のために150億円をＢ個人事業部門へ割り当てる。

　統合的管理会計の枠組みでは，事業部門の最適な割当資本は，（**式Ｘ**）の事業部門のリスク資本を基本としつつ，（**式Ｙ**）の事業部門がビジネスを行うにあたって必要な事業資産を考慮して総合的に算定すべきである。統合リスク管理に則って，事業部門別VaRの計算がされることが前提である。

　ただし，事業部門がより詳細化された顧客セグメントや商品サービスの単位や地域の区分まで考慮したリスク資本の算定は，その単位ごとにVaRが計算されなければならなくなる。しかしながら，細分化されたVaRを計算することに疑問を感じる担当者は少なくない。それは，本来リスクとは要素還元型で計算されるものではなく，かつ単純加算で求められるものでもないからである。要素間の相関性や分散効果によって低減する可能性が検討しうるポートフォリオ管理とその測定がリスク管理の本質である。

３．リスク所要資本の割当

　今般のバーゼルⅡの対応は健全化規制の厳正化のみならず，第２の柱において経営管理への活用と高度化が求められている。バーゼルⅡのとくにF-IRBの対応は，金融機関の資産をすべてそのリスク・ファクターに基づくリスク関数によってリスク・アセットが計算される。

　バーゼルⅡの対応によって算定されるリスク・アセットの最低限８％が備えておかれるべき最低所要自己資本額として算定されるが，バーゼルⅡの対応は，あくまでもリスク・アセットの加法性を前提としている。すなわち，リスク・アセットは要素還元的に顧客や口座取引の単位で最も詳細に算定されており，その合計や選択集計によってセグメントやグループ単位のリスク・

アセットを算定することが可能である。それはすなわち顧客の単位や業種別など顧客セグメントの単位で規制上必要な資本が算定できるということになる[15]。

そこで，バーゼルⅡのリスク・アセットから事業部門ごとのリスク・アセットを算定し，たとえば，その8％を最低所要自己資本額[16]として算定すれば，事業部門ごとのリスク所要資本が算定される（式Z）。

リスク所要資本（規制資本）の割当：
（事業部門別）割当資本 ← （事業部門別）リスク所要資本
　　　　　　　　　　　　　　　　　　　↑
　　　　　　　＞（事業部門別）リスク・アセット×8％……式Z

簡単な割当資本の例③

XYZ銀行のC大企業部門のバーゼルⅡ第Ⅰの柱で計算されるリスク・アセットが信用リスクとオペリスクの両方を合わせて14000億円ある。バーゼルの基準では，非常に簡単な条件ではリスク・アセットの最低8％の資本が必要である。すなわち，当XYZ銀行全体のリスク・アセットに対して，経営上8％の資本が確保されていなければならず，C大企業部門に要素分解して当てはめても全く同様にC大企業部門のリスク・アセットの8％が規制上最低確保されていなければならない資本である。したがって，C大企業部門のリスク所要資本は，次のように算定される。
〔C大企業部門のリスク・アセット〕14000億円×〔バーゼル規制〕8％
　　　　　　　　　＝1120億円
C大企業部門のリスク所要資本は最低1120億円必要であるが，その他リスクへの備えを考慮しより健全性を高めるため，9％分の1260億円をC大企業部門に割り当てるなど意志決定される。

---

[15] 顧客の単位でリスク・アセットを計算されるので，それに対してバーゼル規制上の最低必要な資本が簡単に計算できる。それを利用して，預金保険料のように顧客の単位で必要な資本コスト額を差し引いて顧客別採算管理を行う先進的な銀行もある。
[16] 2008年9月のリーマン・ショック後の世界的な金融不況を受けて，国際的に自己資本規制強化の方向にある。国内でも金融庁は自己資本比率を8％から12％に上げることなどが検討されている。

さらに，バーゼルIIに基づいて事業部門別管理会計の割当資本を求めることは，金融当局の規制対応作業を金融機関の戦略マネジメントへ積極的に活用することになる。また（式Z）のとおり，リスク所要資本は，現場も含めて単純で分かりやすいことが最大のメリットである。逆に，このバーゼルIIのリスク所要資本（規制資本）には，次の問題があることをよく認識しておかねばならない。

- バーゼルIIベースのリスク所要資本では，信用・市場・オペレーショナル・リスク以外のリスクが考慮されない。とくに，与信集中リスクのようなバーゼルII第Iの柱で対応できないリスクへの対処が不十分になる危険性がある。
- バーゼルの規制は，全世界の銀行を標準的なリスク計算で自己資本比率を算定し比較することを目的としているため，そういった外部評価用の仕組みを内部の管理会計に持ち込むことに違和感が拭えない。
- バーゼルIIにしたがったリスク所要資本は共通的な制度で決められたリスク計算手法であるため，それだけに満足するとVaRなどによる各金融機関の個別状況に応じたリスク計算高度化が進まなくなる危険性があり，結果的には独自の効率性追求に限界が生じる。

　こういった課題は，割当資本はバーゼルIIを参考にして算出するものの，あくまでも社内の事業部門別経営にのみ適用され，財務上の自己資本比率とは別と考える運用を行うことで解決できる。

　すなわち，リスク・アセットの8％を最低所要自己資本として出発するが，そこにその他のまだ計量化されていないリスクを推定してリスク・バッファとして資本にアドオンすることが実務的な管理会計の運用である。バーゼルIIの対応自体も銀行ごとに一律ではなく，規模や体力に合わせて内部手法を選択適用できるようなっている。体力のあまりない金融機関ではバーゼルIIの対応と管理会計を別々に行うのは大変なため，バーゼルIIの計算結果を経営管理へ実務的に利用するというのは極めて現実的である。

　VaRの高度化は，そもそも"リスク計量化の高度化"目的として金融機

関として当然継続的に行う義務がある。また，VaRなどの手法によるリスク計量化の高度化によって金融機関の個別事情や地域特性が適切に反映され，一律の規制よりも真の限界リスクが把握されることになれば，より適量の資本で健全性が確保できるようになる。そうなれば，資本のより効率的な使用が可能なるのである。

リスク所要資本（規制資本）による割当資本の方法は，事業部門経営目的においてはバーゼルⅡの要自己資本比率を守り健全性を確保しながらで業績推進するという経営の意思でしかない。現実にはバーゼルⅡのリスク所要資本（規制資本）だけでなく，事業部門別VaRによるULも参考にし，さらに所要事業資本やリスク・バッファなども加味してバランスよく資本を投下あるいは割当することこそがマネジメントであろう。

逆にいえば，経営戦略上の割当資本は計算だけで単純に算定されるといったものではなく，経営面からの期待（収益）やインセンティブなども調整，加味された意思ある数値となって割り当てられなければならないことを認識しておくべきである。

図表7-6に示すように，以上の方法で算定されたリスク資本やリスク所要資本または所要事業資本は，総合的あるいは統合的に考慮されて，そこにリスク・バッファ，インセンティブ，及び戦略などのマネジメントの意思を織り込んで最終的に事業部門別の割当資本が設定されることになる。

最後に，運用面の要件をまとめてみよう。以上で計算された割当資本やその他管理会計の構成要素は，常に結果が算出されてからの実績データだけが管理される訳ではない。とくに金融機関では「計画に対する実績の管理」では十分すぎるほどの業績評価が行われており，実績だけをみるのではコントロールしたことにならないとの考えをもっている。

したがって，半期や1年間で事業部門別管理会計を運営する場合に，まずは事業部門ごとに管理会計計画を策定し期間内は固定する。事業部門別管理会計の実績値は四半期などで測定され，計画値との差異分析がなされる仕組みが一般的である。今後の要件としては，金融機関の事業部門別管理会計も，

図表7-6 事業部門別割当資本設定に関する考え方（イメージ）

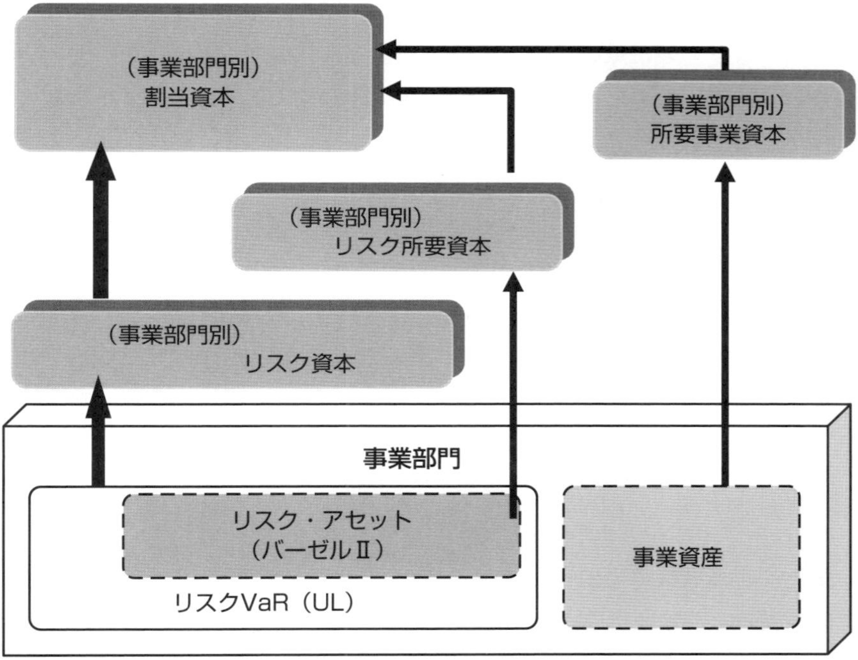

（事業部門別）割当資本

（事業部門別）所要事業資本

（事業部門別）リスク所要資本

（事業部門別）リスク資本

事業部門
- リスク・アセット（バーゼルⅡ）
- 事業資産

リスクVaR（UL）

出所：筆者作成。

四半期よりもっと短いサイクル（たとえば月次や週次，さらには日次）などで実績管理と差異分析がされるようにならなければ，他のサービス業の管理会計レベルに追いつくことはできないと思われる。

4. 金融機関におけるグループ・マネジメントへの経緯と背景

　最近は，地域経済の停滞と低金利環境のために，地域金融機関の経営環境は非常に厳しいものとなっている。地域マーケットは，今後も人口減少と少子高齢化によって，ますまず地域マーケットは縮小することは明らかである。現状においてもすでに，少子高齢化の影響は地域においては大きく，事業承

継問題による廃業や相続資金の地域から首都圏へのシフトの形で現れている。

この将来的に収益環境好転が期待しにくい地域の状況に対して，金融当局はかねてより「経営統合は重要な選択肢」として地域金融機関のTOPに迫る勢いで勧奨してきた。それに応える形で2016年以降だけでも次のとおり17銀行が実際に7つのグループに経営統合した。

2016年4月　コンコルディアFG（横浜銀行，東日本銀行）
2016年4月　東京TYFG（東京都民銀行，八千代銀行，新銀行東京）
2016年10月　めぶきFG（常陽銀行，足利銀行）
2016年10月　西日本シティーFHD（西日本銀行，長崎銀行）
2016年10月　トモニHD（徳島銀行，香川銀行，大正銀行）
2018年4月　関西みらいFG（近畿大阪銀行，関西アーバン銀行，みなと銀行）
2018年4月　三十三FG（三重銀行，第三銀行）

また，今後漸次導入が予想されるIFRSと国際的な規制の方向性，金融機関の国際戦略や地域再編を勘案すれば，子会社を含めたグループ全体のグローバルな経営管理が求められていることが分かる。これに対し，現状の経営管理は単体主体の管理会計を集約したにすぎない。

さらに，最近の統合報告や当局報告及びIRでは，管理会計やリスク管理に関する経営情報を外部にも開示することを求めているようにみえる。これまでもマネジメント・アプローチに基づくセグメント情報や金融商品の時価開示注記など，すでに管理会計情報が外部への開示や注記に利用されているが，それが一段と求められる時代となっている。

開示にあたっては，財務会計，管理会計，リスク管理などの各業務が各社各様に個別運営されていたのでは，基準が不明確で精度や鮮度の面でも十分ではない。グループ全体で本部各部の業務を最適化，共通化，標準化，効率化し，各社から集計されるデータに関して十分な確認と検証が必要である。

以上をふまえ，金融機関における経営管理基盤の要件をまとめると次のと

おりとなる。
　①グループ主体の計数が求められていること
　②リスクや管理会計の経営情報が必要なこと
　③財務会計・管理会計・リスク管理・開示などの関係性が明確であること
　とくに，財務・管理・リスク・開示の関係性については，**図表7-7**のとおりすでにそれぞれの会計の整合性と関係性の整理（位置付け）が求められている。

(1) グループ・マネジメント

　国内と違って多くの欧米の金融機関では連結決算が主体であり，連結決算書によって企業価値が測定され，それを高めるようにグループ全体最適が優先されるマネジメントが行われている[17]。したがって，欧米の金融機関では，

図表7-7　部門別の財務会計—管理会計−IR/開示の関係図

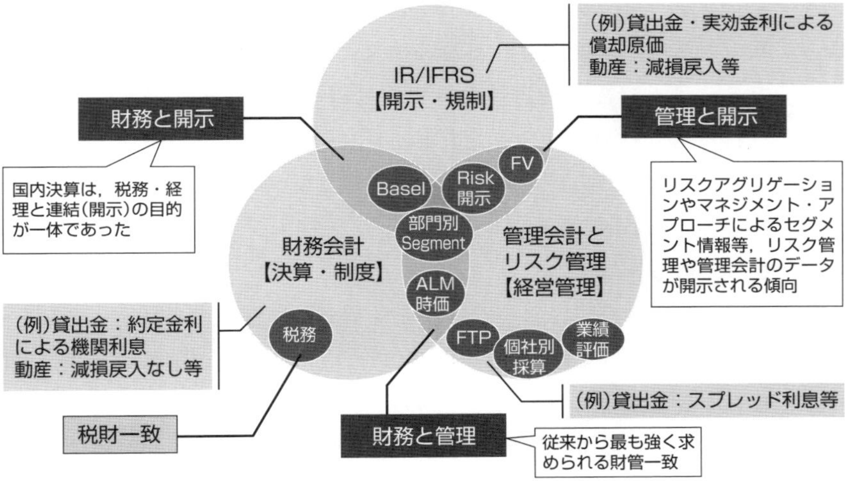

- 財務と開示
  - （例）貸出金・実効金利による償却原価
  - 動産：減損戻入等
  - 国内決算は，税務・経理と連結（開示）の目的が一体であった
- IR/IFRS【開示・規制】
- 管理と開示
  - リスクアグリゲーションやマネジメント・アプローチによるセグメント情報等，リスク管理や管理会計のデータが開示される傾向
- 財務会計【決算・制度】
- 管理会計とリスク管理【経営管理】
- 部門別 Segment
- Basel／Risk開示／FV／ALM時価／FTP／個社別採算／業績評価／税務
- （例）貸出金：約定金利による機関利息　動産：減損戻入なし等
- 税財一致
- 財務と管理
  - 従来から最も強く求められる財管一致
  - （例）貸出金：スプレッド利息等

出所：筆者作成。

---

17) 欧米の大手金融グループでは，グループ内の複数会社をまたぐ事業部門（Line of Business：LBO）とエンティティ（グループ内各会社の単位）のマトリクス型経営が多くみられる。権限は，エンティティ長よりもLOB責任者の方を強くするグループが多い。

IFRSの適用とは，もともと従来から主であった連結決算書のフォーマットがIFRSに代わるだけといっても過言ではない。

日本では，単体個別決算によって配当や税金の計算が行われており，先行して任意にIFRSを適用した場合でも，グループを構成する各企業の目標はどうしても個別単体の実質的な利益向上にならせざるをえなかった。そのため，IFRSの適用では，マネジメントではなくグループ業績開示に限定せざるをえないと判断した金融機関は多い。そもそも，連結決算主体というビッグバンは，当時問題となった"飛ばし"を解消することであり，それに対しては相当の効果を発揮した。しかし，連結決算主体とは，グループの財務会計に限定されており，最優先されるべき経営単位をまずはグループにするという"グループ・マネジメント主体"とは程遠い。

日本が国際的な競争を行って，戦略の実行と進捗の管理の状況をステークホルダーに情報開示していくためには，連結決算の結果を目標としてグループ優先でPDCAサイクルを実行する"グループ・マネジメント主体"が求められる。さらに，最優先される最終結果としての連結決算計数がIFRSになるのであれば，M＆Aや海外からの資金調達などの面で将来的にも実務的にも一石二鳥で効果が高い。ただし，IFRSの適用はグループ・マネジメント主体になるための必要条件というわけではない。なぜなら，欧米の金融機関ではIFRSの適用になる前からグループ・マネジメント主体で行動されていたからである。

今後，日本の金融機関においては個別企業で提供される商品サービスをサイロ的に提供するだけでは，商品サービスに成熟したわが国の顧客満足度は高まらない。金融商品の多様化やITの進展，さらには非金融の業種からの金融業参入によって競争が極めて激しくなっているなかで，金融機関が先んじていくためには，グループ一丸となって全体最適で顧客サービスを行う仕組みが必要である。財務会計上の"連結決算主体"にとどまらず，企業価値を向上させる管理会計が"グループ・マネジメント主体"になりきれるかどうかということにかかっている。

グループ・マネジメント主体になるためには，これまでのわが国の金融機関で行われてきたようなグループ内の個別企業ごとに戦略を任せるのではなく，グループ全体でビジョンの共有や戦略の策定を行い，グループ全体最適で戦略を実行することが求められる。すなわち，マネジメント・フレームワークの構築のためにはグループ事業部門別管理会計が必要である。

　そこで，次節ではグループ事業部門別管理会計のフレームワークの考え方や適用における注意点を説明する。

(2) グループ事業部門別管理会計

　グループ・マネジメントを効率的かつ効果的に行うには，グループ戦略が明確に理解され，各グループ構成企業のなかで十分に共有化され，力強く実行されることが求められる。たとえば，M&Aを手段として事業ポートフォリオをスピーディーに組みかえて企業価値を向上させることを企画するグループは，投資会社からの紹介案件を待つのではなく，グループ戦略の明確化をもとにグループ事業ポートフォリオの認識，仮想M&Aを対象とするシミュレーションと評価（頭の体操），パフォーマンス測定の基準や方法などを，あらかじめグループ全体の共通の枠組みとして検討しておくことが重要である。

　日本の銀行は，ながらく護送船団行政に守られていたためか，本当の意味での戦略はなくてもそれほど業績に影響がないと考える経営者は少なくない。リーマンショック後の現代において，本当の意味でデフレを脱却して成長できるようになるためには金融機関の資金提供（流通）の役割が重要である。日銀の異次元緩和によってマネー供給量がいくら増えたとしても，金融機関側の流通がスムーズでなければ全く意味がないばかりか，成長戦略を実行しにくい元凶のようにいわれかねない。わが国経済の復興は，金融機関の資金の提供能力にかかっているのである。

　収益や利益を今年度500億円計画するとか，経費は300億円に押さえるといったような予算立案レベルにとどまるのか，それとも，顧客・地域社会・環

境に対して自グループはどうありたいのか，そして，どうすべきなのかといった「ビジョン」が大切である。金融機関経営にとっては，グループ・ビジョンに近づくようにグループ戦略が策定され実行されなければならない。

グループ戦略の策定と実行を行う管理会計のツールには，BSCが適用される。BSCは，さまざまな業種のマネジメント実務で最も多く活用されている。筆者の理解では，BSCは，伝統的な管理会計では比較的に能率や効率の管理といった生産性管理までを目的としているために現代の経営には十分に適合していないとの問題提起[18]がなされた結果，ハーバード大ビジネススクールのキャプランとコンサルタントのノートンが考案したものである。BSCは，「財務」だけなく「顧客」「業務プロセス」「学習と成長」の4つの視点で"非財務指標（KPI）を管理"し，"経営指標（KPI）間の因果連鎖"を戦略マップで表すことにより"戦略の策定と実行"が全体最適で行えるよう支援するマネジメント・フレームワークである。

グループの戦略や方針が，グループ各社の役員やマネジャー，担当者に十分理解され共有化されていなければ，グループ内各事業は個別最適なマネジメントに陥り，グループ全体の経営資源の最適配分は根本的に不可能である。各社の財務数値を結果的に集計することで連結決算書自体はいまでも作成できることから，それをもってグループ・マネジメントしているような「誤解」をしてはならない。つまり，連結決算書の作成自体はグループで・マネジメントが全くできていなくても，グループ各個別企業の決算を寄せ集めでも作成できてしまうことに注意が必要である。

（3）グループ事業ポートフォリオ管理

グループ事業ポートフォリオ管理とは，グループ・レベルの事業に関するポートフォリオ・マネジメントと運営である。これまでの極度のデフレ経済下では投資を控えていた日本の企業においても，いまでは相当にM＆Aが

---

18) Jonson and Kaplan [1991]

活発化している。ソフトバンクなどの通信事業者，サントリーなどの飲料総合メーカー，第一三共などの製薬企業，楽天などのネット通販企業のように，国境を越えての大規模な投資でのスピーディーなグループ化の例は枚挙に暇がないといっても過言ではない。

　また，金融機関も含めてアジア経済圏への投資による進出は，最優先されるべき喫緊の課題となっており，現実の実務の世界では相当なスピード感で実行されている。現在及びこれからの企業価値を向上させるためには，金融機関にとっても，物理的な場所や時間の制約を超えるポートフォリオ再構成が最も重要な戦略の１つとなっている。グループ・レベルの事業ポートフォリオ戦略におけるM＆Aは，社会や株主，顧客だけでなく，投資先の従業員やその家族，さらには海外や地域への中長期的なコミットメントを要し，投資金額自体も非所に大規模になるものが少なくない。すなわち，グループ事業ポートフォリオ管理は，事業案件投資の実行可否に関する"経営の意思決定"そのものなのである。

　これまで事業ポートフォリオに関する管理会計ツールは，事業ポートフォリオ管理（product portfolio management：PPM）が1960～70年代の事業の多角化が求められた時代に重宝されてきた。**図表７-8**に，グループ事業ポートフォリオにPPMが適用された場合の事例を示す。PPMは，プロダクトに相当する事業のライフサイクルを市場成長率とし，経験曲線効果を適用して相対的シェア（市場占有率）によりプロダクト（事業）を２次元マッピングによって４つの象限に位置づける。その結果，それぞれの事業にいかに経営資源を配分するべきかを示すことができるといわれている。事業ポートフォリオ管理の意思決定者に対しては，ひと目で理解できるようにして，かつインパクトをもって方向性が示せるという仕組みとなっている。

　ところが，2000年代以降の日本は"顧客中心（または顧客機軸）のマネジメント"に変化した。プロダクト（事業）中心のマネジメントが十分に機能するのは，新興国の場合か，先進国でも2009年にiphoneが登場したときのように，全く新しいプロダクト（事業）の開始の場合であろう。いまの日本，

とくに現状の金融機関においては、プロダクト（事業）中心型戦略は投信・保険やNISA（日本版個人貯蓄口座：ニーサ）など局所的かつ限定的には検討できるかもしれないが、収益の大半を占めるその他ほとんどの商品サービスについては、顧客のニーズに基づき顧客の満足度を高め、社会的使命を全うするための顧客中心の戦略にならざるをえない。

さらに最も問題とされたのが、PPMではプロダクト（事業）それぞれをグループ内の競争相手として比較する構造のため、事業間のシナジーが全く考慮されない点である。もともとPPMは、それが発表された1960〜70年代の広範囲な多角化経営のためであった。そのため、事業間のシナジーまで考慮することが必要とされていなかったのである。金融機関にとって、シナジーが考慮されないのは最も重要で馴染み深いリスクのポートフォリオ効果も考慮されないのと同義であり、そういった意味でも金融機関のグループ・マネジメントには適合しにくいものと考えられる。

その他にPPMでは、次の3点でグループ事業部門経営への適合がしにくい状況にある。

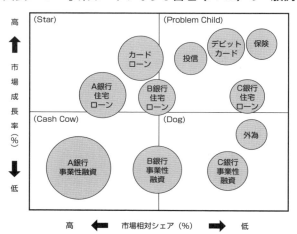

図表7-8　事業ポートフォリオ管理（PPM）の一般例

出所：筆者作成。

- PPMでは，相対比較が基本となっているために，絶対値による定量評価にならずに，イメージによる定性評価になりがちである。
- PPMでは，事業のマーケティング戦略の観点から市場の占有率や成長率が適用されるが，金融機関の場合には極めて測定しづらい指標であり，恣意的になりかねない。
- PPMによって，4象限はわかりやすい反面，問題児や負け犬に分けられた事業部門の士気は下がり，一層競争力を失う危険性がある。

以上のとおりの課題はあるものの，新興国や全く新規のサービス企画の場合などの適用場面次第では効果を発揮する。一方，PPMの課題を解決するためにいくつかの事業ポートフォリオ管理ツールが考案された。次の**図表7-9**のとおりである。

図表7-9　PPM以外の事業ポートフォリオ管理

管理会計手法	特徴
PPM（プロダクト・ポートフォリオ・マネジメント）	●BCG考案。 ●横軸に市場成長性，縦軸に相対シェア，丸は投資規模。 ●市場におけるポジショニングと競争優位の理解。 　⇒　理論的には「マーケット志向の事業ポートフォリオ管理」に相当。 ●事業の選択と集中（事業の経営資源配分問題）支援を志向。 ●定性的，シナジーが反映されない等，課題の指摘多し。
ビジネス・スクリーン	●マッキンゼー考案，GEへ適用。 ●複雑すぎて，一目で誰でも分かるPPTの利点がなくなっているとの批判あり。
VPM（バリュー・ポートフォリオ・マネジント）	●BCGによるPPMの改良版として考案。 ●横軸はROI等収益性，縦軸にビジョンや戦略との整合性（アライメント）。丸の大きさは投資規模。 ●理論的には「資源ベースの事業ポートフォリオ管理」に相当。
SDM（戦略的デシジョン・マネジメント）	●スタンフォード大学Ronald Howard教授による「最適意思決定ツール」。 ●不確実性を考慮した最適な意志決定を行うためのツール。

出所：筆者作成。

グループ事業ポートフォリオ管理は基本的なPDCAサイクルが実行されるが，CheckとActionに相当する事実の確認（「見える化」）についてはバリュー・ポートフォリオ・マネジメント（VPM）の適用が望ましい。さらに，事実に基づいて将来のグループ事業ポートフォリオを再構成するためには，さまざまな将来のリスクを説明変数として企業価値を目的変数とする戦略的デシジョン・マネジメント（SDM）[19]の活用が最適である。

　ただし，競争相手が明確であり，市場に対して新サービスの投入にあたってのマーケットにおけるポジショニングをグループの役員全員で意識合わせする場合などには，従来通りグループ事業PPMが適している。

おわりに

　金融機関の事業部門別管理会計は，バブル崩壊後の不良債権増加による経営悪化が引き金となって，選択と集中の戦略を策定し実行することと，事業の責任と成果の所在を明確化するために，1990年代後半当時の都市銀行に相次いで導入された。その後2000年代に入って現在まで，収益，原価，リスク見合いのコスト，そしてVaRによる割当資本を構成要素として，RORA，RAROC，EVAなどが算定されるに至っている。

　ただし，現状の金融機関の事業部門別管理会計は，事業責任者の業績評価には使えたとしても，「選択と集中」戦略などの経営の意思決定にまで適用されるレベルにあるのかは甚だ疑問である。金融機関を，製造業などのその他の業種と同じように事業部門別管理会計によって戦略的マネジメントが実行されるレベルにしなければ本来の目的が達成できていない状況のままである。

　そこで，今後備えるべき事業部門別管理会計の要件を3つあげた。

---

[19] 2013年7月11日の日本経済新聞によれば「パナソニックはM＆A（合併・買収）や工場建設など大型投資について意思決定手法を見直す。導入するのは「ディシジョン・マネジメント」と呼ばれる意思決定手法」とある。

第1に，事業部門別管理会計をもとにした社内での事業のEXITルールの制定が必要である。EXITルールという事業継続意思決定のための基準があれば，撤退まではしなくとも縮小や拡大の判断に寄与されるものと考える。
　第2に，事業部門間のシナジー効果を高めるためには，内部振替価格制度と事業部門のカウント・ルールの確立が必要であることを検討した。
　第3に，実行段階で経営資源の最適配分を行うにあたっては，①統合リスク管理でいうVaR（UL）に基づくリスク資本，②バーゼルⅡの健全性の確保と関連させたリスク所要資本，③事業資産額に基づく所要事業資本の算定などの提案を行った。
　基本的には，事業部門への割当資本はリスク管理高度化に基づくVaRで行われ，統合リスク管理を目指すべきである。ただし，金融機関によってはVaRの算定が困難な場合や，より現場での活用を意図している場合などがあり，その際の実務的な事業部門別割当資本の算定方法としてバーゼルⅡのリスク所要資本の活用を検討した。それは，VaRを内部のリスク高度化として推進するとともに，バーゼルⅡの対応によっていまや各銀行共通の尺度で算定されるリスク・アセットも確認しながら社内資本金制度の枠組みを適用して事業部門へ資本を割り当てる方法である。
　さらに，事業部門別管理会計はグループ・マネジメントへ適用された場合に，最も高い効果が期待できる。グループ・マネジメントは，単に連結決算を作成することだけではない。顧客，株主，地域社会，従業員，日本経済などステークホルダーに対して，それぞれの価値の最大化をグループ一丸となって達成することである。グループのPDCAサイクルという価値が生成される動的な管理会計になることこそ重要であり，単に結果を色々な切り口で「見える化」だけの管理会計をイメージしているようでは全く無意味であり，いまだグループ・マネジメントは行われていない状況といわざるをえない。
　「見える化」は，グループ外部の立場の人間，たとえば投資家や規制当局にとって何より重要である。ベンダーやコンサルタントなどは，顧客思いの気持はどうあれ，実際に自グループの経営をコミットする立場でもなく見え

る化に対する価値観が異なることが少なくない。全体最適でグループを動かしていくためには，スナップショット的な見える化ができたあとの工程である「グループ戦略の策定と実行」「グループ事業の意思決定」そして「グループ事業部門の業績評価」がつながってはじめて機能する。このグループPDCAサイクルが実行されてからようやく（グループの業績をただ眺めるのではなく）グループの事業の経営資源を最適配分するなど〝マネジメントする〟ことができるようになる。これが，グループ全体の意思決定や業績評価などを司るグループ事業部門別管理会計である。

　効果的かつ効率的なグループ・マネジメントを行うためにはグループ戦略に適合するグループ事業部門別管理会計がなければならない。グループ事業部門別管理会計のないグループ・マネジメントは，通るべき航路や必要な食糧のことも全く考えずに羅針盤のない船団（グループ）でこぎ続けるに等しい。最適なグループ事業部門別管理会計に基づくグループ・マネジメントであれば，船団に乗せた顧客や地域，株主，そして従業員とその家族を，「早く」「確実に」そして「賢く」目的地に運ぶことができるようになる。

第8章 顧客別管理会計

はじめに

　銀行の主たる業務は，融資やローンなどの貸出業務にある。また，顧客の預金元本は絶対に守らなければならない。大きく銀行ビジネスを考えると，銀行のビジネスとは広く顧客から預金を集めて企業などの顧客へ融資を行い，その利ざやで稼ぐものである。したがって，顧客別に採算を管理するというのは1950年代の文献（矢本［1957］）からもみてとれる。同様に1956年3月6日大蔵省銀行局長通牒[1]からも資金吸収形態別採算を把握するように推奨されており，まさに顧客別管理のことである。当時の顧客別管理会計は，採算管理を開始したばかりの段階であり，目的はまだ明確ではなかった。バブル崩壊後，顧客ごとに選択と集中を推進するために，顧客別管理会計については次の3つの場面と目的で運用されてきた。

　①顧客の与信判断を行うため……………【与信管理目的】
　②顧客への融資金利の設定を行うため……【顧客別プライシング目的】
　③セグメント・マーケティングのため……【営業マーケティング目的】

---

[1] 大蔵省通牒（昭31.3.6 蔵銀第333号）原文によれば，「1—(1)—（ロ）（中略）不採算，非能率店舗の廃止または支店の出張所への変更を積極的に行うことが必要である。……（中略）……1—(3)資金吸収形態の多様化，複雑化を排しできるだけその単純化，簡素化を図るためにも，この際，資金吸収形態別，たとえば，定期預金，普通預金，定期積金，当座預金，金銭信託ごとの個別計算を行い，その採算状況を検討することが必要である。」（大蔵省銀行局［1958, p.81］筆者にて一部現代文に変更）となっている。

本章では，現状の顧客別管理会計技法についてまとめたのちに，各目的別に顧客別管理会計の適用状況について検討する。

1. 顧客別管理会計の特徴と課題

現状各銀行で実施される顧客別管理会計の業務面における特徴とその課題を検討する。まず，銀行における顧客別管理会計の一般的な特徴や課題は次の6点である。

① 顧客は債務者であり債権者にもなりうる。顧客は，融資を行う先であり預金を預かる先でもある。同一人が債権者と債務者両方の立場となりうるのが銀行の顧客の特徴である。比率でいえば，商業銀行では預金のみ預けている個人が大多数であるが，銀行の資産である融資やローンを実行している先は返済のための預金口座をもっており，資産と負債の両方が存在する顧客となる。一般企業では，顧客が債権先であり債務者であるような同一顧客のパターンは多くはないが，銀行ではごく普通である。

② 銀行の顧客数は一般企業に比べて非常に多い。そのため顧客別の計算処理が煩雑かつ膨大になりがちである。たとえば，地方銀行では数百万の顧客，メガバンクにいたっては数千万の顧客と預金，内国為替，または貸出などの取引が行われている。そのために，システム開発費用が相当膨大なものとなる。

③ 銀行の顧客には法人先（Business），個人先（Consumer）などさまざまなセグメントが存在する。パソコン販売などの場合，法人向けと個人向けとに分かれている場合が多いが，その場合それぞれのニーズに合わせて最適なPCが選べる仕組みとなっている。銀行の商品のほとんどは，法人でも個人でも取引できるものがほとんどである。ましてや，オーナーや個人事業主など法人と個人の中間に位置するようなセグメントへのアプローチは難しい。銀行の基本的な商品とは資金であり，資金に法人や個人の区別はないことから当初はセグメントに分けられていなかった

のではないかと推測される。

④経費は顧客に支払われている訳ではないため，顧客別原価計算が非常に重要になる。第Ⅱ部第4章「金融機関の原価計算」で分析したとおり，ABCの適用によって伝統的原価計算の課題の一部は解決されたものの，本部や本社の共通費の配賦などいまだ解決できていない課題も多い。一般製造業の管理会計では，原価計算が最も重要であるが，銀行の場合には顧客別管理会計における原価計算が非常に重要である。

⑤顧客との取引を総合採算でみるのか，個別採算で判断するのか。預金，貸出，役務などすべての商品の採算で顧客を総合的に採算管理する方法と，貸出金の金利設定のように貸出のみの利益を確保する目的で個別の採算だけを管理する方法がある。実際には，顧客別採算実績は総合的に計算されるものの，顧客稟議を行う段階では個別採算型で検討され，その関係性が十分ではなく，貸出金の金利設定が形骸化する危険性がある。

⑥顧客別採算計算の計算期間の問題がある。銀行と顧客の関係は短期的なものではない。顧客の口座開設やローン実行後数年間ずっと取引が続くビジネスである。銀行の商品はほとんどがストックによるものであり，期間が重要な収益ファクターである。そう考えると，銀行と顧客の関係はある程度中長期の期間が必要になる。たとえば，30数年間の住宅ローンの実行先について，当年度1年間だけで収益を把握するのが顧客別の採算をみる際の最適期間とは考えられない。しかしながら，各銀行とも比較可能性の確保と財務会計と一致させるために，顧客別採算は店別や事業部門別などと同じく1年間の期間損益で計算を行う。

次に，業務目的別に課題を検討してみよう。

(1)与信管理目的の顧客別管理会計の課題

顧客別管理会計における3つの業務目的のうち，最も優先度が高く最も古くから使われているのは与信管理目的の顧客別管理会計である。融資審査を行う稟議の段階で，顧客の過去の採算を確認しておくというのが与信管理目

的の顧客別管理会計の使われ方である。顧客別管理会計を行う銀行では，必ず与信管理目的での適用については実現する。過去の実績だけでなく，シミュレーション機能までもたせて，新しく融資を実行した場合に顧客の採算がどう変化するかをみるところもある。

与信管理目的の顧客別管理会計では，これまでの取引で採算が取れていたのかどうかが判断の基準となる。

顧客別原価計算を全部原価[2]で行うのか直接原価で行うのかなど検討して損益分岐点を決めなければならない。これまで，日本の銀行のほとんどは全部原価で行っていたが，低金利が続き業務粗利益が上がらず，反対に与信費用が膨らんでいる状況では，ほとんど利益が出ない構造になっている。そのため，顧客別の原価が全部原価か直接原価かで大きく採算性が分かれる状況となっている。今後は，固定費を回収するだけでも価値があるとの考え方から直接原価で顧客別採算をみていくところが多くなると思われる。

最近の与信管理目的で作られた顧客別管理会計の標準的な損益管理は，図

図表8-1　顧客別管理会計の標準的損益管理

顧客＊＊＊＊（法人または個人）	
業務粗利益	×××
資金収益	×××
貸出金収益	×××
預金収益	×××
役務収益	×××
経費	△×××
業務純益	×××
信用コスト（または与信費用）	△×××
信用コスト控除後利益	×××

出所：筆者作成。

---

[2] もともと金融業で全部原価計算であるべきとの考え方は，次の理由によるものであった。
・本部管理業務増加に対する牽制機能
・原価はすべて顧客からの収益でまかなうべきとの考え方
・金融機関の本部機能は顧客に対する間接的なサービス機能との考え方

表8-1のとおりである。

(2) 顧客プライシング目的の顧客別管理会計の状況と課題

　銀行におけるプライシングとは，金利と手数料の水準で決めるか，本章ではより重要な顧客単位の金利のプライシングについて，検討を行う。

　顧客別に金利を設定するのは，そのほとんどが融資であるが，その一般的な設定方法は**図表8-2**のとおりである。

　金利のなかで最も影響の大きな構成要素は，信用コスト率である。そのため，顧客の信用格付が，主たる金利設定のファクターとなる。融資の金利設定であるから，信用格付が重要なのは当たり前であるが，ただし，それだけでは粗すぎるのではないかというのが課題である。すなわち，貸出とは顧客の事業を見極めて資金提供することでもあるわけであるが，信用格付だけでは単に資金返済状況のみでみてしまうことになりかねない。

　顧客の信用格付は財務状態や担保状況に影響を受けるが，これから実行する融資の金利を考えるにあたっては，財務状態だけではなく顧客の社会における企業価値や今後の事業リスク（リターン）も考慮されるべきである。そうでなければ，新規や中小零細のまだ財務基盤が十分ではない企業は常に高い金利で融資が実行される可能性が高くなり，対して十分に財務基盤のある大企業は低い金利で融資が受けられる可能性がある。これは，中小企業の多い日本の銀行，リテール・ビジネス強化をうたう銀行，あるいは貸し渋りしない銀行では，全く逆のインセンティブが働く標準金利となる。

　おそらく，実態はこのコスト・プラス法による標準金利では他行との金利

図表8-2　標準的な金利の構成要素

```
標準金利＝　①調達コスト率……………………商品の金利種別や期間に対応
　　　　＋　②信用コスト率……………………顧客の信用格付に対応
　　　　＋　③経費率……………………………顧客の信用格付に対応
　　　　＋　④期待収益率………………………顧客の信用格付に対応
```

出所：筆者作成。

競争に勝てないので，標準金利を守らずに実行しても構わない運用になっているところが少なくないのではないかと思われる。換言すれば，銀行の顧客ごとの金利設定においては，理論上はコスト・プラス法で行うものの，実態上は市場価格法によるプライシングになっている。

　もっといえば，標準価格と実績価格の関係とみることもできるが，標準金利によって利息計算が行われておらず，仮に行っていたとしても標準と実績の利息の差額計算が行われているわけではない。ここのところの収益性の上がらない銀行は，既存の融資について実態の金利から標準金利に近づける努力をして，どの程度収益が向上するかをみえるようにするだけでも相当な価値があるだろう。

(3) マーケティング目的の顧客別管理会計の状況と課題

　現在，顧客別管理会計がマーケティングに活用されているところは多くない。ほとんどが与信管理目的の顧客別管理会計であることは上述のとおりであるが，そもそも銀行のマーケティング自体，積極的に取り組んでいるとはいえない状況である。最近になってようやく大手銀行でイベント・ベースト・マーケティングが研究対象となり，これから実際の活用が期待される。

　2000年代初頭に一度銀行のCRMが先進的な銀行とベンダーでブームとなった時期があった。その際のマーケティングは，顧客の属性をみて，たとえば住宅ローンの取引可能性のある顧客を，その属性（性別，年齢，家族構成，職業など）から抽出をして，郵便や電話などのダイレクトマーケティングを行うものであった。

　当時は，アウトバウンド型営業推進のツールとしての価値はあったと思われるが，その効果を計る仕組みがなく，単に"やりっぱなし"的な運用となる可能性が高かった。すなわち，個々の顧客属性をみて最適な商品の提案という現場での営業支援ツールとしての初期のCRMであったと考えられる。イベント・ベースト・マーケティングもその範疇に入るものと考えられる。

　どの顧客セグメント（企業規模別／業種別法人や，地域別／富裕層・準富

裕層・マス個人などの顧客のグルーピング）にどの商品を提案すれば，企業価値にどれだけ貢献するのか。これまでのCRMでは，このマーケティングに関する投資対効果がほとんど測定されていなかった。最初のマーケティング仮説を策定する際にも，"ファクト"情報（過去の商品やセグメントの採算実績等）がないため，頭のなかでの属性別のストーリー仮説にならざるをえなかった。これからは，現状のファクト情報があって，そこから最適なセグメント別の商品ポートフォリオの収益性をシミュレーションし，当該マーケティング実施後には，その結果としてのファクト情報が確認できることが要件である。

マーケティングへ顧客別管理会計を適用するためには，顧客単位の損益情報とその顧客のセグメント情報が必要である。経営への適合性を高めるためには，次の3点の課題があげられる。

第1に，マーケティング・セグメンテーションのための属性やその組み合わせの情報が顧客に付与される必要がある。たとえば，過去3年間に年齢別に採算が上がっているのかというファクト情報を計算するためには，顧客単位の損益情報と当該顧客の年齢情報が必要になる。銀行のすべての顧客に年齢情報が付与されており，さらに顧客単位に損益情報が計算されていれば，全顧客に対して年齢別に損益を集計することによって，銀行の年齢別採算結果が分かる仕組みである。ただし，いわゆる一般のマス個人客については，年齢も損益計算も行われていない可能性があり，その場合の取り扱いを検討しておく必要がある。

第2に，顧客別原価計算の仕組みによって，マーケティング目的に資するものになるのかが大きく影響を受ける。少なくとも顧客単位の原価は，地域や業種など当該顧客の置かれた環境固有の状況が反映された原価でなければならない。そうなっていなければ，平均で機械的に分割して採算をみるに過ぎず，マーケティングのための意思決定に利用するのは難しい。

第3に，セグメント単位の管理会計の数値とは，顧客別管理会計の数値を単純に合計するだけでは不十分ではないかという点である。たとえば，リス

クは顧客別に信用リスクに見合うコストが計算されたものを，セグメント別に単純合計したとしても正しくない。一般にリスクをマネジメントすることは，大数の法則でポートフォリオによって分散効果を発揮させることである。

すなわち，セグメント内のそれぞれの相関が考慮されている必要があり，おそらく単純合計よりもリスクに見合うコストは低くなるはずである。また，原価については，原価計算自体が要素還元型となっているため，顧客別原価をセグメント集計してしまうことによっても，要素に分解された原価をボトムアップ的に単純合計したに過ぎない。リスクと同様に原価もセグメントの単位でまとめ購買したり集中業務したりすることで経費低減や効率化が図られるはずである。

セグメント別管理会計の数値が顧客別管理会計のセグメント単位での単純合計による算出方法の場合には，統計的に簡易計算されているにすぎないということを認識したうえで，マーケティングへ活用されるべきである。より精緻に，セグメント別管理会計を行うには，顧客別管理会計を集計するだけではなく，リスクやコストについてはセグメント・ポートフォリオで別途計算されるべきである。

2．これからの顧客別管理会計の位置づけ

従来，顧客別管理会計は貸出を行う際の，与信判断に利用されるものであった。1950年代の資金吸収形態別採算状況から始まって，1990年代に至るまで主に与信管理目的で顧客別管理会計が計算されていた。ただし，利益までは計算できずに残高や粗利だけで管理する銀行もあれば，収益や原価まで顧客別に計算して還元するところまでさまざまなレベルのものが存在した。

第Ⅱ部第4章で解説した原価計算では，1990年代にABCが大手銀行に導入されることによってそれまでの伝統的原価計算よりは納得感が高まったことを述べた。しかし，近年ではABCでは十分な顧客別管理会計が行えないと考えている金融機関が少なくない。

さらに1990年代後半から，事業部門別管理会計の経営への重要性が増してきた。第Ⅲ部第6章でグループ事業部門別管理会計を検討したとおり，法人か個人かなど顧客の属性によって事業部門が構成されるようになり，そのための採算データとして顧客別管理会計が適用せざるをえない状況となっている。

　また，2000年代に入ると営業店の単位ではなく，業種，債務者格付，年代，または家族構成などさまざまな同一セグメントで採算状況が分析されるようになるなどマーケティングの面でも顧客別管理会計が活用されるようになっている。

　すなわち，**図表8-3**のようにいまや顧客別管理会計は営業店別管理会計

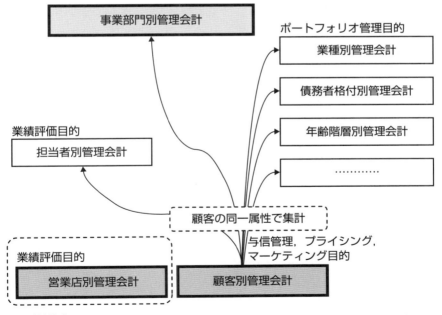

図表8-3　顧客別管理会計を基礎としたその他管理会計の体系

出所：筆者作成。

の活用場面よりも広範囲に，適用されるようになっている。逆にいえば，営業店別管理会計は伝統的な営業単位の1つで，業績評価するためだけに適用されるようになったといってもいい過ぎではないだろう。

　護送船団行政が崩壊し，他行に差別化をはかる銀行独自の戦略で経営推進していくためには，顧客別にさまざまな分析を行う必要がある。1990年代後半に都市銀行で導入されたカンパニー経営や部門別経営において顧客別管理会計のデータをもとにどういった単位でグルーピングすべきかが検討された。

　たとえば，法人部門と個人部門にするにしても，それぞれの過去の採算は並列可能なレベルなのか，あるいは個人事業主は計数面でいえばどちらに管理させるべきか，あるいは，ホール部門とリテール部門にすべきか，OneToOne営業部門とマス営業先とすべきかなど，さまざまな角度から過去の計数実績をもとに経営戦略が練られた。とくに，旧財閥系を含む都市銀行の間で合併や統合が相次いだが，その際にも統合後の組織を含む戦略策定のために，この顧客別管理会計データをもとにシミュレーションされて検討されたのである。

　このように，1990年代半ばまでは営業店別管理会計をみて経営を考える銀行ビジネスであったが，1990年代後半からは顧客別管理会計をもとに縦横無尽に分析して経営戦略が策定されるように様変わりした。しかし，上述のとおりそれまでの顧客別管理会計が与信管理目的であったため，部門やセグメント戦略を検討するにあたって次の3点の不具合が露見した。

1．顧客の一部対象問題

　顧客別管理会計の顧客はすべてではなく一部しか管理できていなかった。すべての顧客が顧客別管理会計算定の対象となっていたわけではなく，与信判断を行う可能性のある先のみであった。たとえば，メガバンクでは数千万の顧客が存在するが，そのうち融資実行先や法人先のみを計算するなど限定されて，数百万（約10分の1）の顧客の計数しか管理していなかった。残り（約10分の9）の顧客の計数は，全社の財務計数から管理する顧客別管理会

計の合計を差し引いて算定された。そのため，どうしても個人層や預金や投信，振込だけがある先などの顧客の計数が存在しておらず，いわゆる一般個人セグメント向けの経営戦略には適合できなかった。

２．財務と不一致の問題

　与信管理目的の顧客の単位でみるための管理会計であって，合計されることは想定されていなかった。法人のすべてが顧客別管理会計の対象として計算されていたとしても，それをすべて合計しても当社の法人計数合計とは言い切れるものではなかった。すなわち，これまでの顧客別管理会計は誰も合計したことさえなく検証できる状態になかった。事業部門や顧客セグメント別の管理会計として適用する際には何度も検証されて一部は修正されることもあった。この問題点は，与信管理目的しか想定していなかったところに，セグメント別や事業部門別などの新しい活用場面があとで発生したことにある。

３．全店均一単価問題

　与信管理目的では顧客の原価は全店平均の単位原価が適用されて，地域や業種ごとの特性がなかった。平均の単位原価とは，日本全国どこのATMを使っても同じ単位原価とする考え方である。実際の支出経費で考えると，都市部の駅前の一等地と，地方の駅から遠いところとでは場所代や警備費用等が異なるものと思われる。

　しかし，顧客に対してはATMの引き出しや振込入金などのサービスが場所や使用される機械の償却年数によって大きく変るものではない。なぜなら，顧客にとってのサービス価値はどこを使っても引き出しであり振り込み入金でしかない。価格設定をみても顧客別の与信判断や金利設定を行う場合には，地域や取扱店で金利が変るわけではなく，その原価も同一であるべきとの考え方である。同様に，そのための手数料も同一の銀行であれば日本国内地域によって変ることはない。

したがって，顧客に対しては銀行全体で均一の付加価値のあるサービスを提供しているとの考え方により，どのATMの単位原価を同一のものとする。与信管理のためであれば同一銀行では地域によって審査基準が変わったりすることは考えにくいため，顧客別管理会計においては均一単価が問題にはならず，逆に望ましいくらいである。

しかし，店舗ごとの戦略を立てるためにセグメント・マーケティングを行う場合には，地域や営業店ごとの特性が現れない平均の単位原価では意味をなさない。そのためには，固有の単位原価が必要になる。固有の単位原価とは，地域や支店などでの実際の費用をもとに単位原価を算定するものである。たとえば，ある地価の安い地域のATMの取引単位原価は低くなり，都市部の駅前のような地価の高い地域のATM取引は相当に高い価格となる。

地域ごとの戦略の策定や業績を評価する場合にも，固有の単位原価によるべきである。もしも，平均の単位原価を用いて地域戦略を策定すると，コストの差異は費用支出と無関係になり，単に取引量や業務量の増減のみが原価となる恐れがある。そうなるとコスト低減のために，顧客との取引量を減らす方向の誤った意思決定や行動に向かう危険性がある。

顧客別管理会計を戦略的事業部門別管理会計やセグメント・マーケティングへ活用するためには，以上の不具合を解決して可能な限り広範囲の顧客を対象に顧客別管理会計を実施し，平均的（標準的）原価だけでなく固有の原価を計算する仕組みも取り込む必要がある。

3. 顧客別管理会計の方向性

顧客別管理会計の分析可能性や新たな目的への適用性は，以上のとおり高度化が図られてきたが，PDCAの基本的なマネジメント・サイクルとなっていなかった。現状でもほぼすべての金融機関の顧客別管理会計は採算状況のモニタリングに過ぎない。

ABCだけでは，顧客別管理会計を戦略的マネジメントに変えることはで

きない。顧客別ABC原価を運用面で低減させる取り組みは，顧客別原価算定のための商品サービスの単位原価に予算や計画の原価が適用され，実績との差異が把握されることによってコスト効率化を図ろうとする銀行も少なくない。

しかし，単位原価に予算や計画をもとにした原価を適用したとしても，コストドライバーには実際の業務量が適用されており，本来の原価計算の考え方でいえば，実際の業務量をもとに配賦している限り実際原価でしかない。顧客に対する新商品のコストや業務サービス・フローを設計し直してコスト低減を図るなど，原価企画の考え方を顧客別原価計算に取り込むことによって，PDCAを機能させる可能性がある。そこで，まず顧客に対するプライシングと顧客別採算実績の関係を，PDCAサイクルの戦略的マネジメントで検討しよう。

（1）貸出金利の構成要素

一般に，ほとんどの銀行で貸出金利ガイドラインが設定される。これらは，顧客へ融資を行う際の標準的な金利を示すものである。融資稟議の段階で，その融資額と同額を調達する場合の金利コスト，実際の経費率，ならびに当該顧客の信用リスク・プレミアムや期待収益率を加算して当該顧客への貸出原価率を算定するためのテーブルである。この貸出金利ガイドラインを利用して顧客の金利を設定し融資稟議を行う段階は，まさに顧客別の採算を設計する段階と考えられる。

すなわち，顧客ごとの貸出金利の設定がPlan（計画・企画）として承認決裁後に融資が実行（Do）され，期末を迎えて顧客別の採算実績が計算される。これが，SeeやCheck（確認）であり，その後次の貸出金利ガイドライン策定などの施策へ反映（Action）されていくのである。このように，マネジメント・サイクルが機能してはじめて，顧客別管理会計が経営の意思決定に適合し，戦略的に価値ある管理会計になるものと考えられる。

そこで，貸出金利構造と顧客別管理会計の関係を整理し，現状ではほとん

どの銀行で実現しているとはいえないが，今後のあるべき顧客別管理会計を検討する。一般的な貸出金利構造を式で示すと次のとおりとなる。

貸出金利
＝調達金利＋経費率＋信用コスト率＋期待収益率………… 式A

調達金利は，FTPを導入する銀行では仕切りレートとされるが同様の意味である。取り扱う商品の金利種別，期間，金額階層などによって，一意に決まるテーブルが構成される。

経費率は，当該貸出を行う際の平均的な経費の比率である[3]。金利は，貸出実行される融資金額に乗じて利息計算されるが，この経費率も同様に貸出金額に対する経費の割合とされる。第Ⅱ部第4章でみたとおり，これまでの金融機関での顧客別原価計算ではABCが一般に適用されていた。ABCではさまざまなコストドライバーが適用されるが，銀行の場合には業務量が適用される。

そのため，金融機関の貸出金利の構成金利である経費率も本来からすれば貸出顧客の予想される"業務量"などに応じてABCが計算されるべきであるが，調達金利や信用コスト率などとの平仄や，現場での分かりやすさからあえて貸出金額に応じて賦課される仕組みとされている。すなわち，貸出金額に応じた経費率は信用格付別に合計された顧客別ABCを同じ信用格付の貸出金額合計で除して算出される必要があるので，少なくともABCなどによって顧客別原価が計算されてなければならない。

信用コスト率は，極論すると倒産確率と考えられるもので，貸出を行おうとする顧客の信用格付に応じて信用コスト率が一意に決まる。さらに，担保の状況によってデフォルト時損失率（＝1－保全率）を乗じる銀行もある。

3）貸出金利ガイドラインは，貸出の価格設定（プライシング）を目的としているので，預金や本部管理業務などの原価が算入されるべきではない。貸出に関する直接原価（限界コスト）のみを対象として経費率が計算されなければならない。

その場合には，信用格付以外に顧客の保全の状況を個別に入力してシミュレーション計算される。バーゼルⅡ第2の柱への対応を推進するために，信用コスト率にPD，デフォルト時損失率にLGDを適用していく動きもみられる。

期待収益率は，オプショナルな構成金利要素である。期待収益率は，正常・大口の顧客には経費や信用コストを控除したうえでさらにこれだけの金利をマージンとして確保してほしいというプレミアム・スプレッドの意味でほとんどの場合には設定される。

手間をかけさえすれば，非常に細かく多種多様に構成要素金利が設定できるようになるが，管理会計の考え方からいえば，現状の貸出金利とそれに基づく顧客収益性管理は，要素還元型モデルである。なぜならば，**式A**は稟議対象の貸出だけをみて個別に取引の採算を確保しようとするモデルとなっているからである。実際のビジネスでは，銀行と顧客の間には，融資の取引以外にも預金や手数料の発生するフィービジネスがあり，場合によっては投信や保険，さらにはデリバティブやその他商品が取り扱われている可能性がある。

厳密に，貸出金1件ごとに採算が確保できていれば，当然ながら顧客総合採算や全体の計数もよくなる。しかしながら，他行との競争力が落ちて全体の計数が逆に落ちる危険性もある。何より問題なのが，顧客側に立った場合の価値がどうかということである。銀行と顧客の間により長くしっかりとしたリレーションが構築されているならば，1商品だけで採算性を細かく要求されるよりも，さまざまな商品で総合的に見てほしいと思う場合が少なくない。

企業と顧客の間が，商品でつながっているのではなく，顧客リレーションが構築されており，顧客との間で総合的なサービスが行われ，その結果として商品損益が存在しているという順番で考えてほしい，と顧客は思っているのではないか。

すなわち，さまざま複雑に関係する商品やサービスを組み合わせて顧客に提供する金融機関の場合には，顧客総合採算型モデルによる中長期的な収益

図表8-4　個社別管理とポートフォリオ管理のイメージ

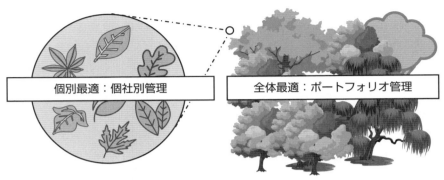

個別最適：個社別管理　　　全体最適：ポートフォリオ管理

出所：筆者作成。

性管理が必要になるのではないだろうか。また，総合的にみるというのはポートフォリオ管理される意味でもある。

　ポートフォリオを導入すれば，リスク面では分散効果が働き，収益面ではリスクやコスト対比で最適な組み合わせが求められなければならないとの考え方ができる。もしも，1顧客単位の貸出金のみの採算性を求めすぎると，リスクマネジメントの面で最も効果を発揮するポートフォリオ運営（分散効果）ができなくなる可能性がある（**図表8-4**）。

(2) 貸出金利設定のための原価企画

　トヨタを代表に製造業で導入される戦略的管理会計の原価企画の枠組みで考えると，**式A**の貸出金利の構成で，調達金利，経費率，及び信用コスト率までの構成金利の部分は顧客への貸出金利を設計する際のコスト・テーブルに基づいた見積原価に相当する。

　式Aの期待収益率は，利益を作り込むためのコスト・テーブルと考えてもよいが，目標金利のための目標マージンと考えてもよいと思われる。ただし，期待収益率は信用格付，貸出金額規模などに応じて一意に決まるテーブルとされているならば，貸出金利設定にあたっての見積原価コスト・テーブルと

考えるべきであろう。

　貸出金利ガイドラインが顧客の貸出価格設計に関する原価企画と捉えるならば，貸出が実行され運用に供する段階で，原価維持，原価改善が行われなければ戦略的マネジメントになりえない。そもそも経営管理上，設計留まりでは意味がないのは考えるまでもない。現状の問題点は，貸出金利ガイドラインの制度と，顧客別管理会計の実績算定が全く別々のものとなっているところにある。

　実際のところ，貸出金利ガイドラインは，リスクやコストに応じたリターンの確保との意味合いで，金利プライシングを行おうとするものである。ところが，実際には信用格付が低い顧客は企業財務体力が強くなく，逆に高い金利設定が必要とされる貸出金利ガイドラインでは機能しないのが目に見えている。つまり，貸出金利ガイドラインは，あくまでもガイドラインというアナウンスメント効果を期待してのものでしかない状況で，実際に適用される貸出金利の稟議や実行とはかけ離れる場合が少なくない。

　貸出金利ガイドラインのいわんとするところは全社で意識合わせできるけれども，現場での実際のビジネスは別ものといったような「絵に描いた餅」になりかねない状況となっている。逆に，審査部など本部稟議審査所管部署で，あまりにも厳格に貸出金利ガイドラインにしたがった審査を行ってしまうと，とたんに会社全体の融資が激減し地域の顧客や市場，さらには金融当局から，貸し渋りと揶揄されることは眼に見えている。

　一方，価格競争力がなくなって他行比貸出実績が劣勢になるのは否めない。そもそも，**式A**の貸出金利ガイドラインの算定方法では，管理会計的にいえばコスト・プラス法である。管理会計では，コスト・プラス法は自社の費用回収のために個々の商品の価格で総コストを上回るように設定され，顧客や市場の状況を考えない場合に適用される価格設定方法である。

　ところが，コスト・プラス法が銀行の金利設定に適用される点についてはどうであろうか。日本や当該地域をほぼ独占した状況の銀行があったとすれば，コスト・プラス法の価格設定で十分に営業推進可能である。しかし，日

本の銀行業界の実態は，オーバーバンキング状態であり，かつ金融の自由化が進み外資の算入やコンビニエンスストアやスーパーなど他業態からの金融サービスへの算入など，競争ビジネスのド真ん中にいるといっても否定する人はいないだろう。それなのに，コスト・プラス法の価格設定以外にいまだ金利設定方法が考えられたことはない。

また，**式A**の問題点はそれだけにとどまらない。**式A**の貸出金利ガイドラインの最大の特徴は，信用格付に応じた信用コスト率によって限界のコストが大きく変る点である。あとの調達コストや経費率などのコスト・テーブルのパラメータも，信用格付が大きく影響する。すなわち，現状の貸出金利ガイドラインは，ほとんど信用格付で決まるといっても過言ではない。しかし，そもそも10数種類の信用格付で十分にプライシングできるのであろうか。

つまり，個々異なるさまざまな顧客の状態を，たった10数種の信用格付で十分判断できるのだろうかという点である。換言すれば，さまざまな情報が10数種類の信用格付に収斂されることで，情報の大部分が削げ落ちてしまうのではないかと思われる。大手銀行によっては，稟議書のなかの一部として信用格付があるだけで，その他の補足情報や定性情報も審査の段階で同様に評価される制度のため，簡単過ぎる信用格付制度を補完している。

逆に，信用格付に応じた貸出金利ガイドラインの徹底や，その審査を信用格付中心に行いすぎると，あたかも"スコアリング型融資"に近しいものになりかねない。銀行社内で信用格付に応じた貸出運用については，その有効性だけなく課題もよく認識されておく必要があるだろう。

あらためて，貸出金利ガイドラインを管理会計からみた問題点をあげてみよう。

- 要素還元型でコストを設計するため，顧客やグループでのポートフォリオ型や総合採算型設定が困難である。
- コスト・プラス法では，市場競争力を減退させ，顧客の企業体力低下を招きかねない。
- 金利を決めるのに最も重要なパラメータである信用格付では粗すぎる

現状では，貸出金利ガイドラインはリスクやコストに見合う金利を設定する努力や意識の醸成を期待するにとどまっているといってもよい。しかし，ばくぜんと期待するだけでは，貸出を増やす営業現場の活動には適合性が低いといわざるをえない。現状の貸出金利ガイドラインでは，できなくても仕方がないといったモラルハザードを起こしかねない。
　そこで，貸出金利設定の段階で収益を確保するように現場の意識付けを変えるための3つの案を検討する必要がある。

1．複数のガイドライン金利（価格）提示

　複数金利をもとに現場での○×ではなく松竹梅のように段階的選択を可能とする仕組みを構築してはどうだろうか。これまでの標準利益を確保するための従来の目標金利を「利益目標金利」ガイドラインとすると，それだけではなく「最低目標金利」ガイドラインを提示する方法である。最低目標金利ガイドラインは，バーゼルのリスク・アセットに必要な最低自己資本分を最低目標金利とすることなどが考えられる。そうすることによって，最低でも確保すべきは資本の毀損を防ぐことであり，そこから企業価値を向上させるために利益の確保が求められるといった多段階で目標金利を目指すことができる。これまでの貸出金利ガイドラインでは，1つの目標金利に対して○×での判断しかなかった。これまでは×の場合は，ガイドラインを無視して実行されるか，融資否決に従うかしかしない。そこには，最低自己資本だけでも確保できていれば，中長期的には固定費の回収につながる概念がない。

2．信用格付の多様化

　信用格付の種類を増やすことになるが，行内の信用格付のコード体系を，多数桁にするなどして多面的な分析で信用コスト率が設定できるようにすべきではないかと思われる。現状の信用コスト率のテーブルは，信用格付をパラメータとして信用コスト率を求めているに過ぎないが，それを業種別・信用格付別や，業種別・金額階層別・信用格付別とか，業種別・金額階層別・

信用格付別・当社取引期間別など，さまざまなパラメータを検討すべきである。とくに，銀行であればそれが本業であり，いまの信用格付の種類では簡略化しすぎていて経営の意思決定をするにはあまりにも粗すぎるのではないかと思われる。

3．統合法による目標金利の策定

貸出金利設定の際に現状のコスト・プラス法だけでなく価格設定手法の多様化を図るべきである。図表8-5に示すとおり，貸出金利ガイドラインはコスト・プラス法による見積原価率（x）とし，それに対して他行金利や市場金利を調査し，さらに，当社経営側からみた目標利益を市場価格金利から差し引いて許容原価率（y）を求める。次に，見積原価率（x）と許容原価率（y）とを調整のうえ，目標原価率（z）を取り決めるべきである。そう

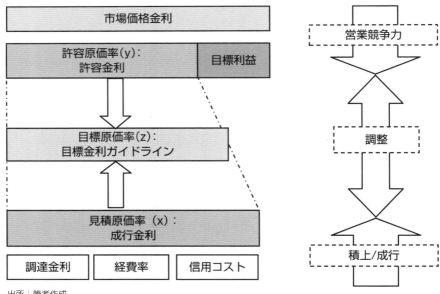

図表8-5　貸出金利ガイドラインへの原価企画の適用

出所：筆者作成。

することによって，単なる参考的なガイドから，利益を捻出するために経費削減や信用コストの圧縮に努めるための原価目標になると期待される。現状各銀行で行われる貸出金利ガイドラインには，原価と利益の作り込みや原価維持・原価改善の意思や方向性が入っていない。原価企画の考え方を導入することで，顧客別管理会計は飛躍的に経営への適合性が増して戦略的マネジメントの領域に高まるものと期待される。

　ただし，原価企画の適用については以下のとおり注意が必要である。調達金利，経費率，信用コスト率は基本的に信用格付でのみ変化するコスト・テーブルであるため，見積原価率から目標原価率に近づけるには現状では担保保全の充実や保証会社活用などによる信用格付の維持・向上程度しかない。そもそも貸出金利ガイドラインが，このような競争力向上を目指した原価改善活動を想定した物ではなく，単に参考表示のみの言葉どおりのガイドラインでしかないところに限界がある。

　これまで述べたとおり，戦略的マネジメントの領域に高めて，絵に描いた餅ではなく競争力を高めて収益性を向上させるためには，一般企業で採用される原価企画の考え方を適用すべきである。しかし，原価改善を現場で行うには，信用格付をパラメータとするのではコントロールできないままとなる。信用コスト率についても，信用格付以外に信用コスト率を向上させるよう取り組める属性の追加が求められ，経費率についてはとくに現場でのコントロールができなければ単なる信用格付別の固定費管理でしかなくなる。

　そこで，信用コスト率テーブルのパラメータは，信用格付のほかに，金額規模，貸出期間，返済パターンなどで構成され，経費率テーブルは，信用格付だけでなく取引頻度，稟議決裁区分，金利自動変動有無，担保種類などもパラメータとして考えられるだろう。したがって，今後の貸出に関する戦略的な顧客別管理会計フレームワークにするためには，**図表8-6**にあるとおり，リスクアペタイト・フレームワークの取り込み，貸出金利ガイドラインの制度とその結果をモニタリングするPDCAのマネジメント・サイクルの組み込みが求められる。

図表8-6　貸出に関する戦略的な顧客別管理会計フレームワーク

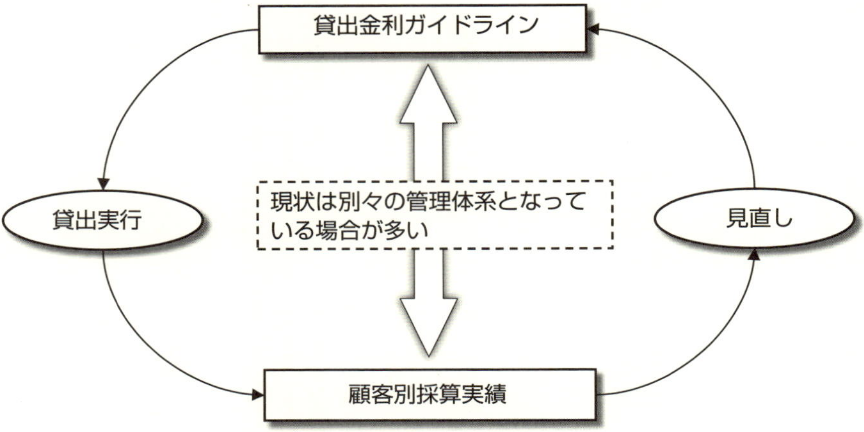

```
         貸出金利ガイドライン
        ↗              ↖
   貸出実行   ┌─────────────┐   見直し
       ↘    │現状は別々の管理体系となって│   ↙
            │いる場合が多い         │
            └─────────────┘
         顧客別採算実績
```

出所：筆者作成。

　以上のとおり，顧客に対する貸出金利の現状と課題を明らかにし，さらにリスクアペタイト・フレームワークを取り込む必要性を述べた。次に，金融機関側の論理だけでなく，真に顧客本位の経営を行うための顧客別管理会計になるための要件をまとめる。

（3）顧客本位の顧客別管理会計

　顧客別管理会計は，バブル崩壊後にABCの適用やリスク見合いのコストの調整がされるようになり，最近ではさらに資本コストを考慮する銀行も現れている。見方をかえると，顧客単位の期間損益を計算する技法に関しては，理論的及び実務的にも相当の高度化がなされてきたといえる。ただし，視点をより広くすれば，「期間損益に現れる財務情報」のみで管理され，銀行にとって短期的に顧客別損益がよくなることだけが目的になりかねない。

　たとえば，2008年サブプライムローン問題による世界金融危機後に日本の企業業績も非常に悪くなっているが，現状の顧客別管理会計では単に年度単位の顧客の採算が悪くなっていることを示すに過ぎず，中長期的な状況や財

務結果に現れていない予兆や収益の可能性が出てこない。そのため，銀行は自身の保全等を優先して銀行側の価値を優先してしまう懸念がある。

一方，銀行は民間企業であって顧客の価値のみを追求する慈善事業ではないことは明らかであるが，顧客の価値を低減させて銀行の企業価値のみを向上させてよいなどということもありえない。地域や顧客の価値が下がってしまっては将来的に銀行自ら首を絞めることになる。日本の企業に重要な間接金融の役目として社会的責任を担う銀行の管理会計には"顧客の価値向上が銀行の価値向上へとつながる共創型の管理会計"が必要である。

すなわち，顧客にとっての価値向上が自社の価値になることが，金融機関における顧客別管理のあるべき姿ではないだろうか。たとえば，銀行は民間企業でありながら，一般市民の預金をあまねく広く預かり，一般企業にとって生命線である資金繰りに対して融資の形で支援する間接金融を担っており，地域経済に対する社会的責任が極めて重い。

また，顧客企業への貸出金利は，リスク・リターンの市場原理からすれば，信用格付の低い顧客への貸出金利は高くあるべきである。しかし，実際にも中小零細の企業ほど格付が良くない傾向がある。そのため，リスク・リターンの原則からすれば，中小零細企業など資金繰りに苦しい会社の貸出金利の方が，財務状態の概ね良好な大手企業よりも高くなるというジレンマが生じる状態となる。

逆に，市場原則であるリスク・リターンの考え方からすれば，いまの財務情報のみに頼る短期的な顧客別管理会計の結果は至極当然といえる。しかし，銀行の主たる業務である融資は，銀行と顧客企業の間で中長期的な信頼関係が築かれ，将来的に双方ともに企業価値が上がるべき取引のはずである。したがって，今後の金融機関の顧客別管理会計には，このような顧客価値の向上が銀行の価値向上につながる枠組みが備わっていなければならない。

しかし，伝統的な金融機関の管理会計では，自社のパフォーマンス・メジャメントのみ検討され，貸出先などの顧客側の価値測定についてはほとんど対象とされてこなかった。一般企業の製品や商品と違って，銀行の融資は，

単なる"金貸し"ではなく,顧客の事業リスクを判断して,そのビジネスを育てる感覚で投資するようなものと考えるならば,金融機関は自社だけでなく顧客側の価値向上を目指して管理すべきである。

たとえば,投信や保険など「預かり資産型ビジネス」こそ,とくに顧客価値を向上させる顧客別管理会計が必要である。預かり資産型ビジネスは,最近では各銀行が最も注力すべき分野として戦略を練っている。今後,市場が回復すればあらためて主要なビジネスとなることは明らかであり,その際には顧客価値を向上させる顧客別管理会計によって戦略とそのための施策が策定されるべきであろう。

とくに,銀行の投信ビジネスでは,投信運用会社からの委託による販売であるため,顧客の投信価値(時価)が上がっても上がらなくても,銀行の期間損益にはあまり関係ない。顧客が,いかに多くの資産を預けてくれるか,あるいは,いかに多く売買を行ってくれるかが銀行にとっての収益インパクトなのである。しかし,本来は顧客の資産価値向上と関係し,それが金融機関側にとっても目標であり喜びとなるような中長期の双方向での価値向上の

図表8-7 顧客価値と金融機関価値の関係性

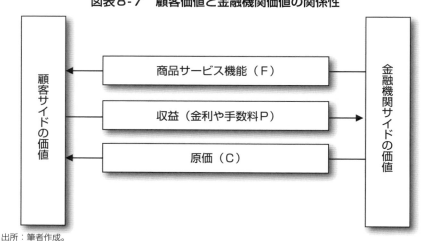

出所:筆者作成。

仕組みが，金融機関にとっての今後のあるべき顧客別管理会計である。

図表8-7に，顧客サイドと金融機関サイドの双方の価値の関係性を示す。顧客にとっては，金融機関から提供される商品サービスの機能（F）が価値である。その見返りに金利や手数料を金融機関に支払い，それは金融機関にとっては収益（P）になる。また，金融機関は，商品サービスの提供や渉外等営業事務に原価（C）がかかっている。以上のとおり，顧客と金融機関の間の価値移転の関係性を単純なモデルにしている。

さらに，顧客と金融機関の価値はそれぞれ以下のVEにより，表現できる。簡単化のため，商品サービス機能をF，顧客にとっては価格＝金融機関にとっては収益をP，商品サービス原価をCとすると，

顧客価値　　　＝F／P　…………式B

金融機関価値　＝P／C　…………式C

変形すると，

顧客価値　　　＝F／（金融機関価値×C）

　　　　　　　＝（F／C）／金融機関価値

金融機関価値のうち最も影響するのは（金融機関にとっての）顧客収益性であるから，

顧客価値　　　＝（F／C）／顧客収益性

∴（顧客の）顧客価値×（金融機関の）顧客収益性＝（F／C）……式D

以上のとおり，金融機関にとっての顧客収益性を向上させるだけでは，企業側の論理にのみ留まっており，地域顧客との共創価値は全く考慮されていない。すなわち，いわゆる晴れた日に傘を貸し，雨が降ったら傘を取り上げる状態になる。

式Dによれば，顧客収益性を向上させても，商品サービスのコストや機能が変わらなければ，顧客収益性とトレードオフの関係にある顧客価値は棄損する危険性があることが示されている。

図表8-8 顧客価値と顧客収益性のトレードオフ関係図

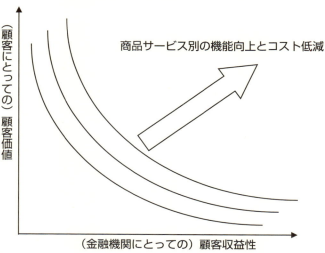

出所：筆者作成。

　次に，**図表8-8**に顧客価値と顧客収益性の関係性をイメージ・チャートで示す。顧客価値と顧客収益性はトレードオフの関係にあるが，トレードオフ曲線を右上にシフトさせることで，その両方を向上させることが可能である。右上にシフトさせるには，商品サービス機能の拡充と原価低減しかないのである。逆に言えば，商品サービスの機能向上とコスト低減は，顧客価値と顧客収益性の両方に寄与するということになる。

　以上のとおり，顧客本位で共創的に価値向上を図るには，コストに対して機能を高めるほかない。既存の商品サービス機能に対して原価をあまり増やさずにより魅力的で価値ある機能を増やす必要がある。原価低減と商品サービス機能向上は，トレードオフにあったとしても顧客価値と顧客収益性の両方に有効に機能することを示している。

　マイナス金利導入は，表面的には金融機関にとっての顧客収益性を犠牲にして，顧客にとっての顧客価値を向上させようとする施策にみえる。そのため，銀行は貸出金利だけでなく預金金利を下げ，さらに手数料の見直しを行

ってそれまで無料で合ったサービスを有料化している。

それは，式Dによって原価（C）と商品サービス機能（F）を変えずに，手数料を見直して顧客価値を下げることで，銀行にとっての（顧客）収益性を高めている状態にあることが分かる。もっと言えば，預金金利を下げていることから，商品サービス機能（F）は顧客にとっては低減していることになり，F/Cのトレードオフ曲線は左にシフトした状態といってもよいのではないか。

すなわち，銀行は顧客価値を犠牲にして，自らの収益性を確保の状態にある。そうなったのは，現状の顧客別管理会計が式Cのような金融機関サイドのみからなる価値観で成り立っているからと考えられる。

今回のマイナス金利の収益面への影響の大きい地域金融機関の現実はどうだったか。預金を中心とする若年層や主婦層にとって，預金金利が下がり，各種手数料は値上がりした。そのため，預金を中心とする層の顧客価値は棄損したといってよい。住宅ローンなど貸出金利も下がっているが，一般的に貸出先の顧客数に比べて預金先の顧客数は約10倍以上存在している。地域金融機関のレピュテーションは，90％を占める預金を中心とする顧客層によって大きく低下している。早急に，顧客別管理会計を共創型に見直す必要がある。

おわりに

現状の金融機関の顧客別管理会計は，「与信管理」「金利プライシング」及び「マーケティング」の3つの目的で，顧客単位で収益・原価・リスク見合いのコスト，及び資本を算定してネットの利益を計算することが基本となっている。ただし，マーケティング目的の場合には，同一の属性によってセグメンテーションされた顧客単位でのデータの集計を基本としながらも，原価についてはセンター化によるコスト低減や事務の効率化と，リスクについてはポートフォリオによる分散効果が考慮されるべきである。

金融機関の顧客別管理会計の課題は3点ある。第1に，銀行業では特有の

顧客との関係性がある。銀行にとっての顧客とは貸出先であり預金先でもある。第2に，銀行の顧客数がその他一般の業種に比べて非常に多い点がある。スーパーや百貨店など小売流通業などと同規模の顧客数である。第3に，期間損益中心のために損益の"結果"のみが管理されることになり，中長期あるいは将来的なコントロールが難しい点がある。

一方，リスクは回避するだけでは収益の向上はできないし，ましてや顧客の価値向上に資することは不可能である。それを解決するには，顧客別管理会計にリスクアペタイト・フレームワークを取り込むべきである。金融機関の管理会計の枠組みでは，貸出金利の設定にリスクとコストの原価企画を取り入れる方法がある。そこで，顧客別管理会計の貸出金利の設定に原価企画の仕組みによって，リスクアペタイト・フレームワークの概念を取り入れた方法の有効性を検討した。

さらに，フィディシャリー・デューティー（顧客本位の経営）が金融当局を中心に国際的も強く要請されている。いまの金融機関の顧客別管理会計は金融機関の立場からみた価値観でしかない。顧客の価値向上が銀行の価値向上につながる仕組みをもつ顧客別管理会計がなければ，顧客本位の経営など不可能に近い。そこで，顧客にとっての顧客価値と金融機関にとっての顧客収益性のトレードオフ関係を明らかにして，双方を向上させる共創型の顧客別管理会計を検討した。

最後に，早期に金融機関と地域や顧客が共生を果たし，ともに成長（共創）することが金融機関の使命である。顧客別管理会計はそれを実現するものにならなければならない。そのためには，原価企画など一般企業での管理会計の知見を活用して，金融機関の現場にとって理解しやすく営業や業務などのアクションに変換可能な実務に効果的な顧客管理会計になる必要がある。共創型顧客別管理会計のさらなる発展を期待したい。

第9章 金融機関における管理会計のITとAIの活用

はじめに

　最近，AIという言葉が話題である。店に行けば，ロボットが話しかけてくるし，ホテルに行けば恐竜型のロボットが出迎えてくれてチェックインを行ってくれる。手元にあるApple社のiPhoneでは口頭で「Hey Siri」と呼びかければ，ネットからほぼ的確に知りたいことを教えてくれる。1956年にダートマス大学で行われたコンピュータ研究のための会議（ダートマス会議）ではじめてAIという言葉が使われてから約60年経って，ようやくAIがビジネスになってきたのである。

　会計領域においても，AIの適用研究が進んでおり，一部では高いレベルのAIが適用されたものが実務の場面に登場してきている。たとえば，freee社のクラウド会計や，ワークスアプリケーション社のHUEなどは，領収書やレシートから自動で仕訳されるだけでなく，決算書までボタン1発で作成される。また，大手監査法人では会計監査業務へのAIの適用が研究されている。東芝の会計問題を監査法人がみつけられなかったことから，人間の判断の前にAIによって兆候など怪しげな箇所をあぶり出す方向に進んでいる。

　さらに，独立系の公認会計士の報告によれば，会計監査はいずれAIに置き換わるだろうと予想し，その後に公認会計士のための主たる業務は経営分析やコンサルティングなどのいわゆる管理会計業務ではないかと締めくくっている。すなわち，一般に管理会計業務へのAIの適用は難しいと考えられ

ているようである。

　来るべきシンギュラリティー[1]までは，少なくともAIが適用されたとしても管理会計業務は会計士や企業の財務経理関係で働く人間に残された仕事として期待されている。しかし，はたしてそうなるであろうか。オックスフォード大学のフレイとオズボーン氏の研究報告（Frey and Osborne[2013]）では，会計関連の仕事は早々に人からAIに置き換わると予想されている。ただし，「器用さ」「創造性」「説得力のあるコミュニケーション性」の3つに関する業務についてはAIで代替することは難しく，将来的にも人がやるべき仕事として残ると予測している（Frey and Osborne, [2013, pp.24-27]）。そのことからも，管理会計業務を十把一絡げでAIとの関係を考えるのでは無理がある。管理会計業務のうち，AIの適用が可能な業務と難しい業務を見極めておくべきである。

　そこで，本章では最初に管理会計を構築するIT基盤に関する課題と効果的な意思決定に資するシステム要件を整理する。そのうえで，管理会計業務に対してのAI適用の可能性を検討する。とくに，AIが現状の適用しやすい領域と反対に適用が難しい領域とを区別したうえで適用する場合の課題を明らかにする。

　最後に，AIが今後適用されると推察される管理会計業務を詳細に分類する。最後に，分類された管理会計業務それぞれの内容を検討したうえで，管理会計におけるAIの適用可能性を検討する。

1. 管理会計の備えるべきシステム基盤

　管理会計システムの三つのレイヤを想定して課題を検討しよう。**図表9-**

---

[1] シンギュラリティー（技術的特異点, Technological Singularity）とは，人類の技術開発の歴史から推測して得られる未来のモデルの正確かつ信頼できる限界のことを指す。Googleの人工知能研究者であるレイ・カーツワイルは2045年頃にシンギュラリティーが起きると予想しており，2045年以降はAIが新しく考え出した知見を人間が理解できなくなると予言している。

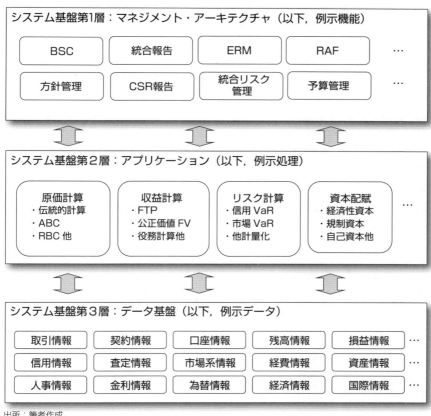

図表9-1　管理会計システム基盤のレイヤ別課題整理

出所：筆者作成。

1のとおり，第1層が全体の体系や運営に関するマネジメント・アーキテクチャのレベルの課題，第2層がアプリケーションに関する論点，第3層がデータに関する論点である。

（1）システム基盤第1層 ── マネジメント・アーキテクチャ

第1層は，戦略・意思決定・業績評価体系（決定機関・決定プロセス・会議体・サイクル・責任体制・ガバナンス体制など管理会計体系）など最上位

のマネジメント・アーキテクチャである。例としては，BSC，方針管理，ERM（Enterprise Risk Management），RAF及び統合リスク管理などがあげられる。上述のとおり，「見える化」から始めてPDCAのマネジメント・サイクルを回すためのシステム要件に相当する。

「見える化」のうちプレゼンテーションに関する機能要件は，早く情報を得られること，直感的に理解できること，かつ要因分析ができることの3点にある。このプレゼンテーションの機能要件は，最近のBIツールを活用することによって，容易に達成することができる。BIツールとは，10数年前にブームになったOLAPツールが最新のWebやDB技術を十分に活用して格段に機能が向上したツールである。大手のベンダーだけでなく中堅中小ベンダーによるBIツールも数多い。社内の社員でまずは試すという場合には，最近のExcelを活用しても簡単にビジュアルなコックピットやダッシュボードが作成できる[2]。専用のBIツールにはかなわないが，経営情報利用者にとってビジュアルで直感的に分かりやすくなっているだけでなく分析のための統計処理も充実している。

BIツールによる「見える化」の効果はプレゼンテーション機能の充実であることは論をまたないが，とくに，次のように極めて効果的かつ効率的な機能を有するものもある。

- データベースを仮想的に連携させ，統合的なデータモデルが構築できる点にある。
- ドリル・ダウン機能
- シミュレーション機能

このうち，最初の仮想的統合DB化機能は，複数銀行の経営統合により必要になるグループ・マネジメントにとって最も効果を発揮する。グループ内企業のそれぞれのDBは，場所が離れており，内容や定義も個別最適であり，構築された時期やベンダーも異なるためにそもそもDBの形式が全く違うな

---

[2] セルごとに敷居値を設けて，色を変えたり矢印の向きを変えたりできるようになっている。

どのグループ内の「見える化」には現実的な課題が存在する。それに対して，個別企業内の「見える化」では有効な統合DBの構築は，グローバルで広範囲なグループ・マネジメントに対しては全く現実的ではない。

それに対して，BIツールはどんなに遠い場所で個別最適に構築されたある関係会社のなかにあるDBの情報であっても，インターネット[3]さえあれば親会社や持株会社のグループ・マネジメント担当者の机上のPCで「すぐにみる[4]」ことができる。BIツールによる仮想的な統合DB構築の手段は，失敗する可能性も高い物理的な統合DB構築よりもフィージブルであり，クラウド・コンピューティングによる構築にも適している。

(2) システム基盤第2層 ── アプリケーション

第2層で検討される課題は，管理会計における計算機能（function）に相当する。たとえば，原価計算でも伝統的原価計算，ABC，TDABCまたはRBCなどさまざまあるが，そのうち経営目的に適合する原価計算処理が要件となる。利息計算であればFTP（スプレッド損益計算）なのか決算ベース約定実績利息計算なのか。減価償却計算であれば，定率法なのか定額法なのか。バーゼル規制の信用リスク・アセット計算における標準的手法（SA），F-IRB，先進的内部格付手法（A-IRB）などの選択もこの第2層で検討される必要がある。

とくに，経営統合された銀行グループにおいては，グループ内の各社で適用される計算方式や基準が異なっていることが多い。第2層の検討レイヤでは，システム処理だけではなく担当者が表計算ソフトなどを利用して手で計算する作業も検討対象となる。

前述の管理会計システムの3要件から，第2層ではグループを構成する各

---

3) 最近のBIツールでは，十分にセキュリティが確保されてネット環境が構築できるようになっている。
4) グループ共通の統合DBを物理的に構築する方法の場合，各グループ企業のデータをグループ統合DBへコピーする時間が膨大にかかる危険性がある。時間単位どころか，週間単位などの相当な時間が必要になることが少なくない。また，さまざまな形式のDBから大量にデータをコピーする処理の開発工数（要は金額）は一般に高額になる。

個別企業の経営指標算出方法の共通化や標準化が課題になる。そのための，システム要件はクラウド・コンピューティングが最適である。クラウド・コンピューティングであれば，グループ・マネジメントを統括する親会社や持株会社が基準として取り決めるグループ共通のアプリケーションを，どんなに場所が離れていて時差があっても共通的に使うことができる。

たとえば，グループ共通の損益計算や原価計算がクラウド・コンピューティングによって容易に実現可能になる。年度ごとの計算方法やロジックの変更についてもグループ内同時に反映可能になる。ただし，グループを構成する個別企業側にとっては当面は，グループ・マネジメント用の経営情報と，従来から算出している経営情報との二重管理となるため，本章最初に述べたようにグループ・マネジメント主体を優先すべきとの考え方で業務を整理する必要がある。

しかし，個別企業での従来からの経営情報も当局報告への継続性のために必要となるかもしれない。そういった経営情報まですべてを共通化するのはありえない。将来の一本化までの過渡期であると考えて，その経営情報のグループ・マネジメントへのインパクトが大きくなければ，クラウド・コンピューティングによらず個別企業で独自に算出された経営情報をグループ・マネジメントに活用するのは現実的であり，全く問題ではない。

(3) システム基盤第3層 ── データ基盤

第3層のデータ基盤は，管理会計にとってすべての基礎となるデータに関する要件である。さらに，戦略的な管理会計は，戦略を策定し，的確な意思決定を行いながら，その戦略を着実に進捗させるが，そのコントロールのためには，データの測定が必須である。データについては定義だけではなく，精度・鮮度・粒度など品質の面からの検討も極めて重要である。データがあっても品質が高くなければ，本質的に信頼できない管理会計となる。

全体最適な管理会計システムの構築に向けて，第1層のマネジメント・アーキテクチャの実効性を高めるためには，第2層の「管理会計アプリケーシ

ョン」と第3層「データ基盤」の構築が最も重要である。そのなかでも，データ基盤は管理会計アプリケーションのための前提となるものであり，それぞれは一体で対応されなければ効果的ではない。

　管理会計に適合する品質の高いデータとは，正確で一貫性があり，精度が高く，鮮度があり，完全に信頼できるものである。そのためには，十分にガバナンスが機能したデータでなければならない（データガバナンス）。データ品質が高くなければ，経営の意思決定や業績管理を，的確かつ自信をもって行うことはできない。

　データ品質を管理するためには，データベースや還元資料に記録されたあらゆるデータの背景や生成の仕組みを考慮したうえで，不整合を解消し，未利用や重複をなくさなければならない。そのうえで，一定の基準に基づいて新規データの追加や既存データの再利用の促進もしくは廃止をデータ・ライフサイクルで管理する「データ・マネジメント」の導入が求められる。

　データ・マネジメント実施のインセンティブは，合併や統合などの企業再編，IFRSやリスクデータ・アグリゲーションなど新たな規制対応や，さらには情報系システム再構築の際にとくに高まる。実際にプロジェクトを推進するためには，グループや社内横断的に専任のデータ・マネジンメント部署を決め，各部と連携しながら進めていくのが肝要である。そのため，たとえばIFRSや規制への対応に向けて管理会計システムを向上させることを目標にしつつ，情報系システム更改など物理的なタイミングに合わせてデータ・マネジメントを導入するのが効率的である。

　次節では，管理会計システム基盤検討にあたって今後最も影響を与えうるAIについて段階的進化の歴史とその特徴をまとめる。そのうえで，最後に管理会計システム要件検討にあたってのAIの影響範囲や効果的な適用対象を整理する。

2. AIの進化と特徴

　市場ではAIブームに沸いている。企業にとってはビジネスチャンスであり，ユーザ側にとってもAIへの期待度は相当に高くなっている。そもそもこれまでのAIブームとどう違うのだろうか。意思決定を支援する管理会計システムへの適用は可能であろうか。

　そもそもAIとはartificial intelligenceの略であるが，「AIという言葉がはじめて使われたのは，当時ダートマス大学で助教授であったジョン・マッカーシーが1956年のダートマス大学での会議の場で「人間が抱える問題を解き，自身を改善していける機械」という意味で議論した時とされる。実は，今回のAIブームは3度目であるが，金融機関はそれに合わせて審査などの意思決定を支援する管理会計システムへの適用を検討してきた。

　そこで，本章では最初にこれまで一般的にAIがどのように進化してきたかを整理する。次に，上述の第2層のアプリケーションや第3層のデータへのAIの影響を検討することによって，管理会計システムへのAIの適用可能性を明らかにする。

(1) 第1次AIブーム：1956年～1970年代

　第1次ブームは，1970年代にあったが，その直前の1964年の東京オリンピックで使われたIBM360の大型コンピュータシステムが三井銀行（現 三井住友銀行）に譲り受けられて導入されるなど，世界中でコンピュータ黎明期と呼ばれる時代でもあった。そのような環境のなかで，1970年代にはすでに脳を真似して作られた形式ニューロン[5]の概念が発表されている。**図表9-2**に，形式ニューロン処理イメージを示す。

---

5) 1943年にウォーレン・マカロックとウォルター・ピッツは人工ニューロン（artificial neuron）を発表した（McCulloch and Pitts [1943]）。その後，発案されたディープラーニングに対して，人工ニューロンは形式ニューロンとも呼ばれるようになった。

図表9-2　形式ニューロンの処理イメージ

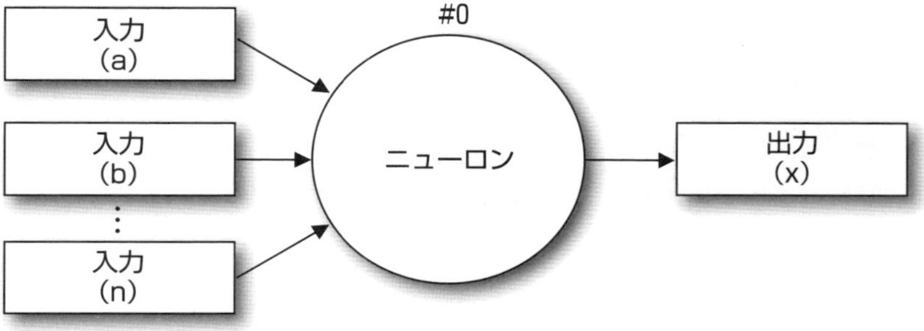

出所：谷守［2017c, p.136］をもとに一部加筆。

　ただし，当時はプログラムを前提に研究されていたため，すべて人間がそのロジックをプログラミングしなければならなかった。さらに，当時のコンピュータ技術では十分にニューロコンピュータを活かすことはできなかったため，徐々に第1次AIブームは冷めていくことになった。ここで，第1次ブームのAIを「プログラミング型AI」と呼ぶ。

（2）第2次AIブーム：1980年代～1990年初頭

　1980年代になると，知識データベースをもつエキスパートシステムによるAIが第2次ブームとなる。形式ニューロンと同様に1970年代には発案されていたファジーの実務適用が相次いでいくことにある。ファジーとは，あいまいさを判断のなかに取り込んだ推論方式である。現在のAIにもファジーの考え方が活かされている。エキスパートシステムは，知識と推論が区別されており，知識のデータベースである知識ベースに多くのデータを蓄積すればするほど，的確な判断が行えるはずと考えられた。日本でも第5世代コンピュータとして1982年から1992年までの国家プロジェクトがあり，莫大な予算が投入されたものの，結果は芳しいものではなかった。

　筆者も，大学の研究室時代から始まり銀行に勤務するようになってから1990年代初頭頃まで「融資審査エキスパートシステム」を研究していた。そ

の経験からもいえることであるが，当時はリレーショナル・データベース（RDB）を前提に人間の知識を明文化して，データとルールに落とし込む方式であったが，その作業は相当に難しいものであった。実際には，ほとんどの企業でエキスパートシステムの構築は頓挫した。当時を振り返ると，その要因は次の3つの問題があったからと考えられる。

1つは，テキスト（文章）によるノウハウや知識などの情報を扱うには当時のコンピュータでは十分ではなかった。とくに検索機能が極めて低レベルであった。

2つ目は，RDBのデータベース容量が相当に小さく，極めて高額であった。

3つ目は，エキスパートシステム自体の問題であるが，基本的には「if-then else」の2分岐探索であり，あいまいさであったり，もとに戻って再度判断するなどのロジックを構成したりしにくいものであった。つまり，一度判断すると再び判断されることはないシーケンシャルな判断ロジックであったため，一度判断がずれるとそのずれが大きくなり，軌道修正しにくい構造であった。

このようにして次第に第2次AIブームは下火になっていった。本章では，この第2次ブームのAIを「知識ベース型AI」と呼ぶことにする。

（3）第3次AIブーム：2010年代〜

そして，最近の第3次AIブーム到来となる。それはすべて「ディープラーニング」が実用化されてきたことにある（情報処理推進機構［2017］）。**図表9-2**の形式ニューロンを多層で学習させる「機械学習」であるため，ディープラーニング（深層学習）と呼ばれている。AIにとって革新的に進化した方法論である。**図表9-3**にディープラーニングの処理イメージを示す。

これまでのAIでは，パラメータ値の精度を上げて学習させていくのに対して，ディープラーニングは入力パラメータを何にするかまで自己学習していくというところが最も大きな違いである。たとえば将棋でいえば，いままでのAIであれば，各駒の強さや特徴，駒の位置などのパラメータを外から

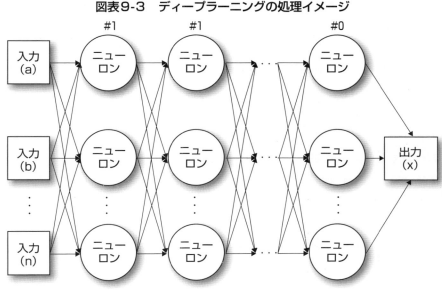

図表9-3　ディープラーニングの処理イメージ

出所：谷守［2017c, p.137］をもとに一部加筆。

人間が設定し，そのパラメータの最適値を大量の棋譜データを取り込ませることによって学習させるため，人間の設定する（入力する）パラメータ値が重要な要素であった。それに対して，ディープラーニングでは大量の棋譜データから，逆に入力されるパラメータ値そのものがなくとも自己学習することができるようになったのである。

そのおかげで，テキスト（文章），音楽，画像など構造化されていない情報，すなわち非構造化データが取り扱われるようになった。さらに，事前にルールを決めて，人間がそのルール自体を教える必要がなくなった。なぜなら，ディープラーニングによってAIが自ら学習してルールや法則を見つけ出せるようになったからである。

すなわち，ディープラーニングは非構造化データに基づく処理が行えるようになったのである。非構造化データを処理できるようになったことが，AIの実用化を現実のものと感じられるようにした最大の要因ともいわれて

いる。いま、どんなにすばらしいディープラーニング機能を備えたAIシステムであったとしても、0か1しか処理できないとしたら、ここまで世界中でAIが話題にならなかったであろう。

非構造化データの処理が進んだのは、2010年ごろからマーケティングの世界で相当に話題となった「ビッグデータ分析」と無縁ではない。なぜなら、ビッグデータの本来の意味は、大量のデータということだけではない。それまで、コンピュータは定量的な数値情報を中心とする構造化データのみを処理の対象としてきたが、文章や画像などRDBやスプレッドシートなどの構造化ファイルを超えて、極めて莫大な非構造化データまでも処理の対象とすることができたので、ビッグデータ分析といわれるようになったのである。

以下では、この第3次ブームのAIを「ディープラーニング型AI」と呼び、管理会計業務とそのシステムへの適用については、主にディープラーニング型AIを対象に検討する。

3. AIによる機能とデータへの影響

最初に、AIの進化にともなって対象とされるデータが構造化データから非構造化データにまで拡大した点と、事前のルール設定の要否が問われなくなった点をまとめる。それに続いて、AIの適用可能な機能と、反対にAIではまだ対応困難な機能や特性を明らかにする。

(1) AIの変遷に対するデータ範囲と判断有無

第1次のプログラム型AIは構造化データのみ対象とされ、かつ事前にルール設定が必要であった。第2次の知識ベース型AIでは、テキスト（文章）を検索の対象とすることができるようになり、一部の非構造化データが取り扱えるレベルになった。しかしながら、あくまでもテキスト（文章）が知識ベースと一致したかどうかにより、あらかじめ決められた答えを返すものであった。そのため、完全に非構造化データが処理対象になったというよりも、

図表9-4　AI進化に伴う処理の拡張

入力データ	構造化データ	非構造化データ
ルール設定型 (因果連鎖型)	プログラミング型AI	
	知識ベース型AI	
ルール非設定型 (自己学習型)	ディープラーニング型AI	

出所：谷守［2017c, p.140］。

非数量情報としてテキスト（文章）も検索キーの1つに設定できるようになった程度でしかなかった。さらに，知識ベース型AIはルールを事前に蓄えておかなければ機能しなかった。すなわち，あくまでも因果連鎖をルールとして事前に設定されたAI，すなわちルール設定型のAIであった。

現在の第3次AIブームにおけるディープラーニングは非構造化データが取り扱えるようになったという点と，事前のルール設定が必要ではなくなったという点で極めて画期的である。まさに，AI白書では「ディープラーニングがAIを大きく変えた。（中略）AIの分野で議論されているさまざまな難問において，結局のところは，データをもとにして特徴量を抽出するところに大きな困難性があり，それが今，『現実的な方法で』『実際に』解けるようになっている」（情報処理推進機構［2017, p.17］）と述べている。

言語などの非構造化データが取り扱えるようになったことと，AI自らが学習してルールを考え出すことができるという点は，これまでのAIにはない，より人間の処理に近いものになったのである。**図表9-4**に，AIの変遷と可能になった情報と判断有無の状況を示す。

(2) AIによって可能になる機能

ディープラーニングによって，管理会計システムにおける第3層の入力データは構造化データと非構造化データすべてがAIの対象となった。なにより，ルール非設定でも自己学習によってAIが自分でルールを見つけ出していく

点が最近の実用化の要件となっている。どのような管理会計機能がAIで実行可能になるであろうか。

　まず，ルールすなわち判断ロジックが明確であり，その判断のための情報が構造化データにより明らかな機能の場合には，従来のAIであるプログラム型AIや知識ベース型AIでも十分に適用可能である。知識ベース型AIであるエキスパートシステムが1990年代前半までに下火になったのは，ハードやソフトの機能が追い付かなかったからである。いまのCPUの処理性能や高速で大容量なメモリ・ディスクをもってすれば，構造化データ入力でルールありの推論は，全く問題なく実用化できる。

　次に，非構造化データの場合のAIの適用度合いについて検討する。**図表9-4**に示した通り，ディープラーニング型AIが非構造化データをもとに推論することを可能にした。そのおかげで，たとえば，各社会計ベンダーが実用化しているAIによる自動仕訳が実用化された。さらに，ディープラーニング型AIでは，あらかじめルールが提示されていない場合でも，自ら学習を行うことによってルールを見つけ出す。

　そのため，将棋，囲碁などの棋譜データから最適解を見つけ出したり，過去の判例から不正を発見したり，銀行や税理士が行うような企業の日々の資金取引の状況から兆候をかぎ取ったりすることが，極めて人間と同レベルかそれ以上に精度高くAIによって実現できるようになっている。実際に，将棋AIソフトの「ポナンザ」や囲碁の「アルファ碁」では，因果関係は不明であっても過去の棋譜データによる結果からディープラーニングを行わせてその時々の最適解が見つけられるようにAI自ら学習している事例はすでに多く存在している。

(3) AIでは対応困難な創造性

　Frey and Osborne［2013］は「器用さ」「創造性」及び「説得力あるコミュニケーション性」の3つが，将来的にも人間に残される機能要件であるとする。逆にいえば，この3つの機能がAIでは十分に機能しないものとして

考えられている。

　そのうち，「器用さ」は熟練の技と言い換えることができるが，これはすでに医療現場では人間よりも確かということですでにロボットとして開発されつつある。単純なコミュニケーションについては，すでに2017年には日本でもAmazon Echo, Googleアシスタントなどコミュニケーションが取れるAIツールが販売されてきており，AIのコミュニケ―ション性はこれからますます向上していくものと予想される。しかし，いまのAIではいまだ「説得力ある（熱い）コミュニケーション」はできない。

　「創造性」について検討してみよう。AIに学習させるにしてもこれまでの情報をもとにされることが多い。すなわち，過去の情報に基づいて最適解を算出することについては，早くもれなく正確であるため，AIは相当に力を発揮できるし，人間であるユーザも大変重宝する。

　教育の場面でいえば，試験のための教育（学習）が高得点を取ることを意味する。ただし，その学習は過去問題をもとにした詰込み型になりがちで，優秀な学校にうまく入れたとしても成績が伸び悩む学生も少なくない。その学生は問題を解くことは優れているが，自ら問題を発見し，かつその問題を解決するための方法を自ら考え出すことができない。

　ディープラーニング型AIもそういった学生と同様である。どんな言語で書かれた試験問題でも，引っかける意地悪な試験問題であったとしても，記憶力抜群なAIは早く正確にそれら問題の主旨を読み取って解くことはできる。しかし，現実に起こるさまざまな事態に対応する全く新しいことを企画する能力やクリエイティブな案を創造する力など，一からイノベーション的に考え出すといったことは，いまのAIではまだまだ難しいといわざるをえない。

　ただし，AIは「案」自体を創造することは不得手であっても，「案」をほかに応用する適用能力は場合によっては人間よりも優れているかもしれない。たとえば，銀行のリスクを取り込んだ意思決定業務はかなり進んでいるが，それを銀行以外の企業に導入する発想がAIであれば可能である。人間は，どうしても特定の業種しか知らなかったり，自分の会社のことしか分らなか

ったりするために，思いもつかなかった事業や業種への進出が全く意識にさえのぼらないことが少なくない。もちろん，業界や企業の間の「しがらみ」や「既得権益」が暗黙で存在したり，感じられたりするために，人間には新規分野への既存機能の横展開型企画の発案は難しいことが多い。

　それに対してAIは，横展開型企画案であれば過去から学習したパターンから出力する判例を抽出する方法が適用できるので，常識から脱却できない人間では思いもつかないような横展開の案を提示することができるだろう。さらに横展開型企画が人間よりもAIの方が優位なのは，中長期にわたる価値の最大化が，全くしがらみも忖度もなく発案できるという点にある。

（4）AIによって対応困難な戦略性とフィロソフィー

　責任は人間にしか取れない点も，いざビジネスを行う際には重要なAIによる対応可能性の論点である。また，幸福感・安心感・嫌悪感などの感情があるのが人間なので，そういった極めて人間的な判断はAIには難しいということができる。これは，管理会計領域でいえば，相関性とは無縁の経営者のやる気からくる「戦略性」，担当者の「忠誠心」，さらに顧客との「信頼感」や顧客の「満足感」，両者の間の「安心感」など，いわゆる非財務情報で管理せざるをえない業務は，AIではまだ適用は難しいということになる。さらにいえば，カルチャー，マインド，フィロソフィーなども，人間にとっては「全員が同じ方向に向かって動くような空気」（以下，フィードフォワード型インタンジブルズ）がAIではまだ十分に理解できない。

　AIは，これまでプログラミング型から始まり，次にエキスパートシステムなどの知識ベース型，そして最近のディープラーニングなどの機械学習によって構成されている。インタンジブルズなどの無形ないしは定性情報については，ほとんどが非構造化データになるため，プログラミング型AIや知識ベースAIでの取り扱いはほぼ不可能であった。それに対して，非構造化データまでを処理の対象とするディープラーニングによるAIであれば，インタンジブルズに関する業務への適用も今後ますます可能になると考えられ

る。因果関係は不明であっても，結果さえあれば，ディープラーニング型AIではルールの抽出が可能であることから，根拠や因果が不明なインタンジブルズに関する業務についても，いずれは人間と同じように判断することが可能になるだろう。

また，AIでは感情や情緒がまだ十分に理解できない。そもそもAIによって最適な解答を得たとしても，AI自身はディープラーニングによって真の意味が理解できて答えているわけではない。Google翻訳にもAIが適用されており，最近では他のAIの適用されていない翻訳ソフトに比べて十分に意味の通じる翻訳されるようになっている。場合によっては人間よりも読みやすくよい翻訳となっているといわれることもある。しかし，Google翻訳はあくまでも翻訳ツールでしかないため，Google翻訳自体は真に文の意味が分かっている訳ではない。

したがって，いまのAIでは意味が分からないままに正解を出せるところまでになっている状態である。そのため，今後は真の意味を理解してよりビ

図表9-5　AIの適用可能な業務領域

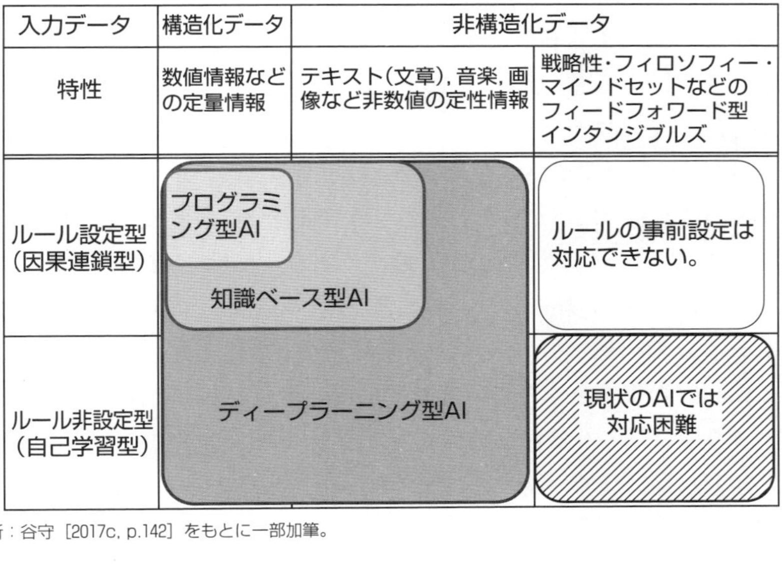

入力データ	構造化データ	非構造化データ	
特性	数値情報などの定量情報	テキスト(文章)，音楽，画像など非数値の定性情報	戦略性・フィロソフィー・マインドセットなどのフィードフォワード型インタンジブルズ
ルール設定型（因果連鎖型）	プログラミング型AI　知識ベース型AI		ルールの事前設定は対応できない。
ルール非設定型（自己学習型）	ディープラーニング型AI		現状のAIでは対応困難

出所：谷守［2017c, p.142］をもとに一部加筆。

ジネスにとって最適な解をだせるようになることが課題の1つであろう。AIは，根拠や理由は後回しにするかもしれないが，インタンジブルズな情報を含むあらゆる情報をもとにいま考えられる最適な解の提示ができるようにまでなった。しかし，いまだAIは真の意味や価値観が理解できていないので，そのなかに内包された感情や情緒が分からないのである。

以上の検討結果から，AIが適用困難な機能を**図表9-4**に加えて整理すると，**図表9-5**のとおりとなる。

(5) AIと統計分析との関係

AIは意味を理解してなくても答えられるということは，理屈や根拠は分からなくても与えられた条件から最適な解が提示できるのがAIの特徴ともいえる。AIは自己学習してパラメータ値もしくはパラメータそのものを決定していくので，通常のプログラムと違って，AIの判断結果はわかっても，その判断根拠は不明な場合がほとんどである。将棋の場合でも，よくニュースになっているように，AIが「あのときどうして全く関係のないような手を打ったのか」ということが話題になるのと同じである。統計分析と同様かそれ以上に，AIによる判断根拠はブラックボックス化されてしまう危険性がある。

しかし，AIではブラックボックスになりそうに思えるが，相関分析を中心とする統計の結果についても，なぜその相関が高いのか，その要因を明らかにするのは容易ではなかった。そのため，統計分析が使われる際には「仮説検証型アプローチ」になるのが一般的である。反対にAIではあえて仮説は必須とされない点が統計分析との大きな違いである。依田ら［2016］は，マーケティング実践における「結果」と「理由」の捉え方の変化をAmazon.comとGoogleの事例をもとに研究している。すなわち，要因を求める仮説検証型よりも結果の有効性を重視したAIによるマーケティングへの影響が検討されている。

そのことから，AIでは比較的に，演繹的な仮説検証型アプローチをとら

図表9-6 仮説検証型アプローチの統計分析とディープラーニング型AI

仮説有無	統計分析による 仮説検証型アプローチ	ディープラーニング型AI
仮説あり	適用可能○	適用可能○
仮説なし	適用不可能×	適用可能○

出所:谷守［2017c, p.143］。

ずに，帰納法的アプローチである点が適用可能な機能の範囲に影響を与える可能性がある。ただし，仮説検証型と同様と考えられる「教師あり学習[6]」もAIでは一般的に行われることから，AIでは仮説検証型の統計的手法が不可能というわけではない。そうではなく，AIでは仮説検証型の推論を内包しつつ，なおかつ仮説がない場合であっても推論を行えるのがAIの大きな特徴である。

図表9-6に，仮説検証型の統計分析と，ディープラーニング型AIの仮説有無による適用可能性を示す。

4. AIの適用可能な管理会計業務

財務諸表作成に適用される制度としての原価計算については，ほぼすべてが数年のうちにAIで実行可能になるだろう。現在，商業簿記について会計事務所や会計ソフトベンダーの間ですでに相当なスピードとレベルでAI化が進んでいる。工業簿記についても時間の問題である。なぜなら，日商簿記試験の工業簿記や原価計算の問題では当然ながら一定の解き方のルールがあ

---

[6]「教師あり学習（Supervised learning）」とはAIの機械学習の手法の1つで，事前に与えられたデータである「問いと答え」を先生からの教えのように学習するもの。学習すればするほど賢くなるが，過学習の状態になると応用が利かずに例題と全く同じ問題しか解けなくなる。他方，答えが与えられずに本質的な構造やルールを考えていく「教師なし学習（Unsupervised Learning）」がある。

図表9-7　銀行管理会計業務のAI適用可能性検討表

入力データ	構造化データ	非構造化データ	
特性	数値情報などの定量情報	テキスト（文章），音楽，画像など非数値の定性情報	戦略性・フィロソフィー・マインドセットなどのフィードフォワード型インタンジブルズ
ルール設定型 （因果連鎖型） ※【会計制度】 など	A．日々の売上・支払業務		
	B．簿記・仕訳		
	C．(ア)個別・(イ)総合原価計算		
	C．(ウ)標準・(エ)直接原価計算		
	C．(オ)損益分岐点分析		
	D．決算業務		
	E．会計監査業務		
	F．(ア)定量的経営分析	F．(イ)定性的経営分析	
	H．(ア)定量的業績評価	H．(イ)定性的業績評価	
	I．(ア)定量的意思決定	I．(イ)定性的意思決定	
	K．IR・開示		
ルール非設定型 （自己学習型）	C．(カ)原価企画		
	C．(キ)品質原価計算		
	C．(ク)ABC/ABM		
	F．(ウ)経営アドバイス		
	G．経営計画策定・予算管理		
	J．戦略策定（BSC）		
	L．統合報告		

出所：谷守［2017c, p.145］をもとに検討加筆。

るので、AIが最も得意とする領域の機能である。

　それでは、管理会計業務のどこにAIが適用できるのだろうか。たとえば、意思決定会計ではどうであろうか。**図表9-6**のAI適用可能性の機能領域をもとにすると、意思決定会計のうち「定性評価による代替案の比較」にのみAI適用にはまだ時間がかかると思われる。それ以外については、ほぼすべてAIによる代替や適用が可能になると推察される。具体的に銀行の管理会計業務へのAIの適用可能性を検討してみよう。

　図表9-7に示す銀行の管理会計業務に対するAI適用可能性検討表である。ルール設定型を対象とした旧来のプログラム型AIや知識ベース型AIではテキスト（文章）が読めないことで限界があったが、ディープラーニング型AIであればテキスト入力が可能になったことから、「A.日々の売上・支払業務」「B.簿記・仕訳」「D.決算業務」「E.会計監査業務」などの財務会計実務への適用は相当な勢いで現実化している。会計ベンダーがAIを適用したクラウド型のソフト[7]を提供し、大手監査法人が監査へのAI適用を研究しているのがその証左である。

　同様に、ほとんどの原価計算についても非構造化データが取り扱えるディープラーニング型AIによって、ルールが設定できることから相当に早い時期にAI対応された原価計算ソフトの提供や実務へのAI適用がなされるものと予想される。それは、「C.(ア) 個別・(イ) 総合原価計算」「C.(ウ) 標準・(エ) 直接原価計算」「C.(オ) 損益分岐点分析」などはAIの適用が十分に可能である。

　「F.経営分析」「H.業績評価」「I.意思決定」については、定量的な数値情報からでもAI化は可能である。さらに、それだけでなく定性的情報すなわ

---

[7] 日々の経理事務については、市販のAI搭載型会計ソフトではすでに以下の3つが実現できている。①レシートなどの画像スキャンデータから直接、自動的に仕訳データを生成する自動仕訳機能、②人がデータを入力する際に、過去の入力データから候補を自動的に提示する入力サポートや入力誤りなどを検知しアラームを出す入力補助機能。③人が次にやるべき作業をAIが提示する作業手順ガイド機能。

ち非構造化データが取り扱えるディープラーニングによって，よりきめ細かな倒産分析や事業性評価などの意思決定や評価・分析が可能になる。ただし，「F.（ウ）経営アドバイス」はルールや法則をAI自らが学習して見つけ出すことになる。

　ディープラーニング型AIは，これまでのコンピュータでは不可能であった「C.（カ）原価企画」「C.（キ）品質原価計算」「C.（ク）ABC/ABM」「F.（ウ）経営アドバイス」「G.経営計画策定・予算管理」への適用が可能になる。ディープラーニング型AIであれば，ルールの事前設定が不要であり，自ら学習をすることで最適な将来計画や方向性を示すことができるようになるだろう。すなわち，ディープラーニング型AIを適用すれば，過去や現在の構造化・非構造化データのさまざまな情報をもとにフォワード・ルッキングな最適解が出せるように学習させることができるからである。

　これまでの統計分析では定量的な情報のみからなる仮説による因果関係に基づいて予想するものであったが，ディープラーニング型AIでは仮説はなくとも，有効な結果から将来を見通すことができるようになる。同様に，ABMについても今後のBPRの方策や業務改善案などは，ルールから導き出されるものではない。新たにルールを導き出して最適解を出さなければならないので，ディープラーニングによって有効な結果を学習させる必要がある。

　ただし，「C.（カ）原価企画」「C.（キ）品質原価計算」「C.（ク）ABC/ABM」「F.（ウ）経営アドバイス」「G.経営計画策定・予算管理」では，本部各部や現場との調整が相当頻繁に必要である。Frey and Osborne [2017] のいうとおり，説得力あるコミュニケーションが十分ではないAIでは，高いコミュニケーション力が必要な部署や人間間の調整機能を伴う管理会計業務への適用は難しいといえる。

　ただし，**図表9-7**で示したとおり，ビジョンに向かって戦略的な観点で組織を動かそうとする「J.戦略策定（BSC）」，持続的成長を目的に戦略的に活用される「L.統合報告」，マインドセットやカルチャー変革まで行おうとする「F.（ウ）経営アドバイス」，常に乾いた雑巾を絞ろうとするトヨタマ

インドの「カイゼン」，アメーバ経営における「フィロソフィー」，ポジティブに働かせるための「モチベーション」などのフォワード・ルッキングで最適にマネジメント・コントロールするための動かそうとするベクトルをもつ「見えざる力」に対しては，ディープラーニング型AIであってもまだ対応は困難である。人の間の調整は，まだ人間にしかできないということである。

おわりに

　伝票起票，簿記・仕訳，決算（財務諸表作成）は，相当な勢いでAI化が実現している。公認会計士の主たる業務である会計監査業務も人間では見つけられなかった不正取引や誤りの処理がAIを適用することで，瞬時に正確にもれなく検知できる時代に突入している。各企業の経理担当者や経理代行を行っている税理士，さらに大手から中小までの各監査法人の会計士は，いまや仕事がなくなる危機感に直面しているといっても過言ではない。

　そこで，あらためて経営分析や意思決定会計などの管理会計業務に活路を見出す必要があるといわれている。ただし，AI化によって管理会計業務はどうなるであろうか。単純に管理会計では，経営のための会計であるからとか，単なる集計ではなく配賦計算も必要となるから，AI化は当分ありえないといえるだろうか。そこで，本章では管理会計業務を細分化してそれぞれのAI化の適合度合いを検討した。

　その結果，管理会計業務のうち，会計士試験や日商簿記試験にあるような問題に対して答えを出すことについては，いまの財務会計へのAIの適用状況をみる限り，全く難しいことではない。なぜなら，いまのAIのディープラーニングでは，数字や記号のようなパラメータ入力だけでなく，テキスト（文章）や画像などの非構造化データを入力させて機械学習させることができるからである。

　また，事前にルールが分かっていないとか，基準などの会計制度がなくとも，優位な結果から最適解を出すことが，ディープラーニング型AIであれ

ば可能である。管理会計はもともと会計制度にしたがって行われるものというよりも，各企業が経済社会の状況や将来の予測に基づいて，資本や資源の最適な配賦や割当を行うものである。そのため，常に因果関係が明確になっているものではなく，都度動きながら最適解を探し求めるのが管理会計といってもよい。そうなると，ルールが事前に決められていなくとも，最適解を選び出すことのできるいまのディープラーニング型AIは管理会計業務にとって有効に機能するものと考えられる。

しかし，ディープラーニング型AIであっても，まだ十分に適合できない業務領域がある。すなわち，創造性，芸術性，戦略性，フィロソフィーなどの感情や情緒などが必要となる業務についてはAIではまだ困難である。管理会計業務では，原価企画，経営アドバイス，BSC，統合報告などの業務は，AIの適用は当分難しいだろう。「経営は芸術である」とすれば，経営のための会計である管理会計はやはりAIではまだ十分に置き換わるものではないと思われる。

最後に，銀行の管理会計業務，財務諸表作成の業務，会計監査等の業務にはAIの適用が相当に進むことが推察される。製造業ではIoT（Internet of Things；モノのインターネット）が第4次産業革命といわれるが，銀行のあらゆる業務においてはAIによって第4次産業革命が起こるのではないだろうか。というよりもフィンテックによってすでに産業革命は起こっているといっても過言ではない。ほんの数年のうちに，AIが入っていない管理会計システムは信用されなくなり，AIで作成され活用されているのが当然の時代になるだろう。今後，AIの適用を避けるのではなく，うまく活用すべく金融機関の管理会計や金融システムに取り込んでいくことが肝要である。

参考文献

Balakrishnan, R., E. Labro, and K. Sivaramakrishnan [2012] Product costs as decision aids: An analysis of alternative approaches (Part 1). *Accounting Horizons* Vol.26 No.1, pp.1-20.

Basel Committee of Bank Supervision [2004a] *International Convergence of Capital Measurement and Capital Standards: a Revised Framework.*（全銀協仮訳［2004］「自己資本の測定と基準に関する国際的統一化―改訂された枠組み」）

Basel Committee of Bank Supervision [2004b] *Principles for the Management and Supervision of Interest Rate Risk.*（日本銀行仮訳［2004］「金利リスクの管理と監督のための諸原則」）

Basel Committee of Bank Supervision [2009a] Revisions to the Basel II market risk framework.（日本銀行仮訳［2009a］「バーゼルⅡにおけるマーケット・リスクの枠組みに対する改訂」）

Basel Committee of Bank Supervision [2009b] *Guidelines for computing capital for incremental risk in the trading book.*（日本銀行仮訳［2009b］「トレーディング勘定における追加的リスクにかかる自己資本の算出のためのガイドライン」）

Basel Committee of Bank Supervision [2009c] *Proposed enhancements to the Basel II framework.*（日本銀行仮訳［2009c］「バーゼルⅡの枠組みの強化案」）

Bessis, J. [1998] *Risk management in banking.* John Wiley & Sons.

Billings, M. and F. Capie [2004] The development of management in UK clearing banks, Accounting, *Business & Financial History,* pp.317-338.

Bromwich, M. and A. Bhimani [1994] *Management Accounting Pathway to Progress,* CIMA.（櫻井通晴監訳［1997］『現代の管理会計―革新と漸進―』同文舘出版。）

Crosman, P. [2013] Bank of the West's CIO Is on a Quest for Real-Time Analytics, *AmericanBanker BANK TECHNOLOGY NEWS.*

Demski, J.S. [1969] Decision-performance control, *The Accounting Review,* Vol.44 No.4, pp.669-679.

Deville, C. [2001] Using Funds Transfer Pricing to Support Business Decisions, *Bank Accounting & Finance,* September, pp.35-39.

FASB [1976] *Discussion Memorandum : An Analysis of Issues Related to Conceptual Framework for Financial Statements and Their Measurement,* December.（津守常弘監訳［1997］『FASB財務会計の概念フレームワーク』中央経済社。）

Frey, C.B. and M.A. Osborne [2013] The future of employment, How susceptible are jobs to computerization?
(http://www.oxfordmartin.ox.ac.uk/publications/view/1314; 2017年10月1日現在)

Frey, C.B. and M.A. Osborne [2017] The future of employment: how susceptible are jobs to computerisation? *Technological Forecasting and Social Change*, 114, pp.254-280.

FSB [2013] *Principles for An Effective Risk Appetite Framework,* Financial Stability Board.

Johnson, H.T. and R.S. Kaplan [1987] *Relevence Lost : The Rise and Fall of Management Accounting,* Harvard Business School Press, Boston. (鳥居宏史訳 [1992]『レレバンス・ロスト：管理会計の盛衰』白桃書房。)

Kaplan, R. S. and R. Cooper [1998] *Cost & Effect: Using Integrated Cost Systems to Drive Profitability and Performance,* Harvard Business School Press. (櫻井通晴監訳 [1998]『コスト戦略と業績管理の統合システム』ダイヤモンド社。)

Kaplan, R.S. and D.P. Norton [1996] *The Balanced Scorecard, Translating Strategy into Action,* Harvard Business School Press. (吉川武男訳 [1997]『バランススコアカード』生産性出版。)

Kaplan, R.S. and D.P. Norton [2001] *The Strategy-Focused Organization: How Balanced Scorecard Companies Thrive in the New business Environment,* Harvard Business School Press. (櫻井通晴監訳 [2001]『戦略的バランスト・スコアカード』東洋経済新報社。)

Kaplan, R.S. and S.R. Anderson [2007] *Time-Driven Activity-Based Costing. A Simpler and More Powerful Path to Higher Profit,* MA: Harvard Business School Press. (前田貞芳・久保田敬一・海老原崇監訳 [2008]『戦略的収益費用マネジメント：新時間主導型ABCの有効利用』マグロウヒル・デュケーション社。)

Kimball, R.C. [1997] Innovation is performance measurement in banking, *New England Economic Review,* May/Jun, pp.23-38.

Lewis, M. [2005] Research note: A dynamic programming approach to customer relationship pricing, *Management Science,* Vol.51 No.6, pp.986-994.

McCulloch, W. S. & W. Pitts [1943] A logical calculus of the ideas immanent in nervous activity, *The bulletin of mathematical biophysics* (Kluwer Academic Publishers) Vol.5 No.4, pp.115-133.

Matten, C. [2000] *Managing Bank Capital,* 2nd ed., John Wiley and Sons Ltd.

Monroe, K.B. [1990] *Pricing: Making Profitable Decisions,* Second ed., McGRAW-HILL SERIES IN MARKETING.

Nishimura, A. [2001] Feedforward Cost Accounting and Strategic Management, *International Journal of Accounting Literature,* Vol.1 No.2-4, pp. 117-136.
Shank, J.K. and V. Govindarajan [1993] *Strategic Cost Management: The New Tool for Competitive Advantage,* The Free Press.（種本廣之訳［1995］『戦略的コスト・マネジメント―競争優位を生む経営会計システム』日本経済新聞社。）
Shank, J.K. and V. Govindarajan [1993] What 'drives' cost? A strategic cost management perspective, *Advances in Management Accounting,* Vol.2, pp.27-46.
Solomons, D. [1965] *Divisional Performance: Measurement and Control,* Richard D.Irwin.（櫻井通晴・鳥居宏史監［2005］『事業部制の業績評価』東洋経済新報社。）
Webb, G.R. [1994] Funds-transfer-pricing Methods: Choices and Tradeoffs, *Bank Accounting & Finance,* Fall, pp.23-29.
青木章通［2008］「サービス産業におけるイールド・マネジメントと顧客価値管理との関係」『原価計算研究』第32巻第1号，pp.75-84。
浅田孝幸・頼誠・鈴木研一・中川優［1998］『管理会計・入門』有斐閣アルマ，pp.247-249。
池尾和人［2000］「銀行のリスク管理と自己資本比率規制」筒井義郎編『金融分析の最先端』東洋経済新報社，pp.43-67。
石川達也・山井康浩・家田明［2002］「金融機関のリスク資本に関する考察」『金融研究（2002/9）』日本銀行金融研究所。
伊藤和憲［1995］「原価企画の本質と目標原価のあり方」『品質』第25巻第3号，pp.11-16。
伊藤嘉博［1998］「顧客志向のマーケティング戦略を支援する管理会計ツール―商品属性に基づくコスト展開」田中隆雄編著『マーケティングの管理会計―市場・製品・顧客に関する会計測度』中央経済社。
伊藤嘉博［2011］「第5章　活動基準原価計算」浅田孝幸・伊藤嘉博責任編集『戦略管理会計』中央経済社, pp.127-154。
上田隆穂［2004］「消費者における価値と価格」『学習院大学 経済論集』第41巻第2号, pp.75-88.
上田隆穂［2006］「関係性強化型課金方式（CPP：Customer Relationship Pricing）～料金設定のイノベーション～」『マーケティングジャーナル』第100号, pp.58-65。
大久保豊［1996］『スプレッドバンキング』金融財政事情研究会。
大蔵省銀行局［1958］『銀行局金融年報・別冊　銀行局現行通牒集昭和31-32年版』金融財政事情研究会。
大森紳一郎［2014］「VE for Customers」『VALUE ENGINEERING』No.281, p.1.
小野譲司［2008］「契約型サービスにおける顧客関係」『日本マーケティングジャーナ

ル』第28巻第2号，pp.15-27。
小野寛［2002］『金融リスクマネジメント』東洋経済新報社，pp.227-240。
小本恵照［2003］「グループ連結経営の進展とその促進要因に関する実証分析」『ニッセイ基礎研レポート』ニッセイ基礎研究所，Vol.29。
加藤和根［1930］『銀行原価計算の研究』森山書店。
銀行経理問題研究会編［2016］『銀行経理の実務（第9版）』きんざい。
金融情報システムセンター［2002］「金融機関業務のシステム化に関するアンケート調査結果」『金融情報システム』（財）金融情報システムセンター，No.260（増刊51号），p.14。
金融情報システムセンター［2003］『「金融機関におけるリスクを考慮した収益管理」勉強会報告書』（財）金融情報システムセンター，pp.61-82。
金融情報システムセンター［2006］「リスク管理・収益管理に関するアンケート調査報告」『金融情報システム』（財）金融情報システムセンター，No.282，pp.51-52。
金融庁［2003］「金融検査マニュアル（預金等受入金融機関に係る検査マニュアル）」。
金融庁［2005］「バーゼルⅡ第二の柱（金融機関の自己管理と監督上の検証）の実施方針」。
金融庁［2008］「平成20年度主要行等向けの総合的な監督指針改正案および中小・地域金融機関向けの総合的な監督指針（本編）新旧対照表」。
金融庁［2015］「平成27事務年度 金融行政方針」『金融行政方針』。
金融庁金融審議会［2003］「リレーションシップバンキングの機能強化に向けて」金融庁，pp.12-24。
古賀健太郎・谷守正行［2010］「日本の金融業における管理会計と競争力」『一橋ビジネスレビュー』第58巻第2号，pp.90-105.
櫻井通晴［1977］「原価計算における価格決定の諸問題—経済モデルとの対比において」『専修経営研究年報』第3巻第1号，pp.107-133。
櫻井通晴［2001］『ソフトウェア管理会計』白桃書房。
櫻井通晴［2015］『管理会計　第6版』同文舘出版。
清水孝［1990］「最適振替価格モデルの形成と発展」『早稲田商学』第342号，7月，pp.475-505。
志村正［1995］「ABCの意思決定における役割と資源消費モデル」『情報研究』Vol.16, pp.99-111。
情報処理推進機構［2017］『AI白書2017：人工知能がもたらす技術の革新と社会の変貌』角川アスキー総合研究所。
鈴木研一［2007］「固定収益会計の適応可能性についての考察」『会計』第171巻第2号，pp. 218-229。

園田智昭［2007］「チャージバック・システムにおける課金の設定方法について」『三田商学研究』第50巻第1号, pp.121-131.

谷守正行［2000］「銀行業へのABC適用について―伝統的原価計算の限界とABCの適用」櫻井通晴監修『ABCの基礎とケーススタディー』東洋経済新報社, pp.192-221.

谷守正行［2002］「バランスト・スコアカードとABCによる戦略的経営管理システム―労働金庫におけるBSCとABC導入事例―」櫻井通晴監修『金融機関のための管理会計』同文舘出版, pp.191-227。

谷守正行［2004］「銀行管理会計の歴史的考察」『原価計算研究』第28巻第2号, pp.92-103。推察

谷守正行［2007a］『銀行管理会計』専修大学出版局。

谷守正行［2007b］「銀行ABCの実態と課題」『原価計算研究』第31巻第2号, pp.34-43。

谷守正行［2007c］「銀行管理会計に対するリスク管理の影響」『會計』第172巻第3号, pp.86-97。

谷守正行［2009］『金融機関のための管理会計マネジメント』同文舘出版。

谷守正行［2015a］「関係性をもとにした顧客別原価計算研究―銀行リテール・ビジネスにおける顧客別ABCの課題への対応―」『原価計算研究』第39巻第2号, pp.1-12。

谷守正行［2015b］「銀行原価計算の適合性の歴史と課題 ―成長戦略に資する銀行原価計算の要件―」専修大学会計学研究所『会計学研究所報』Vol.30, pp.1-51。

谷守正行［2015c］「契約型サービスにおける顧客別管理会計研究 ―顧客別アセットアロケーション型原価計算のアクションリサーチ―」『産業経理』第75巻第3号, pp.93-103。

谷守正行・田坂公［2015］「銀行業への原価企画適用の事例研究 ―サービス業における原価企画の進展―」『産業経理』Vol.73, No.3, pp.66-76。

谷守正行［2016］「ITサービスの変遷と原価計算の関係性：クラウドサービス企業のフィールドスタディー」『会計学研究』第42号, pp.57-74。

谷守正行［2017a］「資産活用アプローチの原価計算：資産活用型ビジネスからの知見とモデル化」『原価計算研究』第41巻第2号, pp.98-110。

谷守正行［2017b］「サブスクリプションモデルの管理会計研究」『専修商学論集』第105号, pp.99-113。

谷守正行［2017c］「管理会計へのAI適用可能性に関する一考察」『専修商学論集』Vol.106, pp.135-148。

谷守正行［2018a］「銀行管理会計の現状と今後の方向性：会計基準と金融規制の影響から」『會計』第193巻第1号, pp.83-93。

谷守正行［2018b］「銀行アカウントフィーに関する管理会計研究 ―サブスクリプシ

ョンモデルの適用可能性─」『管理会計学』第26巻第2号, pp.1-20。
南雲岳彦［2003］「銀行における戦略・内部統制システム強化とBSC」『企業会計』第55巻第5号, pp.60-65。
西澤脩［2000］『新版　分社経営の管理会計─持株会社・カンパニー制等の経営・会計指針─』中央経済社。
西田文博［2002］「金融管理会計における個別金利プライシングシステム」櫻井通晴監修『金融機関のための管理会計』同文舘出版, pp.155-190。
日本銀行金融機構局［2005］「統合リスク管理の高度化」日本銀行。
日本銀行考査局［2001］「金融機関における統合的なリスク管理」日本銀行。
日本公認会計士協会［2015］「金融商品会計に関する実務指針」（最終改正）第267項。
福田英明［2001］「銀行業へのABC（活動基準原価計算）適用事例」『UNISYS TECHNOLOGY REVIEW』第69号, pp.25-41。
伏見多美雄・渡辺康夫［1995a］「カンパニー制マネジメント・コントロールと日本型事業部制」『産業経理』第54巻第4号, pp.2-11。
伏見多美雄・渡辺康夫［1995b］「マネジメント・コントロール・システムとしての事業部制とカンパニー制」『慶應経営論集』第13巻第1号, pp.49-74。
丸田起大［2003］「原価企画と原価改善のフィードフォワード構造」『原価計算研究』第27巻第1号, pp.28-38。
守口剛［2012a］「課金方式のバリエーション」『マーケティングジャーナル』Vol.32 No.2, pp.4-19。
守口剛［2012b］「会費制の導入によるWin-Win関係の達成：コストコの収益モデル」『販促会議』2012年5月号, pp.116-119。
諸井勝之助・米田准三［1978］『銀行経営講座3　利益管理』銀行研修社。
山高桂介［1964］『銀行の原価計算』東洋経済新報社。
山田辰己［2013］『IFRS設定の背景─金融商品─』税務経理協会。
矢本五郎［1957］『銀行管理会計』有斐閣。
依田祐一・水越康介・本條晴一郎［2016］「AIを活用したユーザーニーズの探索プロセスにおける「結果」と「理由」に係る一考察─Amazon.comとGoogleをもとに─」『立命館経営学』第55巻第3号, pp.105-127。
吉田康英［2001］『金融商品の会計基準』税務経理協会。
吉田康英［2016］『IFRS9「金融商品」の構図』同文舘出版。
渡辺康夫［1996］「カンパニー制からみた社内資本金制度」『産業経理』第55巻第4号, pp.76-86。

索引

A〜Z

- ABC ··················· 85
- AI ···················· 119
- A-IRB ················· 34
- ALM ··················· 12
- AMA ··················· 37
- ASBJ ·················· 15

- BCBS ·················· 32
- BIA ··················· 37
- BIツール ··············· 261
- BSC ··················· 159
- business model ········ 40

- COSO ·················· 186
- CRM ··················· 153

- DCF ··················· 122

- EAD ··················· 36, 170
- EBITDA ················ 78
- ECL ··················· 15, 184
- EDTF ·················· 161
- EL ···················· 163
- ERM ··················· 260
- EVA ··················· 167, 176
- Expected Credit Loss ··· 15, 183

- F-IRB ················· 34
- FTP ··················· 124

- IAS32 ················· 42
- IASB ·················· 39
- IFRS10 ················ 43
- IFRS12 ················ 43
- IFRS7 ················· 42

- IFRS9 ················· 15, 40
- IR ···················· 91

- LGD ··················· 36, 170

- MBO ··················· 179

- OHR ··················· 86

- PD ···················· 36, 170
- PPM ··················· 223

- RAF ··················· 134, 161
- RAPM ·················· 166
- RAROA ················· 167
- RAROC ················· 166
- RARORA ················ 167
- RARORAC ··············· 176
- RBC ··················· 106
- RBP ··················· 100
- RCA ··················· 106
- ROC ··················· 167
- RORA ·················· 170
- RORAC ················· 176
- RPA ··················· 92

- SA ···················· 34
- SDM ··················· 225

- TDABC ················· 106
- TOC ··················· 100
- TSA ··················· 37

- UL ···················· 163

- VaR ··················· 36, 163

VE	143	活動基準原価計算（ABC）	85
VEC	143	関係性基準の原価計算（RBC）	86, 106
VPM	225	関係性に基づく価格設定（RBP）	100

観測可能（observable）
　インプット ……………………………… 72

あ

アカウントフィー	122
アクティビティ	87
預かり資産型ビジネス	252
アセットアロケーション	104
アラカルトサービスモデル	140
粗利益配分手法（TSA）	37
意思決定会計	100
一般貸倒引当金繰入前業務純益	28
一般市場リスク	36
一般ヘッジ会計の中止	60
一般ヘッジ会計の適格要件	55
イベント・ベースト・マーケティング	234
インカム・アプローチ	71
営業店別業績評価	197
エキスパートシステム	265
役務取引等収益	24
役務取引等費用	24
延滞債権	23
オプション価格算定モデル	71
オペレーショナル・リスク・アセット	37
オムニチャネル	197

観測可能価格法 …………………………… 81
観測不能（unobservable）
　インプット ……………………………… 72
元利金取立・売却一体化モデル ………… 40
元利金取立モデル ………………………… 40

機械学習	266
企業会計基準委員会（ASBJ）	15
危険債権	22
基礎的手法（BIA）	37
基礎的内部格付手法（F-IRB）	34
期待現在価値法	65
期待ショートフォール	37
キャッシュ・フロー・ヘッジ	57
共創型顧客別管理会計	256
業務粗利益	27
業務粗利益率	30
業務純益	27
業務の種類別原価計算	89
許容資産量	110
許容リスク額	182
銀行法に基づくリスク管理債権	22
金融再生法に基づく開示債権	22
金融商品に関するIFRS体系	42
組込デリバティブ	46
クラウドサービス	101
グループ・マネジメント	192, 220
グループ事業部門別管理会計	192, 221
グループ事業ポートフォリオ管理	222
クレジット・デリバティブ	60
経験曲線理論	98
経済的付加価値（EVA）	167, 176
形式ニューロン	264

か

会計上のミスマッチ	45
カイゼン	279
会費	153
カウント・ルール	209
貸出金利ガイドライン	241
貸出金利回	32
貸出条件緩和債権	23
価値工学式	143

契約型取引……………………………… 99
契約上のキャッシュ・フロー特性…… 44
決算状況表……………………………… 16
原価企画………………………………… 87

コア業務純益…………………………… 28
コア預金………………………………… 12
貢献利益………………………………… 100
口座維持手数料………………………… 137
口座手数料……………………………… 122
公正価値…………………………… 62, 133
公正価値＆純損益……………………… 13
公正価値＆その他の包括利益………… 13
公正価値オプション…………………… 45
公正価値教育マテリアル……………… 76
公正価値ヘッジ………………………… 56
構造化データ…………………………… 268
合理的に算定された価額……………… 69
顧客総合採算型………………………… 244
顧客の選別……………………………… 96
国際会計基準審議会（IASB）………… 39
国際会計基準（IAS）39………………… 40
国際業務部門…………………………… 30
国際財務報告基準第9号
　（IFRS9）…………………………… 15, 40
国際統一基準…………………………… 33
国債等債券５勘定尻…………………… 28
国内基準………………………………… 33
国内業務部門…………………………… 30
コスト・アプローチ…………………… 70
コスト・プラス法……………………… 233
コストドライバー……………………… 87
護送船団行政…………………………… 153
固定費…………………………………… 97
個別リスク……………………………… 36
混合契約………………………………… 46

さ

在外営業活動体に対する
　純投資ヘッジ………………………… 57

最適ポートフォリオ・
　マネジメント………………………… 104
差額原価収益分析……………………… 100
サブスクリプションモデル…………… 137
サブプライムローン問題……………… 94
3ヵ月以上延滞債権……………………… 23
30日超延滞基準………………………… 53
3段階（ステージ）アプローチ……… 50

事業モデル………………………… 40, 43
資金運用勘定…………………………… 30
資金運用収益…………………………… 23
資金運用利回…………………………… 31
資金調達勘定…………………………… 31
資金調達原価…………………………… 31
資金調達費用…………………………… 23
資金振替価格制度（FTP）…………… 124
自己査定結果…………………………… 21
資産活用アプローチの原価計算……… 86
資産除去債務…………………………… 67
資産負債アプローチ…………………… 205
市場価格………………………………… 68
市場リスク・アセット………………… 36
実質業務純益…………………………… 28
実質破綻先……………………………… 21
シナジー効果…………………………… 206
自動化ロボット（RPA）……………… 92
資本コスト……………………………… 205
資本バッファー規制…………………… 34
資本フロア……………………………… 171
社内資本金……………………………… 211
修正コア業務純益……………………… 29
12ヵ月の予想信用損失………………… 52
少数株主割引…………………………… 79
所要事業資本…………………………… 212
深層学習………………………………… 266
信用格付………………………………… 131
信用格付制度…………………………… 159
信用リスク・アセット………………… 34
信用リスク・プレミアム……………… 127

索引

スコアリング型融資	246
ステークホルダー	195
ストレスVaR	36
スプリット・ルール	209
スループット会計	100
正常債権	22
正常先	21
セグメント情報開示	91
全期間の予想信用損失	52
先進的計測手法（AMA）	37
先進的内部格付手法（A-IRB）	34
選択と集中	194
戦略的デシジョン・マネジメント（SDM）	225
戦略的リスクマネジメント	188
総アウトプット・フロア	38
早期是正措置	33
総資金利鞘	31
その他業務収益	24
その他業務費用	24
その他経常収益	25
その他経常費用	25
その他の包括利益オプション	46

た

退職給付債務	67
多重回帰モデル	114
単回帰モデル	114
知識データベース	265
チャージバック・システム	138
チャネル	96
直接原価計算	100
ディープラーニング	266
ディスクロージャー誌	15
データ・マネジメント	263
デフォルト確率（PD）	36, 170
デフォルト時損失率（LGD）	36, 170
デフォルト時エクスポージャー（EAD）	36, 170
伝統的原価計算	89
統合リスク管理	158, 159
特定取引勘定	13
特定取引収益	23
特定取引費用	23
トレーディング勘定	13
トレーディング業務	12

な

内部格付手法	35
内部振替価格制度	154
内部モデル方式	36

は

バーゼル規制	32, 159
バーゼル銀行監督委員会（BCBS）	32
バーゼルⅢによる自己資本比率	33
バーゼルⅢの最終合意	37
バーゼルⅡ	167
破産更生債権及びこれらに準ずる債権	22
破綻懸念先	21
破綻先	21
破綻先債権	23
バックワード・ルッキング	183
バランス再調整	60
バンキング勘定	13
バンキング業務	12
比較会社評価倍率	70
非契約型取引	99
非構造化データ	268
ビジネス・エコシステム	105
ビジネス・スクリーン	225

非上場株式等の公正価値測定⋯⋯⋯⋯⋯ 78
費用収益アプローチ⋯⋯⋯⋯⋯⋯⋯⋯ 205
標準的手法（SA）⋯⋯⋯⋯⋯⋯⋯⋯ 34
標準的方式⋯⋯⋯⋯⋯⋯⋯⋯⋯⋯⋯⋯ 36
費用消費アプローチ⋯⋯⋯⋯⋯⋯⋯⋯ 105
品質原価計算⋯⋯⋯⋯⋯⋯⋯⋯⋯⋯⋯ 87

フィードバック機能⋯⋯⋯⋯⋯⋯⋯⋯ 183
フィードフォワード機能⋯⋯⋯⋯ 154, 184
フィデューシャリー・
　デューティー⋯⋯⋯⋯⋯⋯⋯⋯⋯⋯ 85
フィロソフィー⋯⋯⋯⋯⋯⋯⋯⋯⋯ 272
フィンテック⋯⋯⋯⋯⋯⋯⋯⋯⋯⋯ 196
フォワード・ルッキング⋯⋯⋯⋯⋯ 184
複合金融資産⋯⋯⋯⋯⋯⋯⋯⋯⋯⋯⋯ 46
複合金融負債⋯⋯⋯⋯⋯⋯⋯⋯⋯⋯⋯ 47
複合商品⋯⋯⋯⋯⋯⋯⋯⋯⋯⋯⋯⋯⋯ 47
複数期間超過収益法⋯⋯⋯⋯⋯⋯⋯⋯ 71
プライシング⋯⋯⋯⋯⋯⋯⋯⋯⋯⋯ 233
不良債権処理⋯⋯⋯⋯⋯⋯⋯⋯⋯⋯ 157
不良債権の定義及び開示⋯⋯⋯⋯⋯⋯ 20

ベーシス・アジャストメント⋯⋯⋯⋯ 59
ヘッジ会計⋯⋯⋯⋯⋯⋯⋯⋯⋯⋯⋯⋯ 54
ヘッジ関係⋯⋯⋯⋯⋯⋯⋯⋯⋯⋯⋯⋯ 55
ヘッジ手段⋯⋯⋯⋯⋯⋯⋯⋯⋯⋯⋯⋯ 55
ヘッジ対象⋯⋯⋯⋯⋯⋯⋯⋯⋯⋯⋯⋯ 55
ヘッジの有効性要件⋯⋯⋯⋯⋯⋯⋯⋯ 41
ヘッジの有効性評価⋯⋯⋯⋯⋯⋯⋯⋯ 56

ポストABC⋯⋯⋯⋯⋯⋯⋯⋯⋯⋯⋯ 89

ま

マーケット・アプローチ⋯⋯⋯⋯⋯⋯ 70
マトリックス・プライシング指標⋯⋯ 70
マネジメント・アプローチ⋯⋯⋯⋯ 121

目標原価⋯⋯⋯⋯⋯⋯⋯⋯⋯⋯⋯⋯ 143

や

要管理債権⋯⋯⋯⋯⋯⋯⋯⋯⋯⋯⋯⋯ 22
要管理先債権⋯⋯⋯⋯⋯⋯⋯⋯⋯⋯⋯ 21
要注意先⋯⋯⋯⋯⋯⋯⋯⋯⋯⋯⋯⋯⋯ 21
預金債券等原価⋯⋯⋯⋯⋯⋯⋯⋯⋯⋯ 32
預金債券等利回⋯⋯⋯⋯⋯⋯⋯⋯⋯⋯ 32
与信管理⋯⋯⋯⋯⋯⋯⋯⋯⋯⋯⋯⋯ 231
与信関連費用⋯⋯⋯⋯⋯⋯⋯⋯⋯⋯ 163
予想信用損失
　（Expected Credit Loss, ECL）⋯⋯ 15, 184
予想損失モデル⋯⋯⋯⋯⋯⋯⋯⋯⋯⋯ 41
預貸金利鞘⋯⋯⋯⋯⋯⋯⋯⋯⋯⋯⋯⋯ 31
預貸金レート（利回）差⋯⋯⋯⋯⋯⋯ 32

ら

ライフサイクル・コスティング⋯⋯⋯ 87

リスク・バッファ⋯⋯⋯⋯⋯⋯⋯⋯ 216
リスクアペタイト・
　フレームワーク（RAF）⋯⋯⋯ 134, 161
リスク所要資本⋯⋯⋯⋯⋯⋯⋯⋯⋯ 214
リスクデータ・アグリゲーション⋯ 161
利息法による償却原価⋯⋯⋯⋯⋯⋯⋯ 66
利払い前・税引前・
　減価償却等前利益（EBITDA）⋯⋯ 78
流動性割引⋯⋯⋯⋯⋯⋯⋯⋯⋯⋯⋯⋯ 79
稟議⋯⋯⋯⋯⋯⋯⋯⋯⋯⋯⋯⋯⋯⋯ 231

レベル1インプット⋯⋯⋯⋯⋯⋯⋯⋯ 72
レベル2インプット⋯⋯⋯⋯⋯⋯⋯⋯ 73
レベル3インプット⋯⋯⋯⋯⋯⋯⋯⋯ 73
連結業務純益⋯⋯⋯⋯⋯⋯⋯⋯⋯⋯⋯ 29
連結決算主体⋯⋯⋯⋯⋯⋯⋯⋯⋯⋯ 191

わ

（割引）現在価値法⋯⋯⋯⋯⋯⋯⋯⋯ 71
割引率調整法⋯⋯⋯⋯⋯⋯⋯⋯⋯⋯⋯ 65

《著者紹介》

谷守　正行（たにもり・まさゆき）【第4章～第9章】
　専修大学商学部准教授，博士（経営学），証券アナリスト協会検定会員
　さくら銀行（現三井住友銀行）総合企画部，NTTデータ金融事業本部部長，
　りそな銀行経営管理部兼りそなホールディングスグループ戦略部グループリーダー，
　PwCあらた監査法人財務報告アドバイザリー部ディレクターなどを経て現職。

〈主要著書〉
『金融機関のための管理会計マネジメント』〔編著〕同文舘出版，2009年
『企業価値創造の管理会計』〔共著〕同文舘出版，2007年
『銀行管理会計』専修大学出版会，2007年
『BSCによる銀行経営革命』金融財政事情研究会，2005年
『ABCの基礎とケーススタディー』〔共著〕東洋経済新報社，2004年
『金融機関のための管理会計』〔編著〕同文舘出版，2002年　ほか

吉田　康英（よしだ・やすひで）【第1章～第3章】
　中京大学経営学部教授，博士（経済学），公認会計士（米国・日本），
　証券アナリスト協会検定会員
　さくら銀行（現三井住友銀行）を経て現職。

〈主要著書〉
『銀行経理の実務（第9版）』〔共著〕金融財政事情研究会，2016年
『IFRS9「金融商品」の構図―IAS39置換プロジェクトの評価―』同文舘出版，2016年
『金融機関のための管理会計マネジメント』〔共著〕同文舘出版，2009年
『金融商品会計論―キャッシュフローとリスクの会計―』税務経理協会，2003年
『金融商品の会計基準―国際基準・米国基準・日本基準の比較―』税務経理協会，2001年
『金融商品の時価会計論―会計とファイナンスの融合―』税務経理協会，1999年　ほか

平成30年10月30日　初版発行　　　　　　略称：金融アカウンティング

金融機関のためのマネジメント・アカウンティング
― IFRSとRAFによる統合リスク管理の進化 ―

　　著　者　Ⓒ　谷　守　正　行
　　　　　　　　吉　田　康　英
　　発行者　　　中　島　治　久

　　発行所　　同文舘出版株式会社
　　　　　東京都千代田区神田神保町1-41　〒101-0051
　　　　　営業 (03) 3294-1801　　編集 (03) 3294-1803
　　　　　振替 00100-8-42935　　http://www.dobunkan.co.jp

Printed in Japan 2018　　　　　　　　　製版　一企画
　　　　　　　　　　　　　　　　　　　印刷・製本　萩原印刷
　　　　　　ISBN978-4-495-20801-1

JCOPY〈出版者著作権管理機構 委託出版物〉
本書の無断複製は著作権法上での例外を除き禁じられています。複製される場合は，そのつど事前に，出版者著作権管理機構（電話 03-3513-6969, FAX 03-3513-6979, e-mail: info@jcopy.or.jp）の許諾を得てください。